本书系2016年国家社会科学基金重点项目"健全与完善我国宪法实施路径与宪法监督制度研究"（编号:16AFX006）的阶段性成果

我国合宪性审查对象研究

WOGUO HEXIANXING SHENCHA
DUIXIANG YANJIU

万千慧 著

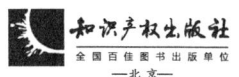

全国百佳图书出版单位
—北京—

图书在版编目（CIP）数据

我国合宪性审查对象研究／万千慧著．—北京：知识产权出版社，2022.1
ISBN 978-7-5130-7950-1

Ⅰ.①我… Ⅱ.①万… Ⅲ.①宪法—研究—中国 Ⅳ.①D921.04

中国版本图书馆 CIP 数据核字（2021）第 257019 号

责任编辑：彭小华　　　　　　　　　　责任校对：谷　洋
封面设计：刘　伟　　　　　　　　　　责任印制：孙婷婷

我国合宪性审查对象研究

万千慧　著

出版发行：知识产权出版社有限责任公司	网　　址：http://www.ipph.cn
社　　址：北京市海淀区气象路 50 号院	邮　　编：100081
责编电话：010-82000860 转 8115	责编邮箱：huapxh@sina.com
发行电话：010-82000860 转 8101/8102	发行传真：010-82000893/82005070/82000270
印　　刷：北京九州迅驰传媒文化有限公司	经　　销：各大网上书店、新华书店及相关专业书店
开　　本：720mm×1000mm　1/16	印　　张：11.5
版　　次：2022 年 1 月第 1 版	印　　次：2022 年 1 月第 1 次印刷
字　　数：220 千字	定　　价：68.00 元
ISBN 978-7-5130-7950-1	

出版权专有　侵权必究
如有印装质量问题，本社负责调换。

序

合宪性审查在我国是一个历久弥新的话题。在"合宪性审查"首次以党的文件形式出现在政治要求中之前,其已经在规范上与学理上获得了长足的发展。虽然学界对于合宪性审查的研究已经延续多年,相关成果比较多,但是对于合宪性审查所达成的共识往往停留于宏观框架层面,对于更精细化的体制机制设计,依然多有争议。在中国宪法学的话语体系下,合宪性审查制度的完善,是依法治国背景下贯彻落实依宪治国要求的必要举措,也是值得关注的学术与实践命题。其中,合宪性审查对象的厘定直接影响合宪性审查制度的具体设计。

万千慧是我指导的博士生,理论基础扎实。《我国合宪性审查对象研究》是在她的博士论文的基础上修改而来的,该书对合宪性审查机制完善方面的理论问题作出了有益的探索。作者以合宪性审查对象的厘定为着眼点和主要突破口,为合宪性审查体制机制的完善提出了若干建议,有利于合宪性审查研究的精细化。

全书首先对合宪性审查以及合宪性审查对象的概念和历史发展沿革进行梳理,厘清其同宪法保障、宪法实施的保障等历史概念,以及宪法监督、宪法审查、违宪审查等概念的内涵差异。以"合宪性审查"的概念为中心,各种理论与实践相互碰撞交融,形成庞大的概念域,广泛涵摄宪法监督大环境下的一系列主要理论问题,可以说,概念的澄清将直接影响研究视角与范围。作者将研究视域聚焦于当前实定法框架下业已存在的多种类型的规范,对我国的立法体制与立法权分配格局进行关联性分析,具有现实关怀性。该书的核心命题是,在现行一元两级多层次的立法体制下的规范种类中,处于模糊地带的若干类型规范是否应当纳入合宪性审查范围,探寻解决其合宪性控制机制困境之路径。研究方向和目标明确、总体结构合理。

在合宪性审查对象的具体分析中,作者阐述了以宪法为代表的现行规则体系中,对合宪性审查对象厘定有所影响的一系列法规范,并分析了这些规范在合宪性审查制度建构中的作用,指出这些规范并不必然适宜作为厘定合宪性审查对象的依据。由此引出本书欲论述的主要问题:当前合宪性审查机制的完善面临对象扩张的实际需求与规范依据不足的矛盾。因此,对于一些具有合宪性控制之必要而未能在现行规范中获取充分依据的规范,需要结合理论基础、规范空间、未来制度进路等多方面展开必要性与可行性分析。最终得出其是否适宜纳入合宪性审查对象范围的结论。本书研究的最终目标是：明确合宪性审查的对象范围，通过合宪性审查对象与合宪性审查主体、程序等其他要素之间的内在逻辑影响，进而实现合宪性审查机制的自身的建构及其同其他机制之间衔接路径的完善。

其后，作者分四章具体分析了几类合宪性控制路径在理论与实践中依然不甚明确的规范是否适宜纳入合宪性审查对象范围的问题。具体包括：全国人民代表大会及其常务委员会制定的法律与作出的决定、宪法修改与宪法解释、特别行政区法律与基本法解释、法规、规章及司法解释。在得出其应否成为合宪性审查对象的结论后，作者对诸种规范作出了类型化处理：对于应当纳入合宪性审查对象范围的规范，作者进一步提出了其进入合宪性审查机制所面临的制度性困境与解决方法；对于不应当纳入合宪性审查对象范围的规范，作者明确了其合宪性控制的路径与当前合宪性审查制度之间的逻辑关联性与衔接路径。

作者提出的一些结论是富有创见性的，如有关宪法修改如何自我控制的主张、有关宪法解释机制与合宪性审查机制之间的接轨方法等。当然，在完善合宪性审查体制机制总体思路日趋明朗的时空场景下，本书还存在一些值得商榷、有扩展空间的问题，如对于宪法修改的合宪性控制可以置于更加具体的语境中进一步探讨。

复旦大学法学院教授　刘志刚

2021 年 7 月

前　言

在依法治国的总体目标下，健全完善宪法监督制度是重要的理论与实践问题。其中，合宪性审查作为宪法监督的中心环节，其研究受到政策背景、实践需求与学理推进的综合影响。当前，我国合宪性审查机制的研究正处于从框架建构期向精细化纵深期的发展。合宪性审查对象作为与合宪性审查体制、机制具体设计具有高度关联性的要素，其本身在概念、作用、范畴上存在诸多争议，同中国特色社会主义法治体系的构成以及内蕴于其中的立法格局存在内在的逻辑关联，是一个具有鲜明本土特征的议题。本书意图通过对中国特色社会主义法治体系的诸种规范进行分类梳理，对几类具有明显争议的规范是否应当纳入合宪性审查对象范围及其对应机制展开考察。

本书认为，对合宪性审查对象的体系性研究能够从合宪性审查的内部要素互动与结构角度，在一定程度上影响合宪性审查主体、程序、标准等其他要素的展开，进而推动合宪性审查体制、机制的完善，落实政策要求、回应实践需求。同时，亦可以从合宪性审查同其他外部机制的衔接协调角度，推动合宪性审查与其他关联性程序的配合，消解彼此之间矛盾节点，共同统合于维护宪法秩序的一致目标中。本书意图通过对应研究，对是否应当接受合宪性审查尚存学理争议的规范展开体系性的分析，为贯彻落实推进合宪性审查工作提供基于对象规范化的若干研究思路，试图实现宪法的统合、监督范围与中国特色社会主义法治体系的对接。

本书采取由总到分、平型布局的逻辑结构，在各章节内部则遵循提出问题、分析问题、解决问题的内在思路。在导论与结语之外划分为五章展开讨论。

在导论中，本书通过对国内外研究现状的梳理，明确了全书研究的核心问题：在当前一元两级多层次的立法体制下，多元的规范种类中，处于模糊地带的规范哪些应当纳入合宪性审查的对象范围、其尚且存在哪些机制困境以及如何解决。从当前研究现状来看，我国合宪性审查对象在体系性以及同其他机制的整合性角度尚存进一步研究的空间。同时，不同规范作为合宪性审查对象考察的影响要素既具共性，也具个性，具备类型化研究的基本条件。在此基础上，本书确定了主要研究方法、研究方向、研究目标与总体布局。

第一章对合宪性审查、合宪性审查对象的概念内涵进行了历时性与共时性两个角度的分析与阐释，并通过对合宪性审查对象与体制、机制之间的逻辑互动关系梳理奠定后文的分析结构、提供研究的延展性空间。本书首先对合宪性审查以及合宪性审查对象概念的历史发展进行梳理，厘清其同宪法保障、宪法实施保障等历史概念以及宪法监督、宪法审查、违宪审查等概念的内涵差异，并通过概念的使用策略分析明确合宪性审查的具体含义和价值立场，奠定合宪性审查对象范围的基础，确定以法治体系中既存规范为主的研究语境。其次，对当前实证法体系中据以厘定合宪性审查对象的法规范进行梳理，并归纳其中存在的困境，从而在根源依据层面引出后文存在争议的诸种规范类型。最后，通过对合宪性审查对象与合宪性审查体制机制的逻辑关系与互动形式梳理，厘清本书研究出发点与落脚点的关系，再次强调通过合宪性审查对象研究推动机制完善的最终目的。

第二章对具有中央以及准中央立法性质、同全国人民代表大会（以下简称全国人大）及其常务委员会（以下简称常委会）的宪法性质与职权行使密切关联的两类规范是否应当作为合宪性审查对象进行了探讨。通过对学界争议的梳理，明确全国人大及其常委会立法、决定可审查性争议的理论节点，并分析了最高国家权力机关而非主权机关之宪法地位、以宪法为限制行使职权的理论基础，考察实践中法律、决定的类型化区分对合宪性审查的影响，贴合改革与法治有机互动的政策背景，将法律、决定纳入合宪性审查的轨道。并针对其纳入合宪性审查机制中存在的程序性、衔接性疑问，对立法程序、国际条约审查等衔接机制作出适当扩展。

第三章对具有技术属性的两种规范进行了分析。宪法修改、宪法解释虽然在程度上有所区分，但是同宪法文本的关联性相较于其他规范而言相对较高，并可能涉及宪法文本的调整与改变，同宪法文本存在实质性关联。本书通过对制宪权、修宪权、解释权的辨析与权能分析，明确了两种样态规范各自的性质与宪法定位，并对实务中与此类规范关联的各种文本进行了梳理和区分。最终得出结论：基于我国宪法修改的特殊性，宪法修正案可以在以事前审查机制构造为前提的情况下接受审查；宪法解释作为宪法运行、审查中依托的技术不应当作为合宪性审查的对象。

第四章对"一国两制"视角下的特别行政区立法以及基本法解释展开分析。基于中央与特别行政区权力关系理论框架、宪法在特别行政区的效力及其适用性、特别行政区基本法性质等方面的差异性理解，不同学者对特别行政区相关规范的可审查性、审查实践的分析存在较大区别。本书通过考察宪法与基本法的内在逻辑关系，得出特别行政区立法以及基本法解释应当在"一国两制"的政策基础下接受合宪性审查的结论，并依托特别行政区法院和全国人大常委会的既有实践，对其纳入合宪性审查对象的机制和衔接、配套路径提出建议。

第五章对当前宪法法律中已经提供了一定进入合宪性审查对象的依据，但由于制度供给的不成熟存在渠道阻塞的其他法规、规范进行了分析。通过我国立法权限配置及其同合宪性审查对象确定之间的逻辑互动与冲突分析，明确行政法规、地方性法规、自治条例、单行条例等作为合宪性审查对象的依据、可行性较为充分。并以立法权限要求、作为合宪性审查对象的制度空间和可行性两个要素为路径析出了争议相对较大的几类其他法规、规章。最后对其纳入合宪性审查的应然性展开分析，并对应当前机制下的主要困境，提出机制建构、衔接协调方面的解决方案。

最后在结语部分，本书统合了诸章节对不同规范是否应纳入合宪性审查对象的结论，并总结了这些规范中，适宜作为合宪性审查对象的规范进入合宪性审查机制的完善建议，以及不适宜作为合宪性审查对象的规范的自我控制机制同合宪性审查之间的协调协作关系。

目 录 Contents

引 言 ·· (1)
    一、问题之提出 ·· (1)
    二、国内外研究现状综述 ··· (4)

第一章　我国合宪性审查对象相关背景问题研究 ························· (22)
  第一节　合宪性审查对象相关概念的逻辑生成 ························· (22)
    一、合宪性审查的含义及其与相关范畴之间的界限 ··············· (22)
    二、合宪性审查对象概念的逻辑生成 ································· (28)
  第二节　我国合宪性审查对象的背景性分析 ···························· (32)
    一、我国合宪性审查对象在实证层面的历史发展 ·················· (33)
    二、我国合宪性审查对象选择机制的理论现状 ····················· (37)
  第三节　合宪性审查对象与合宪性审查体制、机制的内在逻辑 ····· (43)
    一、合宪性审查体制与机制的概念构造及其关系 ·················· (43)
    二、合宪性审查对象与合宪性审查体制、机制的关系 ············ (46)
  本章小结 ·· (48)

**第二章　全国人大及其常委会法律、所做的决定可否成为合宪性
　　　　审查对象的学理分析** ··· (49)
  第一节　全国人大及其常委会法律、所做的决定可否成为合宪性
　　　　　审查对象 ·· (49)
    一、法律可否成为合宪性审查对象的理论争议分析 ··············· (49)
    二、全国人大及其常委会所作的决定可否成为合宪性审查对象的
　　　理论争议分析 ··· (53)

· I ·

第二节　全国人大及其常委会法律、所做的决定可否成为合宪性审查
　　　　对象的应然性分析 ……………………………………………… (58)
　　一、法律可否成为合宪性审查对象的应然性分析 ……………… (58)
　　二、全国人大及其常委会所作的决定可否成为合宪性审查对象的
　　　　应然性分析 …………………………………………………… (63)
第三节　法律、决定作为合宪性审查对象对合宪性
　　　　审查机制的影响 ……………………………………………… (67)
　　一、法律作为合宪性审查对象对合宪性审查机制的影响 ……… (67)
　　二、全国人大及其常委会决定作为合宪性审查对象对合宪性
　　　　审查机制的影响 ……………………………………………… (73)
本章小结 ………………………………………………………………… (77)

第三章　宪法修改、宪法解释可否成为合宪性审查对象的
　　　　学理分析 ………………………………………………………… (78)

第一节　宪法修改、宪法解释可否成为合宪性审查对象的
　　　　理论争议 ……………………………………………………… (78)
　　一、宪法修改可否成为合宪性审查对象的理论争议 …………… (79)
　　二、宪法解释可否成为合宪性审查对象的理论争议 …………… (84)
第二节　宪法修改、宪法解释可否成为合宪性审查对象的
　　　　应然性分析 …………………………………………………… (89)
　　一、宪法修改可否成为合宪性审查对象的应然性分析 ………… (89)
　　二、宪法解释可否成为合宪性审查对象的应然性分析 ………… (94)
第三节　宪法修改、宪法解释作为合宪性审查对象对合宪性
　　　　审查机制的影响 ……………………………………………… (98)
　　一、宪法修改作为合宪性审查对象的机制分析 ………………… (98)
　　二、我国宪法解释机制与合宪性审查机制的衔接 ……………… (101)
本章小结 ………………………………………………………………… (103)

第四章　特别行政区法律、基本法解释可否成为合宪性审查
　　　　对象的学理分析 ………………………………………………… (104)

第一节　特别行政区法律、基本法解释可否成为合宪性
　　　　审查对象的理论争议 ………………………………………… (104)

一、特别行政区立法会立法可否成为合宪性审查对象的
　　　　理论争议 ………………………………………………… (104)
　　二、特别行政区基本法解释可否成为合宪性审查对象的
　　　　理论争议 ………………………………………………… (110)
第二节　特别行政区法律、基本法解释可否成为合宪性审查
　　　　对象的应然性分析 ……………………………………… (113)
　　一、特别行政区立法会立法可否成为合宪性审查对象的
　　　　应然性分析 ……………………………………………… (114)
　　二、特别行政区基本法解释可否成为合宪性审查对象的
　　　　应然性分析 ……………………………………………… (117)
第三节　特别行政区法律、基本法解释作为合宪性审查
　　　　对象对合宪性审查机制的影响 ………………………… (120)
　　一、特别行政区立法会立法纳入合宪性审查对象的
　　　　机制分析 ………………………………………………… (120)
　　二、特别行政区基本法解释纳入我国合宪性审查对象的
　　　　机制分析 ………………………………………………… (124)
本章小结 ………………………………………………………… (126)

第五章　法规、规章及司法解释可否成为合宪性审查对象的学理分析 ……………………………………………………… (127)

第一节　合宪性审查对象与我国立法权限配置之间的逻辑关系 …… (127)
　　一、合宪性审查对象与我国立法权限配置的关联性分析 …… (127)
　　二、法律之外的其他规范作为合宪性审查对象的问题节点 …… (131)
第二节　其他法规、规章、司法解释可否成为合宪性审查对象的
　　　　应然性分析 ……………………………………………… (135)
　　一、其他法规、规章可否成为合宪性审查对象的应然性
　　　　分析 ……………………………………………………… (136)
　　二、司法解释可否成为合宪性审查对象的应然性分析 ……… (140)
第三节　其他法规、规章、司法解释作为合宪性审查对象对合
　　　　宪性审查机制的影响 …………………………………… (143)
　　一、其他法规、规章、司法解释合宪性审查机制的
　　　　主要问题 ………………………………………………… (143)

二、其他法规、规章、司法解释作为合宪性审查对象的关联性
　　　　机制 ……………………………………………………………（146）
　本章小结 ………………………………………………………………（150）

结　语 …………………………………………………………………（151）

参考文献 ………………………………………………………………（154）

后　记 …………………………………………………………………（169）

引　言

一、问题之提出

在当前的政策与制度背景下，我国合宪性审查工作推进面临的局面是：合宪性审查机制建设亟待完善，但是在对象厘定的方面，则面对着法律、决议、各类规范解释、特别行政区立法等诸多"灰色地带"。它们既有遵守宪法的概括义务，又存在展开合宪性控制的呼吁或实例，但缺乏规范与理论上的说明。进而导致对上述对象是否应纳入合宪性审查范畴产生争议，进一步影响了对审查机构、审查标准、制度衔接等多方面机制的认定。因此，本书意图在前人研究的基础上，以合宪性审查对象为中心进行类型化展开，系统性探讨目前争议较大的诸种规范是否能够成为合宪性审查对象的问题，进而拓展性研讨其关联机制。

（一）我国合宪性审查对象选择机制的构建需求

合宪性审查在我国属于一项历久弥新的话题，其正式写入我国的官方文件为时尚短，但广义上具备"合宪性审查"框架内涵的研究在20世纪80年代前后就已展开。在相当长的一段历史时期内，我国始终面临着合宪性审查的制度性、理论性资源供给不足和现实急迫需求的矛盾。中共十八大以来，国家层面对于依法治国提出了新的具体要求，合宪性审查机制的完善在我国逐渐走出以学术研究为重的局面，获得了政策上的推进。不仅在学理上、也在社会交往的实践层面进一步被重视。

从政策规范的角度来看，2013年中共十八届三中全会通过《中共中央关于全面深化改革若干重大问题的决定》，指出维护宪法权威、健全宪法实施监督机制，需要保证"一切违反宪法法律的行为都必须予以追究"。2014年中共十八届四中全会通过《中共中央关于全面推进依法治国若干重大问题的决定》，强调加强宪法实施须完善、健全宪法监督制度。并将党内法规的精细化、规范化建设作为中国特色社会主义法治体系构建的重要一环。2017年中共十九大报告要求"加强宪法实施和监督，推进合宪性审查工作，维护宪法权威"。在一系列政策方针的推进中可着重提炼出三个核心问题：一是我国的合宪性审查正经历着从用语统一化到制度系统化的变迁，目前已面临如何展开具体设计的问题。政策方面对待合宪性审查呈现由宏观到微观、由粗放到精细的递进态势，而更加技术化的定义也意味着，此前的研究将面临研究范式与视角的转换，由此产生了许多新问题。二是政策话语意图建构一切规范均不超越宪法轨道的法治体系，内含扩宽合宪性审查对象的实际需求。上述政策性需求转化为系统性规范需要首先对特定规范作为合宪性审查对象的应然性进行理论证成，再以此为基础展开审查主体、程序衔接等机制设计，从而完善合宪性审查的整体机制。三是在中国共产党的领导、人民当家作主、依法治国三者有机统一的理论环境下，合宪性审查的研究范畴应当从其内部的要素构造并进一步扩展到与其密切相关的其他宪法机制。那么以厘清审查对象为基础，进一步协调合宪性审查程序和其他程序便是当前合宪性审查制度研究中面临的一个具体理论问题。

从实践中的事例角度来看，首先，近年来有全国影响力的重大宪法事件中，具体展示了一些游离于合宪性审查边缘规范的合宪性控制要求，从实证角度提供了合宪性控制对象的必要补充。与宪法监督与合宪性审查密切关联的案例时常进入公众视野。

我国实践存在着如下特点：第一，涉及对不同对象的合宪性审查，包括法律、全国人大常委会决定、行政规范性文件、司法解释等，这些规范既在宪法的概括性规定下，负有遵循宪法的义务具有合宪性审查的学理意义，又在实践中产生了合宪性审查的现实需求，但是直接进入合宪性审查的权限与程序的实证依据始终不足。第二，对于合宪性审查需求的正式回应往往付之阙如，或者通过普通立法的改、废、释程序完成调整，缺乏对于上述规范合宪性问题的直接回答，也加深了关于这些规范是否应当作为合宪性审查对象的迷惑。当前的政策规范上，我国以备案审查机制为核心的合法性审查工作正在稳步推进，但合宪性审查的实践发展依然相对缓慢。究其原因，在于合宪性审查尚未做好充分的理论准备、细节机制的设置仍然不足。我国宪法所确立的权力结构背后蕴含着中国特色社会主义的独特政治逻辑，决定了直接参照、移植国外的合宪性审查制度将难以收获良好实效。真正考察国内合宪性审查机制，需要立足于我国一元两级多层次的立法体制，辨析不同层级的规范进行合宪性控制是否必须直接以合宪性审查制度运作的形式展开。只有明确了合宪性审查机制"对象"这一前提性问题，才能够较为清楚地划分作为制度性的合宪性审查与其他违宪责任追究形式、与合法性审查的关系，从而提供我国合宪性审查整体机制的精细化发展基础。

（二）研究意义与目标

总体上，本书意图通过解决合宪性审查对象的问题，厘清以对象为主要视角、主要线索的合宪性审查的机制构建思路。

1. 理论意义：系统化与体系化

中共十九大提出"加强宪法实施和监督，推进合宪性审查工作，维护宪法权威"，对我国合宪性审查体制机制的完善提出了相对急迫的需求。不同规范作为合宪性审查对象的应然性考察，既具共性，也具个性。从共性角度分析，关于合宪性审查对象的研究通常包括：我国宪法上的人民主权原则、民主集中制以及人民代表大会制度共同造就的权力结构、规范制定主体性质、规范与宪法的关联性等。从个性角度分析，依据对象不同，分析的思路包括了我国的立法体制与立法权限结构、"一国两制"等基本国策、党与国家机关的关系、宪法内部不同条款的逻辑协调、不符合宪法责任的承担方式界分等。因此，在现有的合宪性审查对象研究中，由于研究目标、研究方法、研究视角的差异，不同专题性文献在判断某类文件能否进入合宪性审查框架时，所采用的标准不尽相同，在差异化的条件分析下，得出的结论也具有多样性，研究状况则相对分散。而在有关合宪性审查的整体制度、机制的综合性研究中，尽管对合宪性审查对象作出了一定的说明，但大多从实证法角度出发，对学理争议较少的规范进行概括梳理。综上所述，本书意图在前人研究的基础上，系统性整理当前我国立法体制下不同规范作为合宪性审查对象的应然性，体系化地考察合宪性审查的对象集群，框架性地对合宪性审查对象理论的发展空间进行适度探索，从而形成前后逻辑相继、共性论证与个性论证辩证统一的合宪性审查对象研究。

2. 现实意义：推动合宪性审查制度的激活与实际运作

纵览我国合宪性审查制度建构的研究历史，尽管关于此方面的研究较多，但无论从宏观命题的角度还是微观机制的角度来看，依然存有相当大的拓展空间。而该情形产生的缘由在于，我国的合宪性审查具有自身的特殊性，这种特殊性是我国民族国家建立过程、国家权力产生历史以及现代化进程的独特性共同造就的结果。在关于我国合宪性审查的整体体制安排上，有学者曾指出，"中国目前的这种违宪审查制度，其实就是由'最高国家权力机关'以及'国家立法机关'（全国人民代表大会）及其'常设机关'（全国人民代表大会常务委员会）所实行的部分性的违宪立法审查制度"[①]。这一表述反映出我国合宪性审查在体制认识方面的模糊性，它既同世界主要国家所确立的传统主流模式具有相似之处，也同它们之间存在质的区别。反映于机制设计方面，就进而会产生主体、对象、程序、标准等一系列结构性的连锁反应。其中，合宪性审查的对象在学界始终是一个具有争议的话题，它既在合宪性审查机制内部结构性地关联着主体选择、程序设计、标准框定等其他必要机制，也在合宪性审查机制外部影响着审查程序同其他违法责任追究程序的衔接关系。本书从前述近年政策文件和宪法实践发展的角度出发，结合学界多发的争议，筛选出实务界、理论界所着眼的、具有合宪性控制必要性的诸种规范，并对其面临的学理争议进行探讨，从必要性、合理性、可

---

① [法] 费迪南德·梅兰-苏克拉马尼昂，韩大元. 中国与法国的合宪性审查[M]. 北京：知识产权出版社，2018：72.

行性等方面对特定对象纳入合宪性审查制度范围的应然性进行分析。从而以合宪性审查对象的视角切入，兼及对合宪性审查机构、程序、标准等与对象关联的机制进行适度的延展性分析，最终落脚点在于考察当前我国的宪法框架、宪法理论的背景下，对"合宪性审查"机制的诸要素进行有机整合、展开制度思考，试图助益合宪性审查机制的实际推进，响应依法治国政策的号召。

二、国内外研究现状综述

（一）国外研究现状梳理

尽管合宪性审查在国外的理论积淀相对国内而言更加丰富，但是直接针对合宪性审查对象选择展开体系性研究的文献较少，相关研究成果主要以两种形式呈现：一是在有关合宪性审查的整体性研究中，兼及合宪性审查的对象问题，这部分研究主要以专著的形式呈现；二是通过不同国家的法律论证在某国的宪法、法律体系下对特定对象进行合宪性审查是否合法合理，这部分研究主要以单篇论文的形式呈现。总体而言，在国外相关研究中，对本书主题有所助益的理论主要侧重于研究合宪性审查对象的筛选条件，即合宪性审查对象的选择需要建立在符合本国合宪性审查基本理论的基础上，同时，合宪性审查机制内部的诸如审查主体、审查方法等要素，将决定特定规范纳入合宪性审查的可行性，进而影响合宪性审查对象的确定。并且，随着研究视角、方法论的不同，部分文献将政治因素也纳入了研究范围。在此研究视角下，对于考察我国国内诸种不同性质规范作为合宪性审查对象有所帮助的主要包括以下理论。

（1）合宪性审查制度构造的一般理论基础。虽然国外许多合宪性审查制度较为成熟的国家的宪法发展路径同我国的历史和实践大相径庭，但是在理论基础上，依然有可以融会、借鉴以及借以反思之处。这一部分主要通过各国宪法观念形成、宪法制度确立过程中，不同流派思想家们的著述体现。国外宪法治理与合宪性审查制度主要有以下一般理论基础。

第一，宪法作为根本法的至上性质，该理论有两方面逻辑来源：其一是人民主权理念；其二是自然法传统中的高级法追求。人民主权说的集大成者是法国的卢梭，是德法自由主义的代表。该说之目的在于反对法国封建集权的旧制度，追求社会平等，不仅是法国大革命的重要理论武器，还在近代传入我国后引领了一代改良派志士的启蒙追求。作为契约论的拥趸，卢梭对洛克英国式的契约观念进行了变造。在同意人民将权利转移给共同体以形成结合的前提下，将洛克倡导的"个人权利的部分转移、自然权利得以保留"转变为"权利的全部转移"，同时为了避免形成霍布斯式的绝对主义国家，主张将人民的意志有机结合，形成"公意"作为约束共同体的基本规则。集体关怀下产生的公意是所有国民普遍意志的抽象性结果,它"永远是公正的,而且永远以公共利益为依归"①。在直接民主不再适用的情况下,人民的公意便通过法治赋予政治共同体适当、明确的意志。人民主权学说为宪法根本法地位的塑造与对应监督制度的建构提供了合理性基础,宪法作为公意的最明确体现,毋庸置疑具有最高地位,对社会法治具有整体上的指导作用,并具有在公权运作脱离常轨时的纠偏义务与权力。英美自由主义的宪法至上理念更多来源于自然法传统,此方面的研究往往遵循从古希腊城邦社会到欧洲中世纪宗教社会再到近现代法治社会的梳理思路。主要资本主义国家的法哲学与法理学均是在二元论式的认识论、方法论背景下成长起来的。在神秘主义在世俗社会大行其道的时代,人民普遍相信在世俗的制定法之外还存在着一种更高层级、高于世俗政权的指导性规则,它代表着一种先定、永恒、正确的价值理念②。这种具有抽象性、模糊性的根本指令在中世纪是神学教派干预世俗王室的利器,但在民族国家愈发壮大的近现代已显现出难以把握、操作标准不明的弊端,传统自然法观念势必要同世俗法律靠拢,而宪法作为"神圣正义"在祛魅世界中的继承者、自然规则在理性建构秩序中的回应者,被赋予高级法色彩。建立在自然法思想基础之上的宪法至上论认为,宪法的内容体现出一种实质性的、相对恒常稳定的道德追求,与理性互相渗透通融,国家必须宣誓并践行效忠宪法的理念。然而,自然法学派并非一家独大,分析实证主义法学派是同自然法学派对垒抗衡的学术派别,反对将道德评价与实际规范的分析融为一体。其代表人物凯尔森创建的纯粹法学体系采取回溯追问规范效力理由的方式,将宪法地位置于其他规范之上。"一个不能从更高规范中引出其效力的规范,我们就称之为'基本规范'"③,如此层级向上,直到第一部宪法,其效力已再无法往前引申其规范基础,便可得出其作为"基本规范"的地位。而第一部宪法本身的有效性是理性建构的必然结论,因为若第一部宪法不被假定为是有效力的,"人们的任何行为都不能被解释为法律行为,尤其是创立规范的行为"④。无论如何,不同的学派均将宪法的至上性作为审查机制展开不可或缺的正当性基础。

第二,国家权力配置理论,国家机关的权力配置关乎其享有职权范围的宽窄,权力之多寡,进而决定在审查中不同机关居于何种地位,该系列理论的重点在于如何防止社会整合中的权力异化,主要包括有限政府与分权制衡两个方面。首先,有限政府理论立基于社会契约论,尽管众多启蒙先驱对契约论的理解在细

---

① [法]卢梭. 社会契约论 [M]. 北京:商务印书馆,2003:35.
② 陈云生. 民主宪政新潮——宪法监督的理论与实践 [M]. 上海:人民出版社,1988:69-71.
③ [奥]凯尔森. 法与国家的一般理论 [M]. 北京:商务印书馆,2017:175.
④ 沈宗灵. 现代西方法理学 [M]. 北京:北京大学出版社,1992:131-132.

节上有所不同，但共同的逻辑在于人们为了更好地自我保全而相互结合，并将自身权利的一部分交给共同体以维持其运转，这样的正当性来源注定了政府必须是有节制的①。一旦政府背离其目的，就将空具现代国家之外形，正当性不存，面临解体之忧。其次，就分权制衡而言，该原则是有限政府理念的一个重要达成路径，除确保国家机关的组织良好外，其核心目的在于"没有一个部门在实施各自的权力时应该直接（或）间接地对其他部门具有压倒性的影响"②，防止某些权力专横肆意，破坏政府本质属性。分权制衡最显著的理论成果就是横向分权方面的三权分立理论，洛克曾总结英国经验，提出立法权和行政权的划分，孟德斯鸠率先总结出了系统的立法、司法、行政三权分立的学说，美国在这方面颇受欧陆影响。分权制衡理论不仅仅为合宪性审查制度提供了理论支撑，也是为审查自身设置的一道防线。任何权力均不可突破最初自设的界限，因此即使是承载着宪法监督职责的部门，也必须依据其权力性质审慎为之，防止过于轻率地否定其他国家机关的公权行为，造成"反向越权"。如果说宪法全上理论为合宪性审查制度提供了合理性基础，赋予其生命，那么国家权力配置理论就为合宪性审查提供了宏观方向上的指引。这种以国外历史发展脉络为基础所形成的国家权力理论，不契合我国的法治土壤，这也是国外合宪性审查制度与我国相关制度存在本质区别、不宜移植的原因。

第三，人权保障与民主理论。人权理论奠定了主要资本主义国家合宪性审查的制度目标，在追问国家及政治社会存在目的时，国民权利的保护是第一位的；并且在诸多关于前国家社会的假说中，学者们也提出以自由权为核心的一系列基本的权利。它们相比于其他权利而言，更加具有建构性，是关乎政体是合法存续还是沦为暴政的判断标准，因此需要一个根本性的制度对权力运行是否符合这一标准进行审查，这一点在多国的宪法框架中均有所体现③。而民主的内涵复杂、界限模糊、实现手段多样，目前世界主要国家主要依赖于代议制度、少数服从多数的表决机制与特定的选举、议事规则确保其实现。在现代化转轨时期，许多学者意识到古典自由主义中民主的潜在缺陷，失去了对封建少数独裁的针对性后，民主所暴露出的新困境就是如何在禁止少数人专制后有效遏制多数人专制。多数

---

① See Weede, Erich, Human Rights, Limited Government, and Capitalism [J]. Cato Journal, 2008, 28 (1): 35 – 52.

② [美] 汉密尔顿，杰伊，麦迪逊. 联邦党人文集 [M]. 北京：商务印书馆，1980：290.

③ See Alshdaifat, Shadi Adnan, Review of Human Rights under the Jordanian Constitution [J]. Journal of Law, Policy and Globalization, 2014 (29): 30; Dickson, Brice, Ireland's Human Rights Commission [J]. Irish Jurist, 2001 (36): 265 – 275; French, Robert, The Rule of Law and the Australian Constitution: Human Rights and Judicial Review in Australia and Canada Book Reviews [J]. Federal Law Review, 2017 (45): 725.

相对于少数来说固然更能够代表民主，但其本身并不是人民的全部。为了杜绝多数暴政的危险，才需要以宪法为标准对公权力进行检阅。

（2）合宪性审查对象的考察标准。该方面的研究在前述理论基础的铺陈上，聚焦于合宪性审查对象本身的适当性问题上。综合来看，国外研究中对于合宪性审查对象适当性的考察标准主要包括：①**合宪性审查体制自身的逻辑自洽与合理性**。在多数资本主义国家的审查实践中，"议会法律"都被纳入审查范围，而在对其论证时，尤其是采用司法机关审查体制模式的国家中，就必须面对一个前提性的问题：在通过司法审查维护宪法权威的情况下，如何解决有限政府理想与议会主权理论之间的张力，一个未经人民选举的政府机构何以告诉民选机构其意愿与人民的根本愿望相符①。②**宪法自身的容纳空间**。侧重于研究合宪性审查对象本身同既存宪法运作框架的兼容性，即通过对宪法文本中权限安排和宪法原则、精神的梳理，推导出对特定对象进行合宪性审查的合理性。在成文宪法缺乏规定或者既有的审查制度没有为审查特定对象（如法律）提供充足依据的情形下，通过对宪法精神的理解，如以基于承认和保护法律确定性原则、维护法律保护公民权利的目的等，通过对宪法的解释一定程度上扩张审查对象并进行实际操作②。③**实践操作的可能性**。对于部分规范，审查机关可能依据价值立场有倾向性，从而产生不同的机制差异，该标准严格上说并不直接影响到特定规范的可审查性，但构成了基于合宪性审查机制内部要素互动的、对合宪性审查对象在实践中具体操作程序或方法标准的争议。这方面的典型表现为法院对法律的司法审查，直面法律的合宪性审查在实践中往往会受到回避，其成因包括这些合宪性挑战往往基于推测，并且动摇了司法限制的基本原则。在这种原则下，法院既不应在必须作出裁定之前就预见宪法的问题，也没有制定超出适用法律事实所要求的范围的宪法规则的权限③。

（二）国内研究现状梳理

有关合宪性审查的研究在我国学界始终是热点话题，尽管在不同的历史时段，关联该主题的研究被冠以"违宪审查研究""宪法审查研究"等不同名称，

---

① See Tom Ginsburg, Judicial Review in New Democracies Constitutional Courts in Asian Cases [M]. Cambridge University Press, 2003: 2.

② See Kartono, Politik Hukum Judical Review di Indonesia [J]. Journal of Dinamika Hukum, 2011, 11 (sp): 15-24. Mario Alberto Cajas-Sarria, Judicial review of constitutional amendments in Colombia: a political and historical perspective, 1955-2016 [J]. Theory & Practice of Legislation, 2017, 5 (3): 245-275.

③ See Douglas, Joshua A., (Mis) Trusting States to Run Election [J]. Washington University Law Review, 2015, 92 (3): 553-602; Douglas, Joshua A., The Significance of the Shift toward As-Applied Challenges in Election Law [J]. Hofstra Law Review, 2009, 37 (3): 635-698.

在具体的概念范围上也存在差异，但大致的研究方向具有趋同性①。合宪性审查的对象作为合宪性审查内部的一个重要部分，也或直接或间接地被广泛提及。当前，国内关涉合宪性审查对象的研究状况，主要可以分为以下三种类型。

1. 有关合宪性审查对象的背景性、概括性研究

合宪性审查的对象是合宪性审查机制的构成要素，而合宪性审查机制则依托于合宪性审查的理论基础与体制建构完成。有关我国合宪性审查机制及对象要素的背景性研究，在国内首先表现为合宪性审查体制模式的总结和我国进路的论证。

在宏观的制度构造上，世界范围内合宪性审查体制模式的划分方法主要为三分法，即分为立法机关审查体制、司法机关审查体制、专门机关审查体制（也有国内学者将专门机关内部宪法法院审查与宪法委员会审查作为两种单独模式，形成四分法），这方面主要是一些介绍性、展示性研究。代表性著作包括陈云生著的《民主宪政新潮——宪法监督的理论与实践》《违宪审查的原理与体制》，胡锦光著的《违宪审查比较研究》《合宪性审查》，吴延溢著的《中国特色合宪性审查的逻辑、规范与经验》，以及直接以国外合宪性审查制度介绍为主题，在美国、法国、日本、加拿大、韩国等合宪性审查经验较为丰富的国家中择取一个展开专门性介绍的著作②。

有关以英国、瑞典等国家为代表的立法机关（议会）审查模式研究表明，审查权被赋予议会本身，带有浓厚的自我审查特征。立法机关可以在法案通过前对其进行审查并提交意见书、相互辩论最终确定法案是否可以成为正式的立法；也可以在法案通过后再次审核，如果认为已经通过的法案可能存在有违宪法的条款，对法案进行修改或者废除。这种模式目前存在两种发展趋势：第一种趋势是由议会督察专员制度填补了立法机关审查精力不足的缺憾，这一制度起源于瑞典，在进入审查框架后，一般由议会直接任命或者下设负有监督职责的部门、专员，"所监督的对象一般是中央和地方政府，军队，司法系统包括法院、检察院、警察、监狱，以及其他国家和地方机关及其官员，有些还包括半国家机关如国营企业、公司等及其高级官员"，督查专员在视察、调查和控诉受理中发现公权力

---

① 在国内关于合宪性审查问题的不同研究中，曾有"宪法监督""违宪审查""宪法审查""合宪性审查"等诸多不同概念用语，其指代的范围也有所区别，但是其中或多或少都包含了本书所欲探讨的"合宪性审查"概念的内容。因此在作背景分析时，本书将上述研究文献一并作为讨论素材，而具体的概念差异，将在第一章详述。

② 如赵立新. 日本违宪审查制度 [M]. 北京：中国法制出版社，2008；宋永华. 韩国宪法法院制度研究 [M]. 上海：三联书店，2015；童建华. 英国违宪审查 [M]. 北京：中国政法大学出版社，2011；范进学. 美国司法审查制度 [M]. 北京：中国政法大学出版社，2011.

机关的不当行为，并采取建议处分、建议提起公诉、向议会报告等手段进行处理①。各国细节规定有一定区别，但总体上都属于一种衔接性、补充性的制度。督查专员的工作范围更加广阔，并不专司合宪性审查，也并不会对议会立法产生直接的效力性影响，而是通过各种程序的转接推动监督工作进行。第二种趋势是在不改变权力配置的前提下同其他部门的职权行为衔接协调，达到审查的效果，但这并非是已然确立的一套系统制度，而是对以英国为代表的议会至上型国家宪法运行实态的一种学理解读。有学者认为，"从实质意义上说，如果法院对议会立法的解释和适用达到了抵制恶法的效果，那就是违宪审查，不一定非得把法院撤销或宣告议会立法无效作为构成违宪审查的必要条件"②。同时，《欧洲人权公约》目前在英国仍然具有适用性，英国法院可以依此对不符合人权保障要求的议会立法作出"不一致宣告"，但既无法废除议会立法，也无法作出判决强制议会自己废除或者修改法案，仅属于被动的立场申明③，最终的决定权依旧在于议会。

以美国、日本为代表的司法机关审查模式研究表明，立基于分散型的审查权力配置，法院一般秉持"不告不理"的原则，在产生具体争讼后方才对个案中附随的宪法问题作出判断。美国独立后，各州就已经出现法院依据州宪法宣告州法无效的先例，并在实践中被默认。Mabury v. Madsion 一案在法理上正式确认司法机关违宪审查权，以及构成美国司法审查制度的主要原则，"宪法是美国的最高法律；解释与实施这部最高法典的实体是司法机构；法院解释对政府其他机构产生约束力"④。关于最后一点，理论上虽存在争论，也有反对观点表明法院的判断原则上只能发生个案效力，但由于美国属于判例法国家，其先例约束机制令在审查中被宣称违宪的法律事实上已"死亡"⑤，故确实具备普遍约束力的外观。但是，在同样奉行司法机关监督模式的日本，法院的决断是否能产生普遍效力依旧是一个悬而未决的问题。个案效力说主张因日本的审查必须以具体案件为前提，属于附带性审查，故决断只能就个案的争讼产生效力；与之对应的普遍效力说主张法院的判断会导致被宣告违宪的法律在一般意义上失效；中间说则主张该问题应当由法律作出具体规定。三种说法各有利弊，至今依旧未形成主流通说，

---

① 陈云生.民主宪政新潮——宪法监督的理论与实践［M］.上海：人民出版社，1988：101－103.

② 童建华.1998年《人权法案》与英国违宪审查［J］.社会科学论坛（学术研究卷），2009（12）：40.

③ 李蕊佚.议会主权下的英国弱型违宪审查［J］.法学家，2013（2）：170.

④ 胡锦光.违宪审查比较研究［M］.北京：中国人民大学出版社，2006：23.

⑤ 陈云生.违宪审查的原理与体制［M］.北京：北京师范大学出版社，2010：63.

实践中日本国会的回应也不甚一致①。目前采取司法机关宪法监督模式的国家，基于司法权的谦抑属性，一般均采司法消极主义立场，并由此衍生出关于问题资格、程序启动条件、审查标准等一系列微观设计。

有关以德国、法国等为代表的专门机关审查模式研究表明，依专门机关的性质可细分为宪法法院模式与宪法委员会模式。无论宪法法院还是宪法委员会，职能均是专门处理有关宪法的诸种事项，在学理上均被认定为兼具司法属性与政治属性的特殊机关。宪法法院模式以德国和俄罗斯为代表，各国宪法法院承载的职能规定不同，其中共同的、有关宪法监督职能是基于具体案件或者议员提请对已公布的规范是否违反宪法进行裁决，其他职能包括公权力机关之间的职权权限裁决、维护国家基本政治制度等。德国的宪法法院的审查程序以申请为启动要件，渠道包括公民提出宪法诉愿，普通法院审理具体案件时基于违宪困惑的移送以及议员联名申请。其判断结果为最终结果，具有普遍效力，政府其他部门均须遵循。宪法委员会模式以法国为代表，根据法国宪法规定，除了对组织法以及议会两院规章的强制审查外，在其他法案颁布之前，总统、总理、两议院议长和特定数目议员可以通过申请启动审查程序。但是，程序一经启动，宪法委员会的审查范围便不限于提请主体所述，而是可及于法案的所有条款。其采取秘密合议表决的形式，判断结果同样是最终结果，一旦被宣布违宪，相关法案即不得颁布实施。

有学者意识到，近年来在立法机关审查模式逐渐式微，司法机关审查与专门机关审查两种模式壮大演进的过程中，不同审查方式已不再泾渭分明。如在美国已逐渐出现两种司法抽象审查的样式：一种是当事人通过请求法院发出宣告式判决或者禁止令，以具体案件的形式包装抽象判断之实质；另一种是虽然个案中某部法律的适用并不无当，但该案当事人可继续主张，该法律表述过度延伸至第一修正案的保护范围，可能侵害某些尚未或不愿提起诉讼的第三人，进而对法律本身直接提出质疑②。又如法国在宪法改革中创制了合宪性先决程序，将事后审查机制引入宪法委员会的运作系统，通过宪法委员会和司法系统的合作实现了类似美国司法审查中对具体条文附带审查的实际效果③。

在我国的制度进路选择方面，立基于我国既有的宪法规范，对立法机关审查体制展开研究的文献较多，理论研究重点为以全国人大为核心的一会中心主义审

---

① 胡锦光. 违宪审查比较研究 [M]. 北京: 中国人民大学出版社, 2006: 120-129.
② 林来梵. 宪法审查的原理与技术 [M]. 北京: 法律出版社, 2009: 7-9.
③ 根据《法国宪法》2008年增设的第60—1条规定，最高行政法院或最高法院在当事人认为其宪法权利受到法律侵害时，可将相关案件移送宪法委员会。

查体制的正当性证立①。主要立论点包括：（1）国家法制统一理论。我国立法体制"既是统一的，又是分层次的"②，因而产生法律、行政法规、地方性法规、规章、军事法规、授权立法等体系庞大的规范集群。宪法作为国家根本法，具有在宏观上指引立法工作、掌握各类规范边界、维护相对统一的法治秩序的作用。宪法所提供的最为基础的立场，是所有公权力行为不可逾越之底线。（2）公民基本权利保障原则。为了防范多数人对少数人基本权利的践踏，现代立宪主义国家在宪法中均设置了多角度的防范、抗衡机制，合宪性审查无疑是其中相当重要的一种。而区别于国外的人权保障理论操作，我国宪法设专章规定公民基本权利。宪法以明文列举的形式确定了具有更高价值重要性的一套权利，这部分权利关乎人的基本属性与尊严，一旦遭受侵害将产生比非基本权利受侵害更加严重的负面效应，若搁置不议甚至可能威胁基本政治秩序、侵害宪法平等原则。（3）人民主权原则、权力配置格局和一贯政治传统。该点意在证明在争论不休的诸种模式中，我国最终选取立法机关审查制的必然性与本土优越性。学界多主张立法机关审查制度同我国宪法体制和政治传统的契合性，符合人民当家作主的要求③。而国外的审查方式，多立基于权力分立、平等制衡的政治理念，由独立的不同部门互相牵制。我国的合宪性审查制度必须符合我国根本政治制度——人民代表大会制度确立的权力框架、符合其理论基础，尊重全国人大的广泛代表性、最高性、全权性④。总之，我国学者们的主流意见均保留了全国人大及其常委会在宪法监督中的地位。因为，任何对既存制度体系的变造都应审慎，我国的合宪性审查体制虽尚不成熟，但已具备基本的理论储备和制度基础，一元制的民主结构决定了全国人大及其常委会在合宪性审查中无法缺席。宪法法院的构想面临要将本由全国人大及其常委会掌握的职权大规模转移而产生的权力冲突，造成国外模式移植过程中的排斥效应，不宜为我国所采用。

  总而言之，这部分研究的展开时间较早，具有宏观性，研究方法以比较研究为主，并且至少都在一定程度上认可了立法机关（议会）审查制度模式下，合宪性审查体制理论与我国政治格局、历史发展的契合性，为合宪性审查机制的展开和以对象为代表的诸要素的深入研究奠定了基础。但其中亦有在此模式下展开体制变造、改变制度模式的建议，由于并非本书的研究重点，在此不展开详述。

---

① 关于该种体制是否属于典型的立法机关（议会）审查制，学界看法不一，但相对一致的趋势是论证全国人大作为审查制度权力核心的地位。
② 乔晓阳.完善我国立法体制，维护国家法制统一[J].人大工作通讯，1998（21）：12.
③ 苗连营，郑磊，程雪阳.宪法实施问题研究[M].苏州：苏州大学出版社，2016：127.
④ 王广辉.关于全国人大应否被纳入宪法监督范围的思考[J].河南工业大学学报（社会科学版），2014（2）：37；胡锦光.合宪性审查[M].南京：江苏人民出版社，2018：163.

2. 有关合宪性审查对象范围的专题性研究

目前，关于我国合宪性审查的对象，相对争议较小的包括行政法规，省级及设区的市地方权力机关的地方性法规，自治区、自治州、自治县的自治条例与单行条例等。上述规范一般具有作为合宪性审查的对象最低限度的实证法依据，如法条中出现"同宪法抵触"或"违反宪法"的表述，并规定了一定的处理流程。而此外的其他规范则缺少明确的实证法依据，由此产生诸多学理上"能否""应否"成为合宪性审查对象的争议。同时，一些实证法依据在规范性质、条文表述上存在认定问题，因此对合宪性审查对象认定的条文依据，也有进一步解读的必要。随着合宪性理论研究的系统化发展，有关合宪性审查对象的专门性研究也有所增长，较具代表性的包括如下几个方面。

（1）合宪性审查对象选择的实证依据研究。合宪性审查对象选择的规范依据来源具有广泛性和不确定性，从行文表述上，多种类型的规范都提供了具备一定意义"确保某些规则需要遵循、符合宪法"的要求[①]。然而理论上，这些条款并非毫无异议地被学界认可为合宪性审查对象判明的标准，主要包括以下争议。

第一，宪法序言是否可以作为判定合宪性审查对象的宪法依据。对此，学界普遍认可宪法序言作为广义的"法"的一部分发挥效力，相关争议集中于效力形式方面，对其是否可以作为合宪性审查对象的明确依据，未有定论。第二，《中华人民共和国宪法》（以下简称《宪法》）第5条作为确定合宪性审查对象的条款是否适当。对于第5条是否具有证立不合宪的主体资格、成为合宪性审查对象判别的依据，学界存在肯定说与否定说两种不同观点。肯定说主张第5条作为正文条款的有效性，否定说则认为仅仅依靠第5条无法独立完成判断依据的使命。第三，合宪性审查对象的实证法依据应当在何种层级的规范中寻找。该问题目前学界尚无专章论述，但是从以上争议和许多关涉合宪性控制的叙述中得以凸显。

（2）特定规范作为合宪性审查对象应然性的具体研究。①法律。关于法律是否构成合宪性审查对象的问题，学界有三种不同认知。第一种立场是，法律不属于合宪性审查的对象，因为法律的制定主体是最高权力机关，其背后的逻辑是

[①] 具体包含《宪法》序言，第5条第3、4、5款，第67条第（7）、（8）项；《中华人民共和国立法法》（以下简称《立法法》）第97条第（1）、（2）项，《中华人民共和国全国人民代表大会组织法》（以下简称《全国人民代表大会组织法》）第37条第1款第（3）项；《行政法规、地方性法规、自治条例和单行条例、经济特区法规备案审查工作程序》第2条、第10条、第12条以及《司法解释备案审查工作程序》中的相关规定。

人民拥有绝对的立法主权，立法拥有部分宪法意义①；2018年《宪法》修改后，法律即使产生合宪性控制的需求，也可以通过立法程序完成，不必归入规范意义上的"合宪性审查程序"②。第二种立场是，法律应当成为合宪性审查的对象。因为法律确实存在不符合宪法的客观可能，并且相较于其他层级的规范危害性更强，全国人大不应超越宪法，将不同性质的身份糅合而规避审查③。第三种立场是，全国人大制定的基本法律不属于合宪性审查的对象，全国人大常委会制定的非基本法律属于合宪性审查的对象，主张区分两种不同性质的"法律"④。

②全国人大及其常委会的决定（决议）。在该方面的研究中，由于全国人大及其常委会的授权决定在宪法中没有明确地作出对应授权的职权性规定，而同时其在近年来又承担了引领改革的主要责任，因而较为学理讨论所关注。但在这些文献中，一般仅仅指出此类决定应当具有宪法依据、具有概括的符合宪法之义务，但是缺乏对其是否适宜作为合宪性审查对象比较明晰的判断。也有部分学者直接表明授权决定具有不合宪的潜在风险，可以通过分析全国人大及其常委会与宪法的逻辑关系确证其应当接受合宪性审查的地位⑤。

③特别行政区立法。香港、澳门特别行政区回归后，均以立法会作为自身的立法机关，学界的研究一般以香港特别行政区为例。在"一国两制"的特别行政区制度下，香港、澳门特别行政区均享有高度自治权，其立法会的立法可否成为合宪性审查的对象往往被转化为宪法在特别行政区的适用性与适用方

---

① 秦琴, 赵杰. 人民主权论与中国的违宪审查制度 [J]. 甘肃政法学院学报, 2001 (9): 21; 李龙. 宪法新论三则 [J]. 法学研究, 1994 (3): 15; 莫纪宏. 论法律的合宪性审查机制 [J]. 法学评论, 2018 (6): 31.

② 刘松山. 备案审查、合宪性审查和宪法监督需要研究解决的若干重要问题 [J]. 中国法律评论, 2018 (4): 29; 郑贤君. 作为政治审查的合宪性审查 [J]. 武汉科技大学学报（社会科学版）, 2018 (5): 509-510.

③ 刘志刚. 我国宪法监督对象的拓展分析 [J]. 贵州省党校学报, 2018 (3): 115; 胡锦光. 中国宪法问题研究 [M]. 上海: 新华出版社, 1998: 226; 李树忠. 论宪法监督的司法化 [J]. 政法论坛, 2003 (2): 34; 柴华. 为什么成文宪法排斥常在的制宪机关？——兼论全国人大不是我国常在的制宪机关 [J]. 法制与社会发展, 2017 (3): 93; 周永坤. 试论人民代表大会制度下的违宪审查 [J]. 江苏社会科学, 2006 (3): 125; 夏引业. 我国应设立虚实结合的宪法监督体制 [J]. 政治与法律, 2016 (2): 77.

④ 张友渔. 加强宪法理论的研究 [M] //中国法学会. 宪法论文选. 北京: 法律出版社, 1983: 14, 转引自胡锦光. 中国宪法问题研究 [M]. 上海: 新华出版社, 1998: 224.

⑤ 江国华, 梅杨, 曹榕. 授权立法决定的性质及其合宪性审查基准 [J]. 学习与实践, 2018 (5): 12; 刘志刚. 我国宪法监督对象的拓展分析 [J]. 贵州省党校学报, 2018 (3): 116-117.

式的问题。该问题下存三种不同学说：整体有效、大部分适用说①；整体有效、基本法转化适用说②；个别条款有效且适用说③。在第一种学说的逻辑下，特别行政区立法会立法有成为合宪性审查对象的余地；在第二种学说的逻辑下，特别行政区立法会立法接受的实际上是是否符合基本法的审查，非制度意义上的合宪性审查；在第三种学说的逻辑下对特别行政区立法会立法没有必要进行合宪性审查。

④中共党的文件与党内法规。关于中共党内法规是否属于合宪性审查的对象，胡锦光教授在《中国宪法问题研究》一书中有过集中探讨。目前学界的主要立场包含：否定说。其出现的时期较早，从否认《宪法》第 5 条的规范效力与分析人大的职权范围出发，不建议由人大对中共党内法规开展具有强制法律效力的审查。模糊说，此种观点一般较为明确地主张中国共产党也应当属于宪法的规制范围，其通过确保自身合宪的义务防止利用权力进行不合宪的操作④，后续或不直接论述党内文件和法规是否可以成为合宪性审查对象的问题，或直接采取默认态度。折中说，此观点提出的背景是由 2018 年《宪法》修改所引申出的关于如何处理"党的领导"与"合宪性审查"有机结合的问题。其主要主张是中国共产党并不属于实施宪法的国家机关，对其进行监督需要综合多个层面和角度，进行区别对待，综合合宪性审查机制与党内监督渠道共同解决⑤。

⑤宪法解释与宪法修改。宪法修改与宪法解释是否应当成为合宪性审查的对象，主要基于对它们性质的不同定位。对于宪法修改而言，有无界限说和有界限说两种观点，前者主要是借鉴日本学者芦部信喜的观点，将修改与创设规范意义上的区别弥合；后者则是我国学界的主要立场，并且在该立场下，宪法修改是否触及其边界禁区需要审查⑥成为较为普遍的主张。对于宪法解释而言，学界存在

---

① 肖蔚云. 论香港基本法 [M]. 北京：北京大学出版社，2003：50；刘志刚. 香港特别行政区的宪制基础 [J]. 北方法学，2014 (6)：35 - 38.

② 李琦. 特别行政区基本法之性质：宪法的特别法 [J]. 厦门大学学报，2002 (5)：20 - 21；殷啸虎. 论宪法在特别行政区的适用 [J]. 法学，2010 (1)：49 - 56；韩大元. 宪法学基础理论 [M]. 北京：中国政法大学出版社，2008：114；韩大元. 论《宪法》在《香港特别行政区基本法》制定过程中的作用——纪念《香港特别行政区基本法》实施20周年 [J]. 现代法学，2017，39 (5)：3 - 10；邹平学. 1982 年《宪法》第 31 条辨析——兼论现行《宪法》在特别行政区的适用 [J]. 当代港澳研究，2013 (1)：78 - 96.

③ 该观点主张宪法中仅有第 31 条适用于特别行政区，其他部分在特别行政区既无效也不适用。该立场属于小众立场，主要体现于《明报》的社评中，并不为大陆学者所接受。

④ 刘松山. 彭真与宪法监督 [J]. 华东政法大学学报，2011 (5)：144；蔡定剑. 国家监督制度 [M]. 北京：中国法制出版社，1991：120.

⑤ 刘志刚. 我国宪法监督对象的拓展分析 [J]. 贵州省党校学报，2018 (3)：120.

⑥ 韩大元. 试论宪法修改权的性质与界限 [J]. 法学家，2003 (5)：14 - 16.

不同的定性方法,包括:其一,宪法实施说,主张宪法解释是一种实际的实施形式①。在此逻辑下,宪法解释自然可以进入合宪性审查的框架。其二,合宪性审查技术说,认为在理论上宪法监督主体需要履行宪法监督或者合宪性审查之职能,就必须拥有宪法解释权,因此宪法解释是一种手段、技术②。其三,将宪法解释作为确保宪法实施和合宪性审查正常运行的一种独立制度或者技术,而并不必然依附于宪法实施或审查任何一方③。其四,将宪法解释作为宪法实施和合宪性审查中都会采用的技术④。在后三种学说的逻辑下,宪法解释就具有技术性和手段性,并不能成为合宪性审查的对象。

⑥规章、规范性文件等其他层级较低的规范。对于规章、规章以下的其他规范性文件是否属于合宪性审查的对象,学界的专门研究较少,目前对此有所论述的学者多主张规章规范性文件没有"资格"谈是否符合宪法的问题,也不存在合法性审查难以解决而必须依赖于合宪性审查的可能,因此不能成为合宪性审查的对象⑤。

⑦行为。对于行为的探讨主要产生于对其他国家审查对象实践同我国审查对象的比较研究中,其他国家对行为的审查主要分为对公务行为⑥和私人行为审查两类。并且依据各国的具体实践,对此两类行为可审查性都有不同程度的保留。就公务行为而言,其主要包含政治性质浓厚的公权力行为、公权力不作为与法的适用行为。政治性质浓厚的公权力行为在各国实践中普遍被认为不属于合宪性审查的对象;公权力不作为的探讨集中于"立法不作为部分",对此展开研究的学者主要以现代宪法赋予国家机关的作为义务与给付行政作为立法不作为审查的宏观基础,并参考了日本的理论体系介绍了"违宪确认诉讼"的技术性处理方案⑦;法的适用行为则并不直接指向规范本身违宪,而是探讨规范本身在个案中

---

① 董和平,韩大元.宪法学[M].北京:法律出版社,2000:349;贾宇.宪法实施的主要路径[N].人民法院报,2014-12-4(5).而此两篇着重对宪法解释进行性质上的确定,并未对其是否纳入合宪性审查对象给予充分证明。

② 高轩.宪法解释权和适用权是实现宪法监督的关键——英美法系司法审查权的启示[J].政法学刊,2003(3):30.

③ 刘国.宪法解释之于宪法实施的作用及其发挥——兼论我国释宪机制的完善[J].政治与法律,2015(11):45-55.

④ 陈鹏.立法机关解释宪法的普遍性与中国语境[J].交大法学,2017(3):95-96.

⑤ 苗连营,郑磊,程雪阳.宪法实施问题研究[M].苏州:苏州大学出版社,2016:84;王春业.合宪性审查制度建构论纲[J].福建行政学院学报,2018(1):31.

⑥ 公务行为指向"依据宪法规定享有国家治理职权的国家机关及其工作人员的公务行为"。莫纪宏.论加强合宪性审查工作的机制制度建设[J].广东社会科学,2018(2):218;胡锦光.我国违宪审查的对象、方式及处理初探[J].学习与探索,1987(6):86.

⑦ 林来梵.宪法审查的原理与技术[M].北京:法律出版社,2009:185;赵立新.日本的"立法不作为"与违宪审查.[J].法律文化研究,2007:182.

的实际运作方式违宪的问题①,目前我国尚无此方面的先例,学理讨论寥寥。就私人行为而言,相比于公务行为,其在我国学界的讨论频率更高。在我国的研究视角下,该问题一般转换为对私主体不合宪资格,以及宪法条款私人效力的争议。对于"宪法基本权利条款对民事行为的效力"这一命题,学界有三种不同主张:第一,宪法基本权利条款具有直接的效力,可以成为民事司法裁判的依据,被法院援引以判断个案中私人间的权利义务关系②。该观点在齐玉苓案判决后一度为许多学者所支持,而随着相关司法解释的废除逐渐走向没落。第二,宪法基本权利条款对私法及私法领域应当具有效力,但是其实现的方式是间接适用③。第三,在我国语境下,宪法基本权利条款对第三人无效力。宪法中的相关条款发挥的是防范公权力侵犯之功能,而不具备防范私人侵犯的功能,不应当也没有必要通过直接或间接的方式再出场④。由于主流观点是宪法的非直接适用性,因此私人行为不适于进入合宪性审查框架似乎应当成为主流观点。但是,在我国学界又确实存在认可对私人行为应当通过宪法诉讼作出判断的主张。而宪法诉讼能否视作合宪性审查,学界存在本质性分歧。持否定说的学者主张,宪法诉讼具有宪法实施的性质,不必然涉及监督环节⑤,据此将私人行为纳入合宪性审查缺乏充分依据。持肯定说的学者则主张,宪法诉讼为合宪性审查所包容,属于合宪性审查的一种形式⑥,在此情况下,私人行为便属于合宪性审查对象,只不过对其作出判断采用了特殊方法。

3. 有关合宪性审查对象选择与其他机制的衔接互动研究

合宪性审查是一个庞大而系统的工程,合宪性审查的制度设计必须在尊重国家整体权力配置的情形下展开。因此其程序运作通过机构模式与对象范围的选定同样能够发生逻辑上的互动。其中基于对象选择不同而产生的特殊问题集中在程序衔接方面,包括以下内容。

---

① 林来梵. 从宪法规范到规范宪法 [M]. 北京:商务印书馆,2017:342-343.
② 徐秀义,韩大元. 现代宪法学基本原理 [M]. 北京:中国人民公安大学出版社,2001:330-336. 该文的主张是,法律在符合宪法规范性的情形下得以优先适用,那么在法律不符合宪法规范的情形下,可以直接适用宪法。
③ 刘志刚. 立宪主义语境下宪法与民法的关系 [M]. 上海:复旦大学出版社,2009:282.
④ 王锴. 论宪法上的一般人格权及其对民法的影响 [J]. 中国法学,2017 (3):120-121;陈道英,秦前红. 对宪法权利规范对第三人效力的再认识——以对宪法性质的分析为视角 [J]. 河南省政法管理干部学院学报,2006 (2):49-54;黄宇骁. 论宪法基本权利对第三人无效力 [J]. 清华法学,2018 (3):205.
⑤ 谢维雁. 论宪法进入诉讼的方式——兼论宪法诉讼的概念 [J]. 政治与法律,2010 (5):98.
⑥ 杨合理. 关于建立宪法诉讼制度若干问题的思考 [J]. 政治与法律,1997 (6):27-28. 王秀玲. 论宪法诉讼势在必行 [J]. 政治与法律,2005 (2):125;韩大元,刘志刚. 试论宪法诉讼的概念及其基本特征 [J]. 法学评论,1998 (3):27.

（1）合宪性审查机制与合法性审查机制的衔接互动。我国现有的合法性审查程序，包括司法审查与立法审查。就司法审查而言，具有明确实证依据的只有一般行政规范性文件的附带审查，但在司法实践中，亦有法官通过大胆的"无效宣告"或相对温和的"选择适用"对层级更高的地方性法规展开审查。在行政规范性文件被司法机关附带审查的场合，附带审查借助公民的诉讼将规范性文件备案审查的启动路径扩大了，为公民的建议权设置了回应路径，但是法院的司法建议并不具有强制的效力，是否真正同宪法关联亦不能确定①。总体而言，司法机关对行政规范性文件的合法性审查同合宪性审查混同的可能性并不大，但在二者的关联性分析中，必须解决的首要问题是行政规范性文件不合宪的可能性及审查必要性问题，这部分的考察又回归于前述有关规章、规范性文件等其他层级较低的规范作为合宪性审查对象的应然性问题上。立法审查即主要通过《立法法》所规定的备案审查和撤销机制，完成对不合宪规则的纠正。其与合宪性审查制度的关联更加密切，目前我国借由《立法法》和各类备案审查工作文件构建了一套审查体系，审查主体包括党委、人大、政府、军队系统等。而针对备案审查制度和合宪性审查制度的关系，学界有两种立场。

第一，备案审查制度和合宪性审查制度是涵盖范围不同的双线。持此观点的学者往往主张，备案审查制度和合宪性审查制度必须在程序上予以区分。从我国的实际情况来看，备案审查制度和合宪性审查制度一直呈现双线并行之状，甚至在某些语境下，合宪性审查能够为备案审查所吸纳，在备案审查的整体流程中，合宪性判断的要求亦涵盖其中②。对于发展成熟的机制而言，合法性审查或者备案审查应当作为合宪性审查必经的前置程序，是合宪性审查案件过滤的阀门，而过滤机构应当主要由法律文件的批准或指定机关决定，若在诉讼中发现，则须完成移送手续③。第二，备案审查制度和合宪性审查制度是同一制度模式在不同发展阶段的称呼。有学者认为，备案审查就是合宪性审查的初步实践和探索，合宪性审查是成熟化了的备案审查，更加强调审查的属性，备案审查则更关注审查的途径和方式，"通过备案审查，纠正或者撤销各种违宪违法的规范性文件，是限度宪法法律实施、维护宪法尊严、保证国家法制统一的重要制度安排"④。持此观点的学者虽然不主张将合法性审查与合宪性审查全然混同，但依然坚持备案审查制度应当是合宪性审查制度建设的通道与着力点。认为两者的区别不过是依据不同，而该种不同的症结在于宪法的沉默，只要备案审查机构主动而为，使宪法

---

① 张婷. 行政诉讼附带审查的宪法命题及其展开 [J]. 法学论坛, 2018 (3): 122.
② 秦前红. 人大如何在多元备案审查体系中保持主导性 [J]. 政法论丛, 2018 (3): 36.
③ 王春业. 合宪性审查制度建构纲要 [J]. 福建行政学院学报, 2018 (1): 35-36.
④ 苗连营. 合宪性审查的制度雏形及其展开 [J]. 法学评论, 2018 (6): 3.

也成为审查依据和标准,合宪性审查机制就能借助备案审查机制而启动。并建议将备案审查室升级为常委会的工作机构,与法制工作委员会(以下简称法工委)平行,专门辅助宪法和法律委员会展开合宪性审查工作,形成程序需求对机构选择的反向推动。

(2) 合宪性审查机制与其他宪法监督机制的衔接互动。在将合宪性审查同宪法监督在同一种意义上混合使用的前提下,宪法监督程序似乎就是合宪性审查程序,两者既无可能也无必要区分。近年来,将两者在内涵上区别,意图建立精致而纯粹的合宪性审查制度的研究中,合宪性审查同其他宪法监督程序便需要区分、处理衔接问题。目前学界的研究以二者的区分、甄别为主,重点包括:第一,以不合宪责任的双重性质支撑合宪性审查机制与其他宪法监督机制或者说不合宪责任追究机制的区别。该观点主张"违宪责任的性质是兼具法律性与政治性,违宪责任的内容有法律责任和政治责任,违宪责任的追究机制有司法性的追究机制与政治性的追究机制"①。其中,部分政治责任的内容包括个人去除公职和政府集体失格,显然是不适宜通过合宪性审查这一法律程序追究。从国外实践来看,其追究机制包括弹劾、引咎辞职等,是通过民主决策的政治程序所完成的。第二,以全国人大的规范功能探索合宪性审查之外的运作空间。该观点主张,全国人大及其常委会在所谓"边缘化的宪法监督"领域,具有充分活跃的职责,如听取和审议"一府两院"的工作报告,执法检查和代表视察,工作评议和执法评议,对重大违法案件实施监督,督促执法责任制和错案追究制的落实,质询、特定问题调查、罢免等②,在党内自我监督的场合,还有党纪处分的党内追责形式。

(3) 合宪性审查机制与立法机制的衔接互动。此两种程序的衔接多发生于事前审查的场合,关于法律的可审查性争议,如前所述,国内有法律不可审查说、法律可审查说、法律部分可审查说(主要指全国人大常委会制定的非基本法律可审查)。虽然在制度上的回应稍显不足,但"法律应当纳入合宪性审查的"论断正逐渐成为主流。但是在我国单一制的政治架构、权力机关审查的基本体制下,对法律的审查应当以何种性质的程序为主,进而如何辨别立法与审查的界限问题,学界产生了不同看法。

第一,法律的合宪性审查应当以内部性为主,合宪性审查程序应当融入立法程序,成为其中一环。持此观点的学者认为,"对法律的合宪性审查工作是可以进行的,但不宜通过正式的法律程序和机制进行,只宜通过内部立法监督机制来

---

① 姚国建. 违宪责任论 [M]. 北京:知识产权出版社,2006:316.
② 陈云生. 宪法监督的理论与违宪审查制度的建构 [M]. 北京:方志出版社,2011:417-418.

完成这一任务"①。理由在于,首先,全国人大及其常委会之外不存在与之平行的国家机关,监督工作只能由其自身完成。而自我监督难以设定完整、固定的程序,化于立法过程中方为最优解。同时将有利于全国人大常委会及时、主动行使宪法赋予的宪法解释、法律解释职权,促进合宪性审查工作的活化。其次,法律通过后,大量适用该法律的案件已被审判乃至执行,且对法律进行变动前后结果差异可能较大,不仅会造成其他国家机关的压力,也会带来负面的社会效应。最后,对已经生效的法律进行变动,必然带动依据其所制定的行政法规、地方性法规等其他规范的一并变动,冲击整个法律体系,并且在这一过程时段内造成部分社会关系处于无法可依的尴尬状态②。所以通过对法律草案的事前审议,在立法环节完成合宪性控制的重要性不言而喻。

第二,法律的合宪性控制应当以法律草案审议的形式完成,但这一形式不属于合宪性审查程序,两者应当截然分离。邢斌文博士指出,事前的合宪性审查程序和一般的立法程序之间存在四类关系:其一,审查机关对所有法律草案进行强制性审查,此时合宪性审查的事前程序与立法程序互相融合,前者成为后者必要的一环,但采取此种模式的国家立法机关与审查机关往往是分离的;其二,审查机关仅对部分法律草案进行强制性审查,此模式下选择性审查的法律,其立法过程与事前审查程序之间的界限较为分明;其三,审查机关对所有法律草案的事前审查都是选择性的,此情形下两种程序截然分离,审查程序的启动将极大地影响正常的立法进程;其四,相对模糊关系,即审查虽然不是立法程序的必经环节,但是其意见会极大影响议会的立法决定,难以断定审查程序与立法程序属于包容关系还是分离关系。在我国的法治场域下,宪法和法律委员会对法律草案的审议应当属于立法程序,全国人大及其常委会的活动身份是"最高国家权力机关"而非"宪法监督机关"。主体上,宪法和法律委员会仅仅是参谋、助手,其意见也不能自然而然地转换为全国人大及其常委会的意见③;手段上,超越了"合宪性判断",而采取了更广泛的修改、创制法律条款等更具立法色彩的方式;效果上,对某一部法律的审议可能"辐射"到此前已经颁布生效的下位规范,产生促使其修改或废止的影响,远超合宪性审查的对点效力④。

第三,该立场将视野进一步扩大,同时包容了事前审查评价与事后审查评价,主张法律的合宪性审查应当以外部性为主,合宪性审查程序应当相对独立于

---

① 莫纪宏. 论法律的合宪性审查机制 [J]. 法学评论, 2018 (6): 33.
② 全国人大常委会法制工作委员会法规备案审查室. 规范性文件备案审查制度的理论与实务 [M]. 北京: 中国民主法制出版社, 2011: 183.
③ 刘松山. 备案审查、合宪性审查和宪法监督需要研究解决的若干重要问题 [J]. 中国法律评论, 2018 (4): 22-23.
④ 邢斌文. 论法律草案审议过程中的合宪性控制 [D]. 吉林大学, 2017: 49-57.

立法程序。广义的立法权行使包含法的立、改、废、释,但目前我国几次与合宪性审查有关的宪法实践,均以有关部门自行修改或废止相关规范作结。在备案审查制度的实践中,有关机构也更加倾向采用沟通协商的软性手段。有学者据此提出,"合宪性审查的重要价值恰恰就在于审查公开化。通过审查公开,向全体社会成员传达宪法的价值,确保宪法的全面有效实施,以形成社会共识,即宪法共识"[①]。也即通过广义立法权行使的程序解决合宪性问题,无助于形成技术化的审查标准,无论事前还是事后审查,合宪性审查程序不可与立法程序混同。有的学者更进一步主张,事后审查属于宪法法律意义上的合宪性审查,事前送审、合宪性咨询等均不属于合宪性审查的范畴,进一步突出合宪性审查机制的独立性。

(三) 国内外研究现状述评

本书通过对国内外研究现状的搜集整理,发现国内外的研究总体上从前一历史阶段的合宪性审查正当性以及模式研究趋向于合宪性审查内部诸要素的探讨,展现出对合宪性审查对象研究的理论积累尚且不足、存在拓展空间的面向。

从当前的研究现状来看,国内外研究为合宪性审查对象研究作出的前期理论积累包括:其一,为合宪性审查对象的研究提供必要的体制背景与理论基础。国外有关合宪性审查对象的专门性研究相对较少,而有关合宪性审查对象的存在空间——合宪性审查机制赖以存在的基础性理论研究较为丰富。而我国的合宪性审查体制和机制的建构历程也是在借鉴与创新中逐步发展的,国外的基础性理论对于我国合宪性审查对象的研究亦能产生一定帮助。其二,概括了合宪性审查对象研究的可能影响要素。从上述国内外研究来看,特定对象是否应当纳入合宪性审查范畴,不仅需要符合合宪性审查的理论基础,还需要同宪法所规定的国家基本制度结构性适应,并且具有理论与实践的可行性,是否能够围绕其建构一套衔接良好的审查机制。如若不具有可行性,那么就需要考量是否需要转而采用其他责任追究机制。通过对这些研究的归纳梳理,能够为合宪性审查对象的学理分析以及基于对象的机制建构提供探索思路。

而上述研究反映出我国合宪性审查研究的扩展空间在于:其一,研究的广度可以进一步拓宽。如对于实践中争议较多的特别行政区基本法解释、司法解释、授权立法的讨论相对较少,缺乏关于合宪性审查的专门性研究,在考察中往往以合法性审查的语境替代合宪性审查的语境。又如,对于宪法解释与修改更多地从其性质、范围展开讨论,而缺乏对其和合宪性审查关系的探讨。这些问题将导致合宪性审查的覆盖范围与中国特色社会主义法治体系的范围不能形成良好的对接,而又难以较为详细地解释这些空白和断层的存在是否合理。其二,研究的体

---

① 胡锦光.论合宪性审查的"过滤"机制[J].中国法律评论,2018 (1): 66.

系性相对不足。与合宪性审查对象有关的研究主要呈现为两种形式：一种形式是专题性研究，即探讨某种规范是否属于合宪性审查之对象，该方面的研究多围绕法律展开，对于其他的规范形式关注相对较少，彼此间缺乏联结。导致不同文献采取的判断标准、参考要素不尽相同，从而导致不同的结论。另一种形式是综合性研究。该方面的研究多体现于合宪性审查制度与机制著作中的部分章节或在论述我国合宪性审查机制结构性问题时以段落的形式呈现，整体上较为分散，且往往注重对实证状况的展现，而对未来合宪性审查对象、机制的发展的空间探索相对简略。其三，对合宪性审查对象确定与合宪性审查机制的联动可以进一步加强。如前述之整理，合宪性审查对象的确定不是一个孤立的问题，它本身所赖以运作的合宪性审查机制同其他机制的衔接也是特定对象是否适于纳入合宪性审查范围的影响要素。而学界的研究中，多数将合宪性审查机制同其他机制衔接以及将合宪性审查对象作为单独的问题予以考察，重点关注合宪性审查机制同其他机制的区别，而对其内在的关联性面向强调不足。

综上所述，本书针对上述研究中存在的扩展空间，主张合宪性审查对象的研究应当从法律体系的视角出发，对于当前合宪性审查覆盖范围的薄弱点进行重点突破，关注体系性与整合性的问题。全书研究的核心问题应当是：**在当前一元两级多层次的立法体制下，多元的规范种类中，处于模糊地带的规范哪些应当纳入合宪性审查的对象范围、其尚且存在哪些机制困境以及如何解决。**

第一章　我国合宪性审查对象相关背景问题研究

以合宪性审查对象作为逻辑基点展开关联性研究，必须明确几个基本问题：首先，无论是合宪性审查这一概念本身，还是作为其要素的对象概念，在学理上均有不同的理解。而基于含义分析的多元性结论，其机制所涵盖的范围以及对具体、特定规范可审查性的分析结论均将对应地出现分歧。其次，我国的合宪性审查机制发展经历了相对漫长的准备阶段，在实证层面已经存在部分能够作为厘定合宪性审查对象依据的规范。但是，对于这些规范在性质、功能等方面是否足以负担起确定合宪性审查对象依据的角色，尚且存在一些理论上的问题。最后，如导论所言，合宪性审查对象的理论研究议题所指向的，是推进合宪性审查体制、机制完善的最终目标。因此，探讨合宪性审查对象与合宪性审查体制、机制的内在关系，同样是相关研究展开前必须明确的重要背景性问题。

第一节　合宪性审查对象相关概念的逻辑生成

概念的认定是研究的逻辑起点，在展开合宪性审查对象的研究之前，须先行对关联性的基本概念框架进行确定。并厘清相关范畴之间的界限，主要包括两个方面，即"合宪性审查"概念本身，以及合宪性审查"对象"这一要素所指向的范畴。

一、合宪性审查的含义及其与相关范畴之间的界限

(一) 合宪性审查概念的历史发展与使用现状

中共十九大报告将"加强宪法实施和监督，推进合宪性审查工作，维护宪法权威"作为全面推进依法治国的一项重要任务。而在此之前，与"合宪性审查"具有关联性的研究就早已开展，但是，实证规范与理论研究所采取的概念术语不尽相同，造成合宪性审查的认定范围差异，进而造成研究结论的多样化。学理上，与合宪性审查相关的主要概念包括：宪法保障、宪法监督、宪法审查

等。而该系列概念的适用逻辑、彼此间的关系在不同历史时期呈现出不同面相。从历时性角度概览我国的合宪性审查概念历史发展沿革，可以将与合宪性审查相关的用语嬗变大致划分为两个主要阶段。

从1982年到1997年是我国宪法监督研究的起步阶段，也是"合宪性审查"概念发展的第一阶段。该阶段制度建设刚刚展开，概念体系不完善，这一体制尚无统一称谓，指代方式较为混乱，大致包括"宪法保障""宪法监督保障""宪法实施保障"等表述。随着研究的深入，学界采用"宪法保障"时叙述的方向逐渐明确，一方面指为了"确保宪法秩序""事前防止或事后纠正对成文宪法规范的侵害"① 的一切手段，该意义比宪法监督范围更广；另一方面指公民基本权利在宪法上的认可与保护，该意义与宪法监督不属于同一层次的问题。"宪法保障"已不再同"宪法监督"混淆使用，"宪法监督保障""宪法实施保障"等组合式的不规范用语也逐渐消隐。"宪法监督"逐渐成为该时期学界的主流用语。但在当时，学界的理解比较宽泛，重点在于概括性地强调人民群众通过选举代表组成最高权力机关，间接地实现国家管理的功能，与合法性审查的区分度也较低。

1998年至今则是我国宪法监督研究的发展阶段，该阶段"宪法监督"的表述逐渐稳固。同时，比较法研究蓬勃发展，"违宪审查"概念进入国内学界，最初用以专门指代美国、德国、法国等宪法发展较为成熟国家的相关制度，后成为与"宪法监督"并驾齐驱的另一概念，两者常在同一种意义上被使用。"合宪性审查"产生的时间点略后，且其并非甫一出现便指向宪法监督制度，而是先用于指代一种保守主义倾向的宪法监督技术，而后才发展成为一种制度描述。其使用频次目前正在缓慢上升，中共十九大报告中更明确提出"合宪性审查"的概念。

总体而言，合宪性审查的概念经历了由粗放到精细、由宏观到微观的发展历程，确定其概念的参照要素自1982年《宪法》以来也显著增加。诸种概念在不同程度上依旧被使用，近年来，与"合宪性审查"内涵具有近似性，适用频次总体较高的概念包括"宪法监督"与"宪法审查"。目前，学界对这几种概念的使用方式，总体上包括两种立场：一种是将不同概念的内涵等而视之，另一种则是将不同概念在意义上予以区分。

在混同使用多项概念时，大致有三种使用策略：其一，不加以说明，在研究中同时使用"宪法监督""合宪性审查""违宪审查""宪法审查"等概念表述②；其二，在比较法视野与文化制度差异的碰撞中对诸种概念进行横向的相对区分，将

---

① 董璠舆.宪法保障的理论［J］.法学杂志，1991（3）：40.
② 采用该类描述方式的主要文献包括：胡锦光.中国宪法问题研究［M］.上海：新华出版社，1998：197-227；胡锦光.婚检规定宜引入合宪性审查［J］.法学，2005（9）；马岭."违宪审查"相关概念之分析［J］.法学杂志，2006（3）：107-108；刘练军.司法的冒险：美国宪法审查中的司法能动［J］.浙江社会科学，2010（4）.

违宪审查视作西方专有概念，认定"宪法监督"的表述才是对宪法文本中"监督宪法实施"规定的必要语词转换，是值得推崇的本土用语①；其三，从历史发展进程出发对诸种概念进行纵向的相对区分，主张宪法监督、违宪审查、合宪性审查等不同的概念本质上是对同一类型公权力活动的指称，但不同时期由于政治和学术策略，占据不同的话语权重。在区分使用多项概念时，则主要表现为从范围角度展开的区分和从方法论角度展开的区分。从范围上对不同概念进行划分的学者试图构建概念集群间包容与被包容的关系网络，从而得出诸种概念彼此相对独立的结论，倾向将宪法监督作为范围更广、地位更高的用语②，而将违宪审查、合宪性审查作为其下位概念。从方法论上进行划分的学者主张，违宪审查不仅面临中文语义习惯的困惑③，而且在逻辑进路上偏向于"是否违宪"的判断，审查者可能无意识地排斥涉嫌违宪规范或行为中的合宪可能，更易于得出违宪结论。合宪性审查在逻辑进路上偏向于"是否合宪"的判断，审查基准上更加依赖于合宪性推定的方法，更易于得出合宪结论，更能够体现出谦抑主义的方法论，或者至少相比于"违宪审查"而言更具中性色彩④。

上述有关"合宪性审查"相关概念的适用嬗变的主要成因主要包括以下三个方面：第一，规范用语的率先生成以及历史环境下国家理论的共同作用。1954年《宪法》第27条第（3）项规定，全国人大行使"监督宪法实施"的职权。该项规定为1982年《宪法》所承袭，现行《宪法》有关全国人大及其常委会的职权规定中，就出现了"监督宪法实施"的表述。"宪法监督"最初是脱胎于宪法文本归纳实践中法治需求的一项概括。中华人民共和国宪法起草的讨论和草案的说明均指出我国宪法坚持社会主义类型的政治制度，并且规定该种政治制度的宪法区别于伪宪法、资产阶级宪法，是"适合于广大人民群众利益"的宪法⑤。但这一概念由于中华人民共和国成立初期的法制建设曲折以及具体机制不完善等

---

① 吴延溢. 概念、规范与事实——在争鸣和探索中前行的中国宪法监督 [J]. 河北法学，2013 (7)：3-4.

② 陈永艳. 违宪审查与周边概念界分 [J]. 法制博览，2013 (2)：254.

③ 季卫东教授提出，进行"违宪性的审查"在中文语法上难以表达通顺。季卫东. 合宪性审查与司法权的强化 [J]. 中国社会科学，2002 (2)：4.

④ 王书成. 合宪性推定与"合宪性审查"的概念认知——从方法论的视角 [J]. 浙江社会科学，2011 (1)：51-55；王书成. 宪法审查"忧虑"及方法寻求——合宪性推定之运用 [J]. 浙江学刊，2011 (1)：137-139.

⑤ 《关于〈中华人民共和国宪法草案（初稿）〉起草的说明》第五部分表明："宪法草案规定的国家政治制度，与苏联以及各人民民主国家的政治制度是同属于社会主义的类型的"。刘少奇《关于中华人民共和国宪法草案的报告》表明，中国革命过程中国家制度曾经出现过三种宪法，"第一种是清朝、北洋军阀及蒋介石的伪宪法；第二种是资产阶级民主共和国的宪法；第三种是工人阶级领导的、以工农联盟为基础的人民共和国的宪法"。许崇德. 中华人民共和国宪法史：上卷 [M]. 福州：福建人民出版社，2005：158.

原因，未在学术研究中进行过深刻辨析。直至 1982 年《宪法》颁布前后，关于"宪法监督"的研究才逐渐增多。

第二，合宪性审查制度化生成路径阻塞，制度实践发展缓慢的现状与研究期望存在差距，国外合宪性审查相关概念便伴随着其具体制度和机制一并被学界引入。"宪法监督"固然源于我国宪法文本，但从 1954 年《宪法》开始至 1982 年《宪法》，关于宪法监督的内容虽有所充实，但总体上依旧笼统。诸学者在研究宪法监督制度及其进路时，开始逐渐转向比较研究方法，围绕其他国家普通法院审查、宪法法院审查制度的介绍和移植改造。但是，其他国家的相关宪法制度中并无类似"宪法监督"的表述。因此，在 judicial review、constitutional review 等国外用语引进后，以翻译后的"审查"用语替代"监督"用语的现象日益普遍，《立法法》等规范的出台更推动了"宪法审查""违宪审查"等概念的普及。其他国家中，美国的合宪性审查制度较为成熟，也较早地被介绍进入中国，其分散型普通法院的监督模式以及丰富的判例为学界提供了研究宪法监督的大量文献资料，"司法审查""司法监督"的概念也因此逐渐进入研究视野。

第三，重大宪法案件及宪法事件的影响。2001 年最高人民法院就齐玉苓案件发布了《最高人民法院关于以侵犯姓名权的手段侵犯宪法保护的公民受教育的基本权利是否应承担民事责任的批复》，其中指明"宪法规定所享有的受教育的基本权利"，将宪法基本权利条款同具体民事责任后果关联。由于当时合宪性审查及其配套制度的相关规定均较少，此案的司法解释出台后便被理论界视为试图将宪法引入司法审判领域的"普罗米修斯火种"。立基于此，具有一定国外术语引进基础的"司法审查""宪法诉讼"和具有本土独特性的"宪法司法化"概念在该案发生后使用频次明显提高。2003 年孙志刚案件促使《城市流浪乞讨人员收容遣送办法》被废除，则进一步推动了"违宪审查"用语的进一步壮大。这一时期的用语转变，在整体上体现出学界试图在我国构建新的合宪性审查模式的期望。也展现了理论界对违反宪法的规范进行及时处理的呼吁以及保障公民基本权利的最终目标。但是，司法审查的制度模式颠覆了我国的基本政治权力配置基础，同时司法监督、司法审查等用语又关涉宪法监督与宪法实施的边界问题，故此类概念术语的发展在昙花一现后又迅速陷入低迷。2008 年，齐玉苓案批复性司法解释废除使"宪法司法化"在中国被广泛否定，其后学界对此概念的研究多以反思性态度展开，近年的研究中也已不再将其作为合宪性审查的有效进路。

第四，特定的话语策略的影响。有学者指出，几种主流用语的变化并不代表学界对于宪法监督概念本身产生了颠覆性认知，此现象"只是属于一种用语转换，甚至同样属于形式逻辑上有关一个概念的内涵及外延的自我调整而已……通过巧妙的用语转换，寄寓了某种温和的、易于被接受的实践动机"①，也即暗示一种积极主义或者消极主义的态度。

（二）合宪性审查概念的语词分析

从宏观体制框架判定的角度，"宪法监督"与"合宪性审查"应当是一组边界逐渐收窄的概念。"宪法监督"作为最早出现的同合宪性审查制度具有关联性的概念，在产生初期并不专指一项已成体系的制度系统。其指代范畴较为广泛，既包括对国家机关活动的监督，也包括对国家机关工作人员、团体、政党、个人的监督；既包括对立法性文件合宪性的控制，也包括对其他违反、破坏宪法行为的追责，还囊括了宪法解释、公民权利保障等，甚至包含了社会风气营造等非制度性手段②。宪法监督具有广义、狭义之分，广义的宪法监督同前述早期的宪法监督范畴同质，是宪法保障在晚近学理环境下的另一种表达，其范围自然远远大于合宪性审查。而狭义的宪法监督概念所指向的范围有所收缩，指向的是确保宪法正常运行的多种专门制度性手段，但相较于宪法审查、违宪审查与合宪性审查而言，其依然是一个相对宽泛的概念，在相关机制研究中，不适宜结构性取代"合宪性审查"的范畴。理由在于：首先，我国宪法所规定的宪法监督主体具有广泛监督的职责与模式，合宪性审查仅属于其中一种，而非唯一的监督机制。依据《宪法》、《全国人民代表大会组织法》、《中华人民共和国各级人民代表大会常务委员会监督法》（以下简称《监督法》）等相关规定，全国人民代表大会及其常务委员会负有监督宪法实施的职权，其行使职权的形式除了常规意义上检视法律法规的实施情况外，还包含听取并审议专项工作报告、决算、规划执行情况，审议议案，书面提出质询案，对特定问题展开调查等。从理论上说，合宪性审查是以宪法判断为核心的概念，其是由特定主体通过宪法法律规定的审查程序、并沿用特定标准对对象作出"是否合宪"的规范判断并作出对应处理的专门性活动③。全国人大及其常委会在行使监督宪法实施的职权时，其宪法判断的外延相较于合宪性审查更加扩张，也往往较少直接涉及"合宪"或者"不合宪"的宣告。从实践上说，合宪性审查的启动相对不确定，发生的频率远远小于具有定期要求的其他宪法监督制度，在备案审查工作报告披露合宪性审查案例之前，学界对于我国是否有过真正的合宪性审查实践也一度存在争议。即使针对特定法规展开了监督工作，也并不专门指向规范是否合宪的评价，

---

① 林来梵. 中国的"违宪审查"：特色及生成实态——从三个有关用语的变化策略来看 [J]. 浙江社会科学, 2010 (5)：39.

② 杨海坤. 要重视宪法监督 [J]. 社会科学, 1982 (11)：51；柳岚生. 略论宪法监督 [J]. 社会科学, 1981 (3)：107.

③ 翟国强. 宪法判断的原理与方法：基于比较法的视角 [M]. 北京：清华大学出版社, 2019：2.

还囊括法律法规的实施效果、执法水平、合法性评价等多种评价类型。

其次,即使在狭义的宪法监督中,违宪责任的承担形式相比于合宪性审查而言也更具多样性,这也是由前述监督机制多样性所决定的。一方面,违宪责任不仅在法律属性的范畴发挥作用,也同样在政治范畴发挥作用①,因此某些违宪责任追究机制,同时也需要在具有政治属性的宪法、法律程序下完成,甚至可能涵盖对一些难以纳入合宪性审查范围的政治性问题的处理。虽然在我国宪法体系下,并没有类似国外关于弹劾、不信任案等违宪责任追究程序的规定,但是依然存在解除职务的相关规定,如对特定公职人员的罢免、职务的撤销、资格的终止以及公职人员主动引咎辞职等②。在党的规范层面,还有依据党的规范对相应人员进行撤销党内职务、开除党籍等纪律处分。上述处置均可以在特定主体的不合宪行为发生时适用,具有一定的政治性,同时依托了法律程序与民主决策、政党内部程序。此外,对于某些不合宪行为的处理,如对工作报告进行否决,即便并不具有浓厚的政治性,也并不必然需要启动合宪性审查程序③。因此,如果将宪法监督的范畴收缩地过于狭窄,使其聚焦于合宪性审查的一点上,易于造成对宪法监督制度其他面向的忽视、收缩全国人大的监督职权范围;而若将合宪性审查的范围过于扩大,将其等同于宪法监督,又将造成合宪性审查专门程序同其他监督程序混淆,进而导致合宪性审查对象、方法等要素的识别混乱,不利于合宪性审查机制的系统塑造。

从微观的机制构造角度,"合宪性审查"与"宪法审查"在概念语义上具有互换性。但是,随着合宪性审查研究的深入,理论框架诸要素的不断充实,审查方法、审查基准的研究逐渐兴起,有学者注意到了概念词语背后方法论上的差异,主张"'宪法审查'概念在一定程度上仅仅表达了'运用宪法进行审查'这层中性含义,而'合宪性审查'在方法论上具有特定含义"④。在合宪性审查的语境下,审查机关更加偏重于尊重立法机关的立场、均衡兼顾基本权利保障与法治秩序统合的价值诉求。特别是在高度抽象的宪法同相对抽象的其他规范比对时,可能出现同时支撑合宪性判断与违宪性判断的理由,而合宪性审查往往更倾向于合宪的推定。这种价值倾向所导致的用语分化影响着方法论的适用与审查基准的抉择,而可能间接影响合宪性审查的对象。在研究初期,采用"违宪审查"

---

① 姚国建.违宪责任论[M].北京:知识产权出版社,2006:316.
② 《宪法》(2018)第63条,《全国人民代表大会组织法》(1982)第15条,《中华人民共和国全国人民代表大会议事规则》(1989)第39条,《中华人民共和国全国人民代表大会和地方各级人民代表大会选举法》(2015)(以下简称《选举法》)第53条、第57条,《中华人民共和国公务员法》(以下简称《公务员法》)第87条等。
③ 肖北庚.违宪责任刍议[J].甘肃政法成人教育学院学报,2000(4):30-32.
④ 王书成.合宪性推定论:一种宪法方法[M].北京:清华大学出版社,2011:179.

概念的场合,如果深入考察其方法论意义,审查主体对审查对象有着进行更严格质疑、对违宪判断的作出采用相对宽松标准的倾向。在我国民主集中制的基本制度下,审查机关、立法机关、最高国家权力机关的身份重合的背景下,合宪性审查更加符合我国宪制结构的价值目标以及潜在的回避制度内在张力的语言策略,使得层级较高主体制定规范的审查空间拥有了更多探讨的余地。

还需补充的是,从技术运行角度来看,"合宪性审查"与"合宪性解释"应当是不同层面的两种概念,合宪性解释的采用并不必然意味着合宪性审查程序的启动。在涉及具体权利义务关系的争讼中,我国审查模式下不具有审查权的普通法院同样可能使用合宪性解释帮助自身作出裁断,维护宪法统合下的客观价值和统一秩序。我国也实际存在着依托宪法价值秩序对规范进行解释的实践,该类实践常常发生于法院适用全国人大及其常委会制定的法律的场合①。此种情形下,法院运用了合宪性解释的方法,并不代表其代替全国人大及其常委会行使了合宪性审查的职权,而法律作为被解释的对象也并不能够自然地被认定为合宪性审查的对象。相关规范作为合宪性审查对象的适格性需要进行进一步的正当性论证。

二、合宪性审查对象概念的逻辑生成

(一) 合宪性审查对象的概念的分析

合宪性审查的对象是指,在合宪性审查程序中,审查主体作出宪法裁断所指向的目标,也即描述审查机关需要对"什么"进行宪法判断的概念范畴。当前有关合宪性审查要素的研究中,"合宪性审查对象"在概念用词和指代范围方面均存在分化。在概念用语方面,不同学者曾经采用"内容""范围""对象""客体"等不同词汇作为应当接受宪法检视的一切目标的统称。而有关"合宪性审查对象"概念的指代范围则表现出更大的区别,依据使用方式的不同,可以划分五种指代模式。

第一种指代模式是,虽然在狭义上使用合宪性审查相关用语,认为考察合宪性审查对象的范畴时,应当考虑是否涉及特定的宪法程序与有权的国家机关,但是在确定合宪性审查对象时,依然将其同宪法中广义实施的主体结构性关联,进而把对象的范畴指向国家机关,特定组织和特定的个人②。

第二种指代模式是,关注上述主体的广义宪法实施行为,并将这些行为作为合宪性审查的对象。如有学者指出,合宪性审查的对象就是一切宪法行为,具体

---

① 杜强强. 合宪性解释在我国法院的实践 [J]. 法学研究, 2016 (6): 107; 范进学. "运用宪法"的逻辑及其方法论 [J]. 政法论丛, 2019 (4): 24 – 25.
② 刘嗣元. 宪政秩序的维护: 宪法监督的理论与实践 [M]. 武汉: 武汉出版社, 2001: 201 – 224.

而言即是指"国家机关和政党组织直接依据宪法所实施的行为,包括立法行为和具体行为"①。有些学者在"公权力行为"的基础上进一步扩大行为的外延,将诸如以国家规范授权、依据国家行政机关委托、实际受到政府影响与同国家机关力量合作为基础,将由社会组织为主体而作出的"社会公权力"行为也纳入合宪性审查的对象范畴②。在更广泛的意义上,亦存在主张审查公民的私人行为的合宪性,并呼吁完善相关制度的研究。

第三种指代模式是,从最狭义的角度定义合宪性审查的对象,将其范畴确定为国家公权力机关行为所产生的规范成果。该种指代模式下,国家公职人员的履职行为、行政机关的执法行为、司法机关的判决等,均不属于合宪性审查的对象范畴。如有学者指出,"合宪性审查的对象都是抽象性规范性文件,而非具体争议,更非政治行为"③。在持此立场的研究中,部分学者从实证角度出发,依据我国现行宪法、法律的相关规定和全国人大常委会的操作实践,将法律亦排除出审查对象的范畴。

第四种指代模式是,既不以主体要素,也不以行为要素或结果要素指代,而是以抽象不符合宪法的状态描述作为定义合宪性审查对象的核心要素④。该种定义方式主张合宪性审查对象代表的是概念实质的内核含义,而范围则是对象在一国宪法治理体系下的外在表现和反映。从合宪性审查的目标和本质上说,设置该机制就是为了确保宪法以法的途径彰显其最高效力,而最直接、主要的途径就是处理不合宪的情况,因此将不合宪的情况作为合宪性审查对象的概念核心最能体现其本质。

第五种指代模式是,综合上述各种单一模式下的对象,将其中的两种或多种组合,形成复合式的合宪性审查对象。较为常见的方法是将前述第二、三种指代模式结合,形成既针对规范、亦针对行为的合宪性审查⑤。

(二) 合宪性审查对象研究范畴的应然性分析

从合宪性审查机制构成的精细化研究角度,本书拟选取狭义层次,即以规范的审查层面展开,讨论合宪性审查的对象选择问题。分析上述"合宪性审查对象"的指代范围可知,在定义合宪性审查的对象范围时,学者们参考的关联性

---

① 胡锦光. 合宪性审查 [M]. 南京:江苏人民出版社,2018:24.
② 徐靖. 中国社会公权力行为的宪法审查研究 [M]. 北京:法律出版社,2018:85-86.
③ 郑贤君. 我国合宪性审查的宪法属性 [J]. 财经法学,2020 (5):94.
④ 王广辉. 通向宪政之路——宪法监督的理论和实践研究 [M]. 北京:法律出版社,2002:159-161. 虽然题名为研究"宪法监督",但是在王广辉教授的理论观点中,违宪审查(当时合宪性审查之称谓尚未成为通说)和宪法监督在某种程度上是可以通用的。
⑤ 例如,有学者将违宪分为"立法违宪"与"行为违宪",并主张立法与行为均属于合宪性审查的对象。刘茂林,陈明辉. 宪法监督的逻辑与制度构想 [J]. 当代法学,2015 (1):22-25.

概念主要以"可能出现不合宪状况"为核心,指向主体、行为、表现形式三种理论模型。

首先,从概念范畴角度,合宪性审查的对象和国家机关、社会团体与组织及个人等不符合宪法的主体在性质上存在区别,并不适宜以"宪法实施主体"或者"作出不符合宪法行为的主体"直接结构性替代"合宪性审查对象"。在理论研究中,曾有学者作出过不符合宪法的主体范围影响乃至决定合宪性审查(宪法监督)机制建构的论述,其中所暗含的逻辑便是不符合宪法的主体的范围同合宪性审查的范围具有高度同构性。本书主张,宪法实施主体、不符合宪法规定的主体、合宪性审查对象分别具有不同的评价侧面,而这三个概念本身也具有广义狭义的指代分化,从而易于产生指向范畴的混淆,因此需要明确研究是在何种层次上展开的。同时,某类主体是以展现出特定合宪或不合宪形态的形式加入合宪性审查的法律关系中,其自身若成为合宪性审查的对象,在文义上无法形成闭环逻辑。如,对国务院制定的行政法规展开审查时,依据法定程序评价的内容是该部行政法规中涉争议条款是否合宪,而不是国务院这一国家机关本身是否合宪。但是,如果直接将"不符合宪法主体"替换为"不符合宪法主体的行为结果",同样不适宜与合宪性审查对象等同。《宪法》第5条第4款规定,"一切国家机关和武装力量、各政党和各社会团体、各企业事业组织都必须遵守宪法和法律。一切违反宪法和法律的行为,必须予以追究",从最广义的角度来说,该规定指向一切宪法实施主体。但是从研究宪法运行体制、机制的角度,学者们往往会适度收缩概念范围。对应地,这些主体的行为也就并不必然需要通过宪法给予评价。在国内学界一度出现过对于不合宪情形的广义、狭义分野,直接、间接分野,就属于意图处理宪法实施主体、出现不合宪情形的主体与合宪性审查对象范围之差的理论路径。合宪性审查的对象,指向的是那些"需要由宪法监督机关适用宪法责任形式去给予否定性评价"① 的范畴。宪法所调整的社会关系,概括覆盖并决定着法律所调整的社会关系,在许多被定义为广义或间接不合宪的场合,能够通过法律评价的形式实现直接有效的救济,令主体承担法律责任而非宪法责任。

其次,从理论逻辑角度,合宪性审查对象的概念不应当以实质的"合宪"或者"不合宪"的要素限定。对于一部规范是否合宪的判断,是一种事后性结论。将"不合宪"作为合宪性审查对象定义的核心,本质上是一种倾向于预先推定"不合宪"的方法论。审查机关在对存在合宪性争议的规范进行审查时,既有可能作出合宪的结论,也有可能作出不合宪的结论。当其作出合宪结论时,

---

① 饶龙飞. 对我国违宪主体范围的再认识 [J]. 西部法学评论, 2018 (5): 45.

这种定义思路就将陷入一种循环式的理论僵局：因为对应的规范是"合宪"的，所以其不应当作为合宪性审查对象，但是其合宪的结论，恰恰是其作为合宪性审查对象进入对应程序后才能够得出的。

再次，从实证层次，我国合宪性审查体制机制的建设经历了漫长的探索期，这是由于其同国家政治格局、权力分配状况以及如何平衡宪法变迁与其高度稳定性等问题密切相关。在规范上，我国现行的合宪性审查机制主要是通过宪法有关全国人大及其常委会撤销权的规定，配合《立法法》等相关规则的细化展开而实现的。从性质层面上说，主要针对的是国家公权力机关所制定的规范。因此本书认为，在界定合宪性审查的对象时，在现行的宪法秩序下，须对当下的基本体制予以尊重，并不适合贸然作出急剧的变革。如，在不符合宪法的具体表现形态上，有学者提出法律在"适用"和"运用"时不合宪的情况，以及在公权力介入下特定社会组织与个人作出不合宪行为的情况。此类情形均属为"行为不合宪"，在国外往往通过宪法诉讼等机制完成处理，而在我国的体制下，则往往通过法律评价或者政治协调实现救济。如果过于急切地寻求一个超越了当前宪法秩序的"对象"概念，在学理上、名义上广泛地将行为也纳入合宪性审查的范畴，但相关配套制度付之阙如、用以完善的时间又不充分，就会造成理论上呼吁对某类对象展开合宪性审查，但实际上并不具备审查的依据和完备的条件，反而造成近似"权力架空"的现象，长此以往将反而加剧有权机关开展合宪性审查的惰性。合宪性审查对象的范围也会在诸多或宽泛或狭窄的不同论调下，变得外延模糊。因此，较为妥当的路径应当是，先从狭义的同类性质对象出发，讨论并明确我国当前既存的规范种类作为合宪性审查对象的应然性问题，在同属于"规范"类型的对象内部明确变革、发展空间，而后才有将对象范畴逐渐外扩的基础。该立场也同前文所采取的狭义合宪性审查的概念相符、彼此呼应。而产生这些规范的诸如立法程序、主体、权限的合宪性等已融入了规范本身，成为内蕴于规范的程序价值与正当性基础，对其审查其实亦为规范审查之一部，在学理上也普遍不单独作为"行为审查"的一类。

最后，中共党内法规、党内规范性文件并不属于本书意图讨论的合宪性审查对象的范畴。这是由于，从制度规范角度，党内法规和党内规范性文件归属于与国家法律体系平行的政党规范体系，党内法规、规范性文件制定主体的立规权限以及其约束效力并非由宪法和《立法法》直接确认，从宪法法律层面上党组织并非规范制定主体。从实质内容角度，党内法规、党内规范性文件调控的是中国共产党的内部事务，而并不涉及党外的其他组织或者公民，实践中也不在法院的案件受理范围内①。2018年宪法修改，将"中国共产党领导"直接写入总纲，揭示了党的领导与宪法至上之间衔接协调的必要性。党的领导地位"不仅是历史形成的，更是由宪法规定和确立的"②。将党内法规、党内规范性文件置于合宪性审查的框架下讨论，将破坏国家权力结构赖以依存的政治土壤。党在宪法范围内活动，并不意味着党内法规必然会全部地成为合宪性审查对象。党的领导作为一项宪法原则，同宪法根本法地位之间的弥合逻辑是：作为执政党整体、抽象存在的中国共产党在大政方针方面提出要求、建议，具有强烈的政治属性，本身甚至会引导以宪法为核心的整体法规范体系的发展方向，并不存在是否符合宪法的问题；具体的党组织在活动中，以宪法法律为行为标准是由党章通过党内监督的形式予以保障的；当党内法规、党内规范性文件中的主张向国家法律转化以后，对由此所形成的法律、行政法规等规范展开的合宪性审查，属于国家法内部的程序运转，并不涉及对党内法规本身的审查。总体而言，对于中共党内法规、党内规范性文件的讨论，更多的应当围绕党内监督与合宪性审查双轨系统的协作而展开。党内法规、规范性文件与合宪性审查所指向的规范不属于同一层面，因而不属于合宪性审查对象的概念范畴。

第二节 我国合宪性审查对象的背景性分析

我国的合宪性审查对象问题不仅在理论上是一个历久弥新的话题，在法治实践中也逐步为以宪法为代表的一系列规范所重视。以同合宪性审查密切关联的"宪法监督"概念产生为起点至今，宪法、《立法法》乃至层级较低的法律法规制定、审查相关规范，均试图从实证层次回应合宪性审查对象究竟包含哪些规范这一问题。但是，由于这些规范的性质、效力、结构逻辑不甚相同，对于这些规范的实际功能，理论界存在不同看法，进一步影响了在目前已有和将来可能发生的审查实践中审查对象范围的考察。

---

① 吴文泰. 关于人大及其常委会可不可以监督共产党组织的问题的初步探讨 [M] //全国人大常委会办公厅研究室. 论人大及其常委会的监督权 [M]. 北京：法律出版社，1988：114-126；焦洪昌，俞伟. 我国应该建立法律草案合宪性审查制度 [J]. 长白学刊，2018（1）：84. 由于其中部分观点产生时期较早，对应文献中所叙述的概念并非"合宪性审查"而是"宪法监督""对违宪的监督"等，但其内容包含了人大及其常委会对违反宪法的党内规范本书的否定、撤销和无效化，因此本书对其主张进行阐释时，出于结构对应的调整了有关概念的表述。

② 刘松山. 健全宪法实施和监督制度若干重大问题研究 [M]. 北京：中国人民大学出版社，2019：126.

一、我国合宪性审查对象在实证层面的历史发展

（一）我国合宪性审查对象实证规定的历时性阶段

对于我国是否发生过实质意义上的合宪性审查的问题，学界存在一定争议，但基本共识是合宪性审查的实践在我国相对不活跃。在研究我国合宪性审查的对象时，经验性评价的素材稀缺，学界从理论性认知层面展开论证的现象更为常见，实证的文本规定也因此成为我国合宪性审查对象研究的一项重要背景。但是，在我国一元两级多层次的立法体制下，学界对于合宪性审查对象选择的规范依据存在争议，甚至存在部分学者主张某类规范属于"对象"、而另一部分学者主张其属于"依据"的两极化立场。因此有必要梳理与合宪性审查对象厘定具有关联性的实证规范，并从历史沿革角度分析其发展逻辑，最后从当前视角考察既存规范中何者能够成为合宪性审查对象确定的依据。纵览以宪法为核心的合宪性审查规范发展历史，可以发现合宪性审查对象的选择依据，大致经历了两个发展阶段。

第一个发展阶段是 1954 年到 1982 年。从规范上来说，我国的合宪性审查是以 1954 年《宪法》为实证依据而起步的，但是当时对宪法实施的保障和监督是混杂在一起的，尚无"合宪性审查"的规范概念。1954 年《宪法》虽然在全国人大的职权部分（第 27 条第（3）项）规定了"监督宪法实施"的职权，但具体展开却在很大程度上依托对全国人大常委会撤销权的规定（第 31 条第（6）、（7）项）。根据当时的宪法条款，被明确规定了在不合宪时能够被撤销的对象包括国务院的决议和命令。虽然地方国家权力机关的决定也可以适用撤销权的规定，但撤销条件为"不适当"，其中是否具有表征宪法判断的内涵、实践中有无此种可能均值得商榷。需要注意的是，合宪性审查对象的发展同我国立法体制的发展也具有高度关联性。1954 年《宪法》曾将全部立法权排他地授予全国人大，全国人大常委会、国务院及其部委等均无立法权，立法权不仅集中于中央，更是集中于单一的机构。因此，从理论上说，前述决议、命令等在性质上同现行宪法制度下的行政法规、地方性法规有所不同。1955 年，全国人大授权常委会制定单行法律和修改法律的权力，但是宪法关于监督职权本身的规定并无改变，法律作为合宪性审查对象的适格性并无明确的宪法依据。依据监督权的规定，全国人大为了履行监督职权，可以通过兜底条款（第 27 条第（14）项）的规定类比全国人大常委会履行职权的方式对常委会的单行法律进行撤销，依然存在操作的空间。但是，该时期宪法并无有关宪法解释权的规定，实践中，全国人大常委会是通过解释法律、作出决定的形式实质上完成了明确宪法条文内涵的工作。故当时的审查职权行使实际上缺乏对应的方法依据，审查工作难以切实展

开,对于审查对象规范的认知也因此相对模糊。总体来说,第一阶段是我国宪法监督的起步阶段,其整体机制的规定均较为概括粗放,主体职权规范的缺失、程序设置的不足、审查条件的模糊使得由以确定监督对象的宪法依据并不明确。同时,宪法并未随着立法体制的变动而将新类型的制定法明确纳入监督对象的范围,只能在理论上通过宪法在国内普遍、最高效力的宣誓与全国人大概括职权的规定进行推定。

第二个发展阶段是 1982 年《宪法》颁布至今。首先,在立法体制方面,1982 年《宪法》对国家立法体制作出了结构性变动,除了全国人大之外,全国人大常委会、国务院、省级人大及其常委会也获得了对应立法权(《宪法》第 58 条、第 89 条第(1)项、第 100 条、第 116 条)。法律的发展,也进一步扩充了宪法中的规定,将立法主体扩展到地方省级人大及其常委会、较大的市的人大及其常委会、省级人民政府[1982 年《中华人民共和国地方各级人民代表大会和地方各级人民政府组织法》(以下简称《地方组织法》)第 35 条、1986 年《地方组织法》第 35 条第(1)项],进一步调整了立法权分配的格局。2000 年,《立法法》颁布实施,对立法格局进行了系统整合,并在 2015 年的修改中将立法主体扩大到设区的市。在此种立法体制下,不同层级、不同性质的规范都面临以何种手段进行合宪性控制的问题。1982 年《宪法》在宪法监督层面,相较于历史上的宪法也有了较大变动。首先 1982 年《宪法》在序言和总纲中宣示了自身的最高效力;其次,在有关全国人大及其常委会的职权规定中明确了宪法监督的概括职权与具体的撤销权;最后,相关规定在法律和其他层级的规范中得到了进一步的细化和明确。总体来说,该阶段合宪性审查的对象规范上呈现出急剧扩张的趋势,随着宪法上监督制度的完善,规定合宪性审查对象的条文整体上表现出扩散式结构,不再集中于宪法文本,也造成了学界关于合宪性审查对象规范依据的诸多争议。

(二) 我国合宪性审查对象规定的实证现状分析

当前的既存规范中,有关公权力机关以特定程序确保某类规范符合宪法精神、原则和文本要求的规定,是合宪性审查对象选择规范性依据所存在的共性表达。目前,部分或全部地具备这种行文色彩、实践中与合宪性审查机制具有一定关联性的条款不仅在宪法中,还散见于《立法法》《全国人民代表大会组织法》以及不同规范性文件的备案审查工作程序等不同层级的文件之中,具体如表 1-1 所示。

表1-1 现行规范体系中与合宪性审查对象具有关联性的条款梳理

规范名称	条目	规制对象	限制性要求	处理手段
《宪法》（2018）	序言 第5条 第4款	①一切国家机关和武装力量 ②政党 ③社会团体、企事业组织 ④一切人民	①遵守宪法 ②以宪法为活动准则	无
	第5条 第3款	①法律 ②行政法规 ③地方性法规	不得**同宪法相抵触**	无
	第67条 第（7）、（8）项	①行政法规 ②国务院的决定和命令 ③省级地方性法规和决议	不得**同宪法相抵触**	全国人大常委会撤销
《立法法》（2015）	第87条	①法律 ②行政法规 ③地方性法规 ④自治条例和单行条例 ⑤规章	不得**同宪法相抵触**	无
	第97条 第（1）项	全国人大常委会批准的自治条例、单行条例	不得**违背宪法**	全国人大撤销
	第97条 第（1）项	全国人大常委会制定的法律	不得**不适当**	全国人大改变或撤销
	第97条 第（2）项	①行政法规 ②地方性法规	不得**同宪法相抵触**	全国人大常委会撤销
	第97条 第（2）项	自治条例和单行条例	不得**违背宪法**	全国人大常委会撤销
	第99条、第100条	①行政法规 ②地方性法规 ③自治条例和单行条例	不得**同宪法相抵触**	有关主体提出审查的要求/建议/意见

续表

规范名称	条目	规制对象	限制性要求	处理手段
《全国人民代表大会组织法》（1982）	第37条第1款第(3)项	①行政法规 ②国务院及其部委的决定、命令、指示、规章 ③省级地方性法规和决议 ④省级人民政府决定、命令、规章	不得同宪法相抵触	专门委员会提出报告
《规章制定程序条例》（2017）	第3条第19条第(1)项	①部门规章 ②地方政府规章	应当符合宪法	法制机构统一审查是否符合第3条规定
《军事法规军事规章条例》	第4条	军事法规和军事规章	应当以宪法和法律为依据	无
《法规、司法解释备案审查工作办法》	第20条、第36条、第40条、第41条	①法规（包括行政法规、监察法规、地方性法规、自治州和自治县的自治条例和单行条例、经济特区法规） ②司法解释	不得违背宪法规定、宪法原则或宪法精神	由有权机关提出意见，与制定机关沟通，要求及时修改或废止

由表1-1可知，与"符合宪法"这一实质要求具有关联性的条款主要包括三种类型。第一种类型是正向提出遵守宪法规定的要求，在规范形式上呈现出"……应当……"的文字表达，但是在整体结构中，对于未履行义务的制裁手段，则没有进行具体规定。第二种类型是从反向提出同宪法相抵触或者违背宪法的禁止性要求，在规范形式上呈现出"……不得……"的文字表达，但是与前述第一种类型同样，对于打破禁止性规定，抵触宪法情形的制裁处理，也没有进行具体的规定。第三种类型是提出特定类型规范违背、抵触了宪法或者存在不适当情形的条件假定，并具体规定了在出现该情形时的制裁手段与程序。其表现形式多为授权规范，授予特定国家机关职权，使其能够在相关规范符合对应条件时作出处理。

由于合宪性审查的实际运行相对沉寂，实例较少，目前的审查实践并不能充分回应全国人大及其常委会在履行"监督宪法的实施"职权中运用了哪些条款。

理论上，表 1-1 中，并非所有条文均毫无异议地被学界认可为合宪性审查对象判明的标准。除去前文论及的理论争议相对较少、规范结构相对完整的条款外，大部分条款都面临着学理上的激烈讨论。根据表 1-1 中不同规范的表现形式，可以总结出上述规范所存在的共同问题节点。

第一，合宪性审查与合法性审查的规定往往并列出现，造成对象判断的混淆。以《宪法》《立法法》为代表，对规范的限制性条件往往是同时要求其必须符合宪法与狭义的法律，对于层级更低的规范，还添加了需要符合其他上位法规定的要求。而在制裁方式这一要素方面，又基本由同一国家机关进行撤销处理或者由相关主体提出审查建议、要求。由此造成的后果是，我国现行制度框架下，有关合宪性审查与合法性审查对象的条款是高度重合的，甚至呈现出合宪性审查是包含于合法性审查之中的表象。在这种情形下，辨识何者属于合宪性审查的对象、何者属于合法性审查的对象、两者又在多大程度上发生重合就存在一定困难。而学界有关"广义"与"间接"的不符合宪法以及"违法也属于不合宪"的认知，也多少受到了这种实证结构的影响。

第二，对于特定规范的限制性要求具有不一致性。上述规范的表达包括正向要求与反向禁止两种类别，相比于反向禁止形成的"如果违反或抵触宪法，那么则需要接受特定不利后果"的逻辑，在正向要求的文句结构中，往往省略了制裁手段，因此难以将与宪法不符和接受合宪性审查直接关联，有部分学者也基于此主张此类规范属于概括宣示宪法效力，不能与合宪性审查的机制构建完全等同。此外，即使在采用反向禁止表述的条款中，其要求也呈现出多样化特点。对于特定规范，不同条款提出了"违背""抵触"以及"不适当"三种情形，此三者的含义是否类同，在程度上是否均足以使条款中列明的规范进入合宪性审查程序存在争议。因此，同样不能自然地将这些规范均视作合宪性审查对象的依据条款。

第三，在涉及核心的对象问题方面，宪法的统合作用被稀释，法律及其他规范性文件对宪法规定的对象范围进行了扩充。在效力层级低于宪法的规范性文件中，提出合宪要求的范围相较于宪法而言更加宽广，在宪法条文所确定的对象基础上，又添加了规章、司法解释、政府的决定和命令等对象。对该类规范性文件是否构成对宪法的解释乃至扩张，以及它们自身的性质，学界同样存在争议。基于此，这些规范性文件中相关条款作为合宪性审查对象依据的资格是否足够，依然没有相对一致的结论。

二、我国合宪性审查对象选择机制的理论现状

（一）我国合宪性审查对象选择标准的理论争议

明确合宪性审查对象选择的实证标准具有确定合宪性审查整体机制完善方向

的重要意义。如果某条文被识别为合宪性审查对象厘定的依据,那么其中所涉及的规范能够被认可为审查对象,其后的探讨便应集中于为了切实、规范、有效地对其进行审查,应当如何完善相应的程序、标准机制等问题;如果某条文不能被识别为合宪性审查对象厘定的依据,那么必须首先探讨其中所涉规范是否有纳入合宪性审查机制的空间,如果确有被纳入合宪性审查的必要,那么则需要继续探讨应当如何协调既有体制机制、是否应当改变现有制度框架等问题。如上文所述,虽然从形式角度评估,与合宪性审查对象选择的实证标准关联的规定在数量上较多,但并非所有条款都被理论界毫无异议地认可、接受。而同时,通过既有实践,也较难形成统一的归纳、推断。因此,我国现存的规范中,哪些可以作为判明合宪性审查对象的实证依据,学理上的看法不甚一致。主要争议集中于以下几个方面。

第一,宪法序言是否可以作为判定合宪性审查对象的宪法依据。宪法序言中申明了宪法的最高效力,并指出"全国各族人民、一切国家机关和武装力量、各政党和各社会团体、各企业事业组织,都必须以宪法为根本的活动准则,并且负有维护宪法尊严、保证宪法实施的职责"。若认可宪法序言的效力,那么这些主体宪法实施行为的表现形式,如前文所指出的法律、党内法规等对象,都可以经由宪法序言纳入合宪性审查的制度轨道。在理论界,宪法序言的效力是回答这一问题的关键节点。关于宪法序言的效力,学界主要有三种立场:其一,主张宪法序言只是一种叙事,不具有法律效力,它具有宣言性和纲领性,但不具有法应有的规范性和强制性①。在这种立场下,序言中的表述自然无法成为确定合宪性审查对象的规范依据。其二,主张宪法序言拥有的仅仅是用以作为宪法正文解释精神的效力,而不具有裁判性和规范性,或者说,其必须同正文结合才能发挥效力。在这种立场下,序言必须结合宪法正文——具体而言即第5条、第67条的相关规定,才能发挥确定合宪性审查对象的作用。其三,主张宪法序言与宪法正文一样具有效力,宪法序言和宪法正文作为一个整体无法割裂,两者的效力可以等同。有的学者甚至主张,由于宪法序言内容具有重大性和根本性,其作为指导正文发展方向的纲领,效力应当强于正文。目前学界相对主流的观点是,宪法序言具有法律效力,分歧则在于该效力的表现形式②,而学界的争议焦点实际上是宪法序言是否必须通过司法适用或者其他制裁手段表现,以及宪法序言的每一句话、每一个部分是否承载了具体的法意义上的强制约束力。因此,从主流观点的立场,宪法序言作为合宪性审查对象筛选的依据在效力管道上是畅通的,但在逻辑自足性方面面临一定困境。

---

① 持该观点的典型代表是张友渔教授。
② 谢维雁. 论宪法序言 [J]. 社会科学研究, 2004 (5): 81.

第二,《宪法》第 5 条作为确定合宪性审查对象的条款是否适当。《宪法》第 5 条在内容与所面临的困境上与序言具有相似性。对于第 5 条是否具有证立不合宪主体资格、成为合宪性审查对象判别的依据,学界有两种不同看法。肯定说表示,现行《宪法》第 5 条作为宪法正文的组成部分,它并不会面临同宪法序言类似的争议,而是具有明确的法律效力。一方面,它表达了对超越宪法框架的规范必须追究到底的纲领性要求;另一方面,它同后文有关全国人大及其常委会职权的规定是相互呼应的。因此,《宪法》第 5 条展现了我国宪法监督制度的原则和价值立场,也在宏观上了奠定了监督制度的基石,塑造其框架。因此,"否认现行宪法第 5 条的法律效力,认为其只表明一种倾向性,是没有根据的"①。也有学者从审查的目的论角度出发,主张审查对象与宪法实施主体的同一性。其认为,合宪性审查的根本目的在于确保实践中宪法关系的健康稳定以及宪法条文被严格地遵守、适用,因此合宪性审查的对象范围就是应当受到宪法约束的对象,二者在性质内涵上具有一致性②。《宪法》第 5 条指明了哪些对象应当受到宪法的约束,即是指明了哪些对象应当接受合宪性审查。在肯定说内部,有些学者并未明确论证以第 5 条作为确定合宪性审查对象依据的适当性,而是在相关研究中,通过直接援引《宪法》第 5 条作为某些对象可以接受合宪性审查的实证依据,默示地认可了第 5 条的地位。而否定《宪法》第 5 条依据地位的观点所秉持的思路是,并不否认《宪法》第 5 条的有效性,但是主张单独依赖第 5 条而搭建起合宪性审查对象与宪法之间的逻辑桥梁是无力的、也是不完整的,实际上发挥依据作用的是其他宪法规范,《宪法》第 5 条的作用则是辅助性的。换言之,《宪法》第 5 条相对广泛地确立了几乎一切主体遵守宪法的义务,但是,它并未明确提及政党对宪法的具体义务③,这一部分同宪法最高效力的自我宣示以及党的领导之间的逻辑关系,还需要结合其他条款再行论证。同时,考察总纲之后其他宪法条文对第 5 条的扩展,不难发现其中被确认的对象仅仅包括法律、行政法规、地方性法规,一定级别的决定和命令等,其范围显然远远小于《宪法》第 5 条的总领性规定。但是,第 5 条又坚决地宣示了"一切违反宪法和法律的行为必须予以追究",追究不合宪责任的范围同负有遵守宪法义务的范围不相契合。那么必须要进一步考察"执政党的行为和政策、对国家领导人的行为、对侵犯公民宪法基本权利而没有其他有效救济途径的行政行为和司法行为,能否提出审

---

① 胡锦光. 中国宪法监督制度 [M]. 上海:新华出版社,1998:232.
② 莫纪宏. 违宪审查的理论与实践 [M]. 北京:法律出版社,2006:56.
③ 刘志刚. 我国宪法监督对象的拓展分析 [J]. 贵州省党校学报,2018 (3):119.

查、并且在多大的程度内接受审查"① 等问题。

第三,合宪性审查对象的实证依据应当在何种层级的规范中寻找。参阅表1-1不难发现,直接由宪法确认并且在学界基本无异议的对象仅有国务院制定的行政法规、决定和命令,省、自治区、直辖市国家权力机关制定的地方性法规和某些特定决议。而有些规范在表1-1中根本未有提及,有些规范的审查程序则是通过《立法法》《全国人民代表大会组织法》乃至层级更低的文件进行规定。虽然在我国一元两级多层次的立法体制下,合宪性审查对象实证依据的应然效力等级目前学界尚无专章论述,但是从以上争议和许多关涉合宪性控制的叙述中依然得以凸显。如在关于通过决议展开的自由贸易区试点工作、监察委员会改革的研究中,不少学者表示虽然《立法法》第13条意图为特殊类型的决议提供法律依据,但是《立法法》不能代替宪法,法律依据同样无法代替宪法依据。这一质疑深入合宪性审查领域,就表现为《立法法》具有法律的性质,同样处于"不得同宪法相抵触"的规范框架内。然而,《立法法》中不乏对宪法规定进行一定扩张的条文,其本身的性质就存在争议。如果将《立法法》视作对宪法的解释、宪法性法律等,则同宪法中规定的立法程序不甚一致,如果将《立法法》视作法律,那么是否能够依据宪法位阶以下的其他规范确定合宪性审查的对象则必须进一步探讨。同理,全国人大常委会通过的工作程序、内部文件等对规范的合宪性审查作出具体约束,也存在同样的正当性疑虑。

中共十八届四中全会决议指出,"完善全国人大及其常委会宪法监督制度,健全宪法解释程序机制。加强备案审查制度和能力建设,把所有规范性文件纳入备案审查范围,依法撤销和纠正违宪违法的规范性文件,禁止地方制发带有立法性质的文件。"此类政治表述体现的是意图将一切规范性文件纳入审查的思路。故目前理论界面临的是扩宽合宪性审查对象的实际需求和依据正当性不足的矛盾,合宪性审查对象的实证条款应当具备哪些特征自然成为值得研究的理论问题。

(二)我国合宪性审查对象选择标准的应然性考察

前文已经分析了合宪性审查同宪法监督的逻辑关系以及合宪性审查对象同广义、狭义的宪法实施主体、不合宪主体等相关概念之间的范畴区别。本书主张,在此基础上,应从结构性视角考察与合宪性审查对象相关联的诸项规定。应当以宪法第67条的规定为核心,以宪法序言及其总纲第5条作为辅助,以《立法法》等由国家立法机关制定的狭义法律为展开,综合确定合宪性审查对象的选择

---

① 包万超. 设立宪法委员会和最高法院违宪审查庭并行的复合审查制——完善我国违宪审查制度的另一种思路 [J]. 法学, 1998 (4): 12.

标准。

　　首先，合宪性审查对象选择的实证标准应当以宪法规定为核心，这是由宪法的功能以及合宪性审查的功能所共同决定的。宪法作为现代民族国家的重要标志之一，在不同国家虽然具有不同的具体规定和实践方式，却有着共同的"高级法"背景。在其他国家，宪法的高级法背景是在二元论式的认识论、方法论背景下成长起来的，也有各种派别的理论支撑。在国外的理论历史中，尽管存在前国家阶段社会的正义假设与依据既有规范构成治理逻辑的方法区分，但自然法学派和实证法学派都有着宪法至上的基本共识，这种根本法、高级法的追求构成了宪法监督制度及其内部所包含的合宪性审查制度的理论基础之一。在我国的历史发展背景下，宪法的高级法背景则同其他国家有所区别。从政治宪法学和社会宪法学的视角来看，宪法的高级性、根本性离不开我国历史土壤和政治现状的铺垫。在我国自封建王朝肇始的漫长历史中，区别于宪治理论相对发达的主要资本主义国家，并没有能够与世俗国王权力分庭抗礼的宗教流派，相反，当时主流思想文化的形成在很大程度上需要依赖于王权的支持。因此，我国历史上并不存在让二元思想和抽象、先定价值理念蓬勃发展的土壤，而是具有谋求一元稳定的理论传统。进入近现代时期，在各种移植、模仿失败后，我国则吸收了马克思主义理论并逐渐探索出了"以'一元——递进'为特质的国家指导思想价值要素"①，形成了人民主权背景、聚合型指导思想与阶段性实践验证共同作用下的"高级法"和"根本法"。从规范宪法学的视角来看，上述历史积淀与政治决断的成果以成文文本的形式固定下来，形成规范的法律文件，并且这部规范是相对来说最为广泛代表广大人民意志的基础性纲领，从位阶的意义上应当具有超越其他各种类型社会规范的最高效力，其文本中也形成了这样的自我宣示。合宪性审查制度正是只有在宪法的高级法背景下才能生成，在这种意义上，可以说合宪性审查是一项宪制性活动。如果从合宪性审查制度的功能核心进一步向外扩散，其效果就不仅包括法律功能、还包括重要的政治功能与社会功能。因此其是维护宪法权威、确保宪法落实、凝聚宪法价值的一项重要制度。如果缺乏宪法条款，仅仅以具体的法律规定去勾勒合宪性审查的制度框架，就会造成整个制度的根基被架空，制度设计缺乏稳定性，从而产生各种问题。

　　其次，宪法序言、总纲的概括性规定具备宪法意义上的法律效力，但是无论是序言还是总纲，均不能单独发挥确定合宪性审查对象的作用。由表1-1可知，序言和总纲第5条第4款的规定区别于其他条文，并不指向规范而指向特定的主体。前文已论证，以负有遵守宪法义务的主体结构性替代合宪性审查对象并不可

---

① 宁凯惠. 我国宪法序言的价值构造：特质与趋向［J］. 政治与法律，2019（6）：63.

取。这一部分的主要功能是概括性地宣示宪法的最高效力,其法律效力的表现形式不是裁判性的,而是应当作为纲领、背景在宪法中发挥作用。因为宪法序言的内容与表达均具有特殊性,不能同一般的制定法等同而论。具体而言,它提供了我国制宪的正当性基础,展示了我国近现代以来政治结构的变迁,总结了经济、政治、文化等多方面的成就,确认了我国宪法对革命历史的传承,并提炼了根本目标与长期目标,确认了国家建设的重要主体——"人民"。这些历史事实"通过'中国人民'这一主题中介而具有了强烈的规范品格"[1]。同时,其中所列明的基本要求、重要政策等,指明了我国现阶段制定法律乃至修改宪法都必须因循的整体框架。但是,这些叙事由于具有指导性、政治性,相较于宪法文本其他部分而言更加抽象,并且并不直接指向具体的宪法关系,很难将其作为直接赋予国家机关职权或者为其他主体设立具体法律义务的依据,因此单独的宪法序言并不能成为确定合宪性审查对象的依据。同样,在宪法总纲的场合,其中的条款规定的是被宪法认可的、普遍存在于现实中的、符合当下阶段实践的一系列国家制度的终极指向,是"纯粹的客观法规范"[2],同样不直接赋予特定国家机关职权或框定具体的宪法制度内容。它发挥的作用主要是,统合总纲下的宪法正文,为其提供解释的背景;形成国家机关的具体立法义务;在总纲下其他宪法正文出现价值冲突时,作为选择和妥协的标准之一等。

总体来说,由于合宪性审查对象的确定实际上是一个需要适度平衡正当性与可行性的过程,即使依托序言和总纲第5条的规定,在理论上勉强地将一切规范都不加思辨地纳入合宪性审查对象范围,也缺乏具有对应审查权限的国家机关以及完备的制度能够确保完成对这些规范的审查。因此,无论是宪法序言还是宪法总纲中的相关表述,独立地作为确定合宪性审查对象的依据从法理基础和实践制度供给来看显然是不合时宜的。在合宪性审查的意义上,宪法序言的规定,以及总纲中的概括宣示的作用应当主要包括:其一,提供合宪性审查的理论依据,确立符合我国制度变迁逻辑的"宪法至上"背景;其二,其中部分内容在宪法文本的具体规则"缺位"时可以发挥原则作用,从而成为合宪性审查程序中审查机关作出宪法判断的依据;其三,以宪法有关合宪性审查职权的规定为中心,提供了解释这些条款的必要体系性支撑;其四,收缩到合宪性审查对象的视角下,能够为将来的宪法变迁提供了弹性的空间,在条件与时机成熟时,能够在不违背我国宪法总体要求、又不大幅度破坏宪法根本性与稳定性的前提下,渐进地增加合宪性审查的对象,维护宪法的基本精神和价值取向。

最后,《立法法》《全国人民代表大会组织法》等狭义的法律,《规章制定程

---

[1] 田飞龙. 宪法序言:中国宪法的"高级法背景"[J]. 江汉学术, 2015 (4):35.
[2] 王锴, 刘犇昊. 宪法总纲条款的性质与效力[J]. 法学论坛, 2018 (3):29.

序条例》等行政法规,乃至《法规、司法解释备案审查工作办法》等规范性文件,均不能自然地被视作合宪性审查对象确定的依据,但是可以在宪法的语境下对其作出解释,作为将来改良、完善合宪性审查对象机制的参考规范。理由在于:其一,依照前文的分类方式,这些规范中的相关规定涵盖了前述两种类别:一种是提出不得抵触或违背宪法的要求,并且规定了对应的撤销或审查要求;另一种是提出正向遵守宪法或反向不得抵触宪法之义务,但未进一步对不合宪情形的处理作出具体规定,如《立法法》《军事法规军事规章条例》中的部分条文。如果相关条文中,并没有对应的授权特定机构可以对其进行审查或进一步展开对应的审查程序,那么就难以单独作为确定合宪性审查的依据。因为此类条文缺乏实践性基础,且由于授权的不明确而导致下位规范无法具体对其进行补足或展开。该类型的条文一般更适宜作为法律背景的原则性铺垫,或者为相关规范将来进入合宪性审查范围提供制度拓展的空间。其二,即使是对应规定了撤销程序或审查程序,这些规范在性质上均不具有宪法属性,甚至其中部分在性质上仅属于内部工作文件。虽然其符合宪法序言与总纲概括规定的宪法最高效力,但是在具体的职权展开时,对宪法文本规定作出了范围上的扩张。而同时,这些规范又是依据宪法、法律规定的立法权限与程序所制定,在理论上不宜认定为属于宪法修改或解释,不应具有对应的宪法渊源地位。因此对于这些规范,我们可以作出合宪性的理解,但是对于其中扩展提及的规章、司法解释等,还需要进一步的讨论是否有融入宪法框架的空间。

第三节 合宪性审查对象与合宪性审查体制、机制的内在逻辑

如前所述,本书的研究目的是以合宪性审查对象为切口,希望在讨论合宪性审查对象的基础上,最终以对象要素为主要线索,健全和完善我国合宪性审查的现实体制机制。因此,在厘清合宪性审查、合宪性审查对象的概念以作为研究基点后,仍有必要分析合宪性审查对象与合宪性审查体制与机制的逻辑关系,明确以合宪性审查对象为线索展开研究的可行性。

一、合宪性审查体制与机制的概念构造及其关系

(一)合宪性审查体制与机制概念的使用状况梳理

在诸多相关研究中,合宪性审查制度、体制、机制的表述时常出现,并在一定程度上发生了混用,依据研究目标的不同,概念的使用方式也多有差异。目

前，关于合宪性审查用语的表述形式，学界呈现出如下趋势①：就制度而言，存在狭义和广义的不同用法。在狭义上使用合宪性审查"制度"的研究，一般同使用合宪性审查"体制"的概念不作特别的区分。在广义上使用合宪性审查"制度"概念的研究，则往往以若干核心要素为中心，构建具有广泛外延的体系。比较常见的使用路径又包括两种：第一种是以合宪性审查的外部性视角展开②，如着重强调制度与其他关联性制度的逻辑关系，关注合宪性审查制度同合法性审查制度、宪法解释制度之间的互动；或者将一国合宪性审查由以建构的理论基础、历史成因等非规范性范畴作为同合宪性审查体制等规范性范畴并列的重要内容，构成制度概念下的平行布局等③。此时合宪性审查制度主要是描述一种整体的运行系统，同其他"系统"之间结构性地发生关联，体现出"制度"用语的包容性。第二种是以合宪性审查的内部性视角展开，具体剖析合宪性审查系统运作的主要"支撑点"④。具体而言，即对合宪性审查制度进行"解剖"，将其划分为几种用以支撑制度构成的要素，并通过这些要素各自的分析和彼此之间的逻辑链接展开制度的全貌。其中，制度内部性要素的划分方式具有多元性，例如，有学者将制度划分为包含体制、原则、范围（对象）、方式、制裁措施的概念；有学者将则将其界定为性质、主体、对象、条件和界限以及判决效力；有学者将其界定为主体、对象、限制、程序以及功能特征，还有学者则相对简洁地将其三分为主体、对象和原则。依据研究视角的不同，既存在对制度内的某几个要素的联合研究，也存在对制度内的单一要素的专门性研究。就"体制"而言，概念的使用相对趋同，主要指以合宪性审查主体为中心形成的审查模式，也有学者将其称为制度的"形式"⑤。就"机制"而言，其使用包含单一概括地使用"宪法审查机制"或"合宪性审查机制"，以及为其加上特殊前缀两种模式。概括使用"机制"一词的研究，多将其定性为一种微观层面的具体展开，并将其

---

① 此处分析所使用的素材中，不乏采用"宪法审查""违宪审查"概念命名者，虽然在前文中对这些词语进行了概念上的区分，但此处为了分析的全面性，亦将这些文献纳入参考范围。

② 范进学. 完善我国宪法监督制度之问题辨析 [J]. 学习与探索, 2015 (8): 66-71.

③ 孙洪波. 违宪审查制度研究 [D]. 吉林大学, 2008.

④ 裘索. 日本违宪审查制度的形成、发展及其对中国的启示 [D]. 华东政法学院, 2006；牛司原. 浅谈中国合宪性审查制度与模式 [J]. 法制与社会, 2020 (31)；林广华. 违宪审查制度比较研究 [M]. 北京: 社会科学文献出版社, 2004；赵立新. 日本违宪审查制度 [M]. 北京: 中国法制出版社, 2008.

⑤ 强世功. 中国的二元违宪审查体制 [J]. 中国法律, 2003 (10): 30-33；黎亮. 从法规备案审查室的成立看我国宪法监督体制的走向 [J]. 中共贵州省委党校学报, 2005 (3): 64-65；唐中民. 论我国违宪审查体制与完善 [J]. 现代法学, 2002 (6): 119；陈云生. 宪法监督的理论与违宪审查制度的建构 [M]. 北京: 方志出版社, 2011: 411-419.

视作制度、体制的实质性内容①。为"机制"加上特殊前缀的使用方式,意在重点研究程序中的某一环节及其关联性的其他流程,较为常见的为"启动机制"研究等。

从历时性角度来看,合宪性审查"制度"的总体使用率较高,各个阶段的使用频率相差较小,整体上呈现出以平稳姿态缓步下滑的趋向。合宪性审查"体制"的总体使用频次较低,时间集中于1982年《宪法》颁布后到2010年之间,其后至今则呈现相对零散的态势。合宪性审查"机制"的产生时点较晚,主要研究集中于2004年之后,近年来呈现稳步上升的局面。该种用语变迁背后的成因大致包括:其一,制度的概念弹性相对较大,范围较广,并时常同合宪性审查体制、机制混用,对合宪性审查体制、机制的研究本就构成了制度研究之一部,造成"制度"用语相对平稳的态势。其二,合宪性审查研究日益技术化、精细化,研究视角日益转向相对微观的机制领域,因此"机制"的用语在近年来呈现迅速上升的趋势。

(二) 合宪性审查体制、机制概念构造的分析

在经过上述梳理后,本书主张,在一般意义上,制度是事物运作在宏观层次的表现形式,集中体现了一段时间内,在社会生产力的决定作用下形成的上层建筑形态,并且具有表征价值目标、确定整体关系的作用。当然,对"制度"的理解亦存在狭义解释的进路,即排除了道德习惯等非正式规范、社会组织规约等,专注于强调行使公权力的国家机关所制定的具有普遍约束力的规范及其实现方式的总和。体制是事物运作在中观层次的统一规则,它集中反映了系统性、外部性关系,是对制度中根本性规则的框架性表达。机制则是微观层次的规律,展现出的是事物运作过程中各个要素之间的构造关系、组织形式、推进原理等。依据学科的差异,其可以是自然形成的,也可以是人为设计的。

体现于合宪性审查领域,由于合宪性审查关乎国家法治体系的稳定性与完备性,且以宪法作为衡量标准、以宪法判断作为核心程序、以宪法制裁与责任作为可能后果,故而其应当通过人为设计的且由国家强制力予以确保的规范形式呈现,以保证合宪性审查的规范、客观、稳定与相对的可预期。具体来说,合宪性审查制度有广义与狭义的界分,广义的合宪性审查制度是合宪性审查系统的综合表达。包括合宪性审查的理论基础,背景性的法治传统、文化氛围,以及作为狭义合宪性审查制度的规范表达。狭义的合宪性审查制度即是基于一国的经济政治

---

① 魏健馨. 合宪性审查从制度到机制:合目的性、范围及主体 [J]. 政法论坛,2020 (2): 34-43;周红伟. 宪法合宪性审查机制研究 [J]. 法制与社会,2020 (3):7-8;胡锦光. 健全我国合宪性审查机制的若干问题 [J]. 人民论坛,2019 (31):34-36;莫纪宏. 论法律的合宪性审查机制 [J]. 法学评论,2018 (6):29-35.

现实而形成并且在宪法法律中明确规定的有关合宪性审查规范的集合，其所对应的也是法学研究领域狭义的制度概念。合宪性审查体制是基于现行合宪性审查制度，对审查主体与职权进行组织整合而形成的、有关审查的框架性构造。它同合宪性审查模式具有近似的意义，但是研究视角更加广泛。二者均是以作为合宪性审查主体的国家机关为起点展开，合宪性审查模式同时也将其作为研究的中心点。而合宪性审查体制同时从作为主体的国家机关向外缘延伸，能够兼及主体、对象、程序、方法、基准、效力等多方面因素，形成制度的有机结构。合宪性审查机制则是为合宪性审查体制所包容，也是合宪性审查体制的技术化、具体化视角，同合宪性审查体制一同构成了合宪性审查制度的主要内容。其主要指向合宪性审查内部各个要素的具体成分、彼此之间的互动过程与方式，合宪性审查对象就是合宪性审查机制中的一个重要构成要素。

二、合宪性审查对象与合宪性审查体制、机制的关系

（一）合宪性审查对象与合宪性审查体制、机制的三方协调

在明确了制度、体制、机制的概念逻辑关系后，可以从多个方面认识合宪性审查对象厘定与完善合宪性审查体制、机制之间的关系。三者有着范围指向的差异，合宪性审查对象作为"最小构成单位"的要素层面的概念，既是合宪性审查体制、机制的有机内容，也受到两者背景性铺垫的塑造。合宪性审查对象与合宪性审查体制、机制是在因循共同的合宪性审查理论基础上生成的，三者互相影响，在讨论其中任何一个方面时，都必须同其他方面保持协调。

具体到我国的宪法环境下，考察我国合宪性审查的体制的应然构造必须在捋清我国当前国家政治架构建立的历史轮廓基础上进行，使作为国家法治系统之一部的合宪性审查体制能够符合我国当前的政治逻辑、宪法确立的权力配置，并同我国国家建立、发展的历史规律一脉相承。在国家法制统一理论、人民主权理论、公民基本权利保障理论以及根植于我国历史的政治格局的共同作用下，我国形成了相对特殊的合宪性审查体制。例如，有学者主张"健全与完善我国的宪法监督体制应当立足于中国的根本政治制度，普通法院型违宪审查制度、以法国为代表的宪法委员会型违宪审查制度、以德国为代表的宪法法院型违宪审查制度均不适合中国国情。前述诸种观点中所提出的改革思路固然有一定的参考意义，但由于均在较大程度上涉及对中国现行宪法制度体系的重大调整，因而在中国实现的可能性不大"[①]。而关于体制问题的争议进一步深入微观层面，便不可避免地可能引发对合宪性审查主体的诸多不同见解。我国当前合宪性审查体制决定了

---

① 刘志刚. 我国宪法监督体制的回顾与前瞻 [J]. 法治现代化研究，2018（3）：109.

合宪性审查机制中的主体要素范围是有限的。而主体范围的有限性结构性地影响合宪性审查对象的范围，造成了一系列规范可审查性的争议。

（二）合宪性审查对象对合宪性审查体制、机制塑造的影响

首先，合宪性审查对象作为合宪性审查机制的有机组成要素之一，同合宪性审查机制的其他要素之间存在密切的互动关系。如从主体与对象的互动视角考察，虽然现行宪法将合宪性审查的职权授予了全国人大及其常委会，使它们成了名义上的审查主体，但考虑到实效性，学界对于具体承担者的建议则处于变迁之中。作为机制组成部分的合宪性审查对象，在与合宪性审查其他诸要素的协调中，受到体制规范的基底性、背景性影响，而该影响的根源则在于我国合宪性审查的一般理论。

其次，合宪性审查对象通过对合宪性审查具体机制设计的影响，间接地影响了对合宪性审查体制现状的认知，也为其将来的完善提供了进路。虽然合宪性审查的对象范围极大地受到了合宪性审查体制的影响，但是这种影响力并非是彻底的或者决定性的，合宪性审查对象对于合宪性审查体制的塑造同样具有反作用力，对象范围在社会交往中形成的实际扩展需求，将推动合宪性审查体制的改良乃至变迁。根据现行的宪法与相关法律，依然有诸如全国人大制定的法律、各部委规章等规范没有明确被列入合宪性审查对象的范畴，从国家法层面考察，合宪性审查的对象的规范范畴并没有完全覆盖我国的规范性文件，对于这些没有被明确的规范性文件是否应当接受审查，学界处于不断论争中。该类争议将影响对我国合宪性审查体制的判断。更具体地说，合宪性审查对象对于体制完善的推动则是通过对合宪性审查机制中诸如主体、程序、标准等其他要素设计的影响而间接实现的。有学者从整体角度出发主张，"合宪性审查对象的厘定直接影响合宪性审查制度的具体设计"①。特别是从主体要素角度而言，审查主体不仅和国家的权力分配、政权组织相关联，也同样受到审查对象的作用。前文所述通过职能授权的方式扩大主体的机制完善建议，就是出于将某些实践中不易于展开审查操作的规范也纳入合宪性审查范围的目的，加强宪法监督的实效。此类设想将进一步推动合宪性审查机制的精细化研究。

总体而言，**从法治体系的整体结构关联角度，对合宪性审查对象的考察有助于进一步厘清合宪性审查机制、体制的范围，不仅能够从内部性视角推进合宪性审查的机制、体制的完善，还能够从外部性视角明确合宪性审查程序同其他关联性法治程序的衔接**。例如，对于法律是否作为合宪性审查对象的回答，将引申至

---

① 刘志刚. 论我国合宪性审查机构与合宪性审查对象的衔接［J］. 苏州大学学报（哲学社会科学版），2019（3）：55.

合宪性审查与合法性审查程序、立法程序的关系问题；对于宪法解释是否作为合宪性审查对象的回答，将引申至合宪性审查程序与宪法解释程序的衔接方式等。对上述问题的明确，能够加强法治系统的整合性，为合宪性审查体制、机制的健全提供合理的制度平台。

本章小结

  本章意在为全书研究的展开确立概念基础、提供规范背景的梳理以及研究的延展性空间。合宪性审查的概念在我国经历了漫长的历史沿革，并同"宪法监督""宪法审查"等词汇共同成为当前理论研究中使用频次较高的概念集群。从宏观框架视角，广狭两义的"宪法监督"与"合宪性审查"应当是一组边界逐渐收窄的概念；从微观机制构造角度，"合宪性审查"作为更强调审查方法的概念，内蕴于"宪法审查"之中。在此基础上考察合宪性审查对象的概念，在学界诸种指代模式中，本书主张区别合宪性审查对象和特定主体，行为以及宪法判断的结果等关联概念，综合我国制度现状，先从狭义的既存的规范种类作为合宪性审查对象的应然性问题出发。就这一问题而言，我国宪法以及其他规范中已然设定了关联性条款，然而并不均可独立地作为筛选合宪性审查对象的依据，而应当展开综合分析。对于哪些规范应当纳入合宪性审查范围，应当进行分别的、具体的理论论证。对合宪性审查对象的精细化研究也就由此能够通过内部性视角推进合宪性审查的机制、体制的完善，以及通过外部性视角明确合宪性审查程序同其他关联性法治程序的衔接。

第二章 全国人大及其常委会法律、所做的决定可否成为合宪性审查对象的学理分析

现行宪法中所规定的立法权限具有中央与地方两级划分，广义上的"法律"概念同时包含了该两级立法权行使的成果，是我国社会主义法律体系中所含规范的概括性总称。本部分讨论的法律，是从狭义的角度出发，以国家立法权的行使为核心，所检视的是全国人大及其常委会制定的法律。并且，全国人大及其常委会也通过作出决定（决议）的方式行使其职权，关于不同种类的决定是否应当接受合宪性审查，尤其是在改革进入转轨时期颇受青睐的试点、授权决定是否应被审查，也是合宪性审查对象研究的一个理论热点。

第一节 全国人大及其常委会法律、所做的决定可否成为合宪性审查对象

狭义的法律、全国人大及其常委会所作的决定在当前的审查实践中，并不被视作合宪性审查的对象。在理论上，综合其他国家的主要实践经验，将法律纳入合宪性审查对象的观点逐渐成为主流呼声。在考察全国人大及其常委会决定时，相关监督方式也逐步从自主规制、合法性补足等转向合宪性审查机制。然而，综合我国的立法现状与相关理论基础，法律、决定可否成为合宪性审查对象依然存在一定争议，本章拟对主要的学理分歧及其成因进行纵览式的分析。

一、法律可否成为合宪性审查对象的理论争议分析

（一）法律作为合宪性审查对象之否定说

国外较早建立合宪性审查制度的国家，大多在有限政府的理念[①]下形成了分

[①] "有限政府"理念下的政府，并非是我们当今所指的狭义的、对国民社会生活进行调节安排的行政机关，而是指包括议会、国家元首、军事机构、司法部门、行政部门等，起着"机器"作用的所有国家公权力机构的总称。有限政府不仅在于对行政机关进行监督和限制，更渗透到公权力的方方面面，故亦有学者将之称为"权力有限论"。

权制衡方法作为其理论基础之一,议会立法是首要受到宪法考察的对象。而在我国,全国人大及其常委会制定的法律能否成为合宪性审查的对象,在宪法、法律中未能予以明确,学界也存在诸多争议。以该问题为核心,理论界存在否定说、肯定说与折中说的不同立场。

否定说的立场是,法律不属于合宪性审查的对象。此观点的跨越时期较长,依据时代背景的差异,其证立思路也显现出二分的趋势。在 1982 年《宪法》刚出台时,宪法实施与宪法监督相关制度均处于起步阶段,主张法律不受合宪性审查的学者主要立基于两个论点。其一,全国人大具有主权机关的地位,扮演了民意最高代表者的角色。我国的权力分配机制区别于资本主义国家,在民主集中制下,全国人大拥有最广泛的民主基础,其立法权实质上就是人民的集体立法权,全国人大的立法活动就是人民行使主权的活动。从权力行使的合法性角度,论证全国人大立法正当性的逻辑过程同论证宪法产生的逻辑过程具有高度同构性。因此,我国的宪法并不需要使用"根本法来限制人民立法主权"①,全国人大如果认为其立法内容有必要上升为宪法,那么它同样可以将法律表达变更为宪法表达。换言之,全国人大虽然拥有主权机关和立法机关的双重属性,但是实际中的分轨并不明显,立法机关的地位也会为更高的主权机关的地位所吸收。在这种意义上,无论全国人大的规范制定活动最终走向修宪还是立法的支流,其内容都是不会改变的。也有学者将全国人大直接视作常在的制宪机关或者具有主权机关性质的最高机关②,依此逻辑,全国人大所颁布的规定便自然具备宪制意义而无须审查,对其正当性控制只需要依托全国人大的自我约束。其二,在宪法实施中宪法与法律具有同源性,这是基于全国人大性质的判断、结合宪法中国家机关职能规定的衍生观点。有学者主张宪法规范的落实直接依托于具体立法,作为"宪法具体化"的法律,不仅其不符合宪法的可能性被否决了,甚至可能被赋予类同于宪法的属性③。

随着宪法实施和宪法监督、合宪性审查概念的明确,前一种论证思路逐渐式微。主张法律不属于合宪性审查对象的学者在一定程度上继承了早期学界有关"主权机关"的讨论,再在此基础上将具有国际国内面向、统摄历史、政治、法律等多重意义表述的"主权机关"替换为强调国内面向及法律属性的"国家最高权力机关"。认为全国人大兼具最高权力机关和立法机关属性,因此通过宪法的人民性获得了最为充分的民主正当性。在此基础上能够形成全国人大具有基本的宪法忠诚和自我控制、自我纠正能力这一基本假设,而我国国家制度的建立与

---

① 秦琴,赵杰. 人民主权论与中国的违宪审查制度 [J]. 甘肃政法学院学报,2001 (9):21.
② 李龙. 宪法新论三则 [J]. 法学研究,1994 (3):15.
③ 莫纪宏. 论法律的合宪性审查机制 [J]. 法学评论,2018 (6):31.

第二章　全国人大及其常委会法律、所做的决定可否成为合宪性审查对象的学理分析

维持也正是建立在这种基本信赖之上的，因此合宪性审查只能针对法律之下的其他规范①。2018年《宪法》修改后，全国人大常委会以决议的形式进一步明确了宪法和法律委员会的职权，在原有的"统一审议法律草案等工作"之外增加了"推进合宪性审查"的表述。部分学者立基于此，开辟了区别于合宪性审查的"合宪性控制"道路。其认为宪法和法律委员会可以通过审议草案对法律展开一定程度的合宪性控制，但是这种控制并不属于完全意义上的审查，主张"宪法法律意义上的合宪性审查只能是事后审查"②，因此法律可以通过立法程序完成对自身的合宪性要求，但不能经由事后程序被全国人大及其常委会审查。

（二）法律作为合宪性审查对象之肯定说及折中说

肯定说的立场是，法律应当成为合宪性审查的对象，并具备实际操作的空间。持此观点的学者一般秉持如下思路：其一，法律和宪法的性质、地位不可等同，法律同样可能会出现不合宪的情形。制宪活动和立法活动在程序和性质上均有不同，所意图规制的目标亦存在差异，只不过在我国的规范语境下，二者的主体是共同的，并不能因此就赋予普通法律以宪法属性。同时，立法虽然代表了多数人的利益，但是相比于以人民全体名义所制定的宪法规则，依然存在侵害少数人利益的可能性。一旦这种可能性通过立法条款表现出来，就同意图相对均衡保障多数、少数权益的宪法产生了矛盾，也就出现了纠正的必要。实际上，宪法中的任期、选举程序、立法流程、公民基本权利的保障、权利限制的条件等机制，都是为了预防可能产生的"多数人暴政"，其中"违宪审查制度在较大程度上就是基于对法律的防范而设计出来的制约机制"③。此外，从横向对比的视角观察各国合宪性审查的实践，不难发现"法律是损害宪法秩序的最大威胁"，更加应当成为合宪性审查的主要对象④。其二，全国人大不存在超出宪法之上的权限。该理由主要是针对以法律制定主体为由否认审查法律可能性的见解。展开而言，全国人大目前行使的权力并不是所谓"绝对的""至高的"，它是经由宪法设立的，即使作为最高国家权力机关，也不具有高出宪法的法理基础⑤。而当前全国人大作为最高国家权力机关，同发挥制宪功能的第一届全国人大第一次会议性质相异，全国人大是通过第一次会议制定的宪法获得了其自身的地位与职权，此后

---

① 郑贤君. 作为政治审查的合宪性审查 [J]. 武汉科技大学学报（社会科学版），2018（5）：510.
② 刘松山. 备案审查、合宪性审查和宪法监督需要研究解决的若干重要问题 [J]. 中国法律评论，2018（4）：29.
③ 刘志刚. 我国宪法监督对象的拓展分析 [J]. 贵州省党校学报，2018（3）：115.
④ 胡锦光. 中国宪法问题研究 [M]. 上海：新华出版社，1998：226.
⑤ 李树忠. 论宪法监督的司法化 [J]. 政法论坛，2003（2）：34.

其只能在宪法规定的程序下行使修宪的权力,而不是"随时制宪"的权力①。因此,在立宪后的法治活动中,全国人大权力的行使必须在宪法框架内完成,而不可随心所欲地扩张。其三,全国人大的二重身份具有可分割性,对法律进行合宪性审查并非空谈设想,而是实际存在以尊重人大制度为前提的运作空间。持此立场的学者表明,我国民主集中制下的人大制度常常遭受人民隐退的误读,因为"我们事实上有意无意地将'人民主权'理解为'人民代表大会主权'"②,将人民与人民代表大会(以下简称人大)视作浑然一体,而忽视了由于代表制度与选举制度造成了集体表达与代表表达之间可能的格差,造成全国人大双重身份的混淆。实际上,全国人大在以最高国家权力机关的身份行使主权时,其当然无须成为合宪性审查的对象,但是在作为中央立法机关行使国家立法权时,该立法权的产物——法律,可以通过现行的体制接受合宪性审查③。

在肯定说内部有一种衍生观点是,仅强调全国人大常委会制定的非基本法律属于合宪性审查的对象。该立场主要从《立法法》对全国人大撤销其常委会制定"不适当"法律条款出发,得出"不适当"应当包含"不合宪"的内涵,并呼吁通过明确的宪法解释明确全国人大对其常委会制定法律的合宪性审查权④。但是,对全国人大制定的法律,仅概括性地提及其应当遵守宪法、接受宪法的监督,对于全国人大制定的法律在现行体制下作为合宪性审查对象依据不足的问题以及具体如何接受审查的问题采取了回避态度。

折中说与肯定说内部的衍生类似,但是其明确主张全国人大制定的基本法律不属于合宪性审查的对象,但是全国人大常委会制定的非基本法律则属于合宪性审查的对象。该立场的论证思路主要是:其一,同第一种立场相似,承认全国人民代表大会权力的主权性质和宪法主要践行者的地位。为维护国家这一实体在宪法制度上的基本存在和运行,必须赋予全国人大最高限度的信任。其二,全国人大与其常委会有必要区分,全国人大常委会仅属于常设机关,不是全国人大的替代机关,其组成人员由全国人大选举或罢免,对全国人大负责并报告工作。在此意义上,所有全国人大常委会制定的法律一旦出现不符合宪法的情况,都能够且应当通过全国人大纠正。但是,全国人大制定的法律不可能出现类同情况,否则"是对我们国家根本制度的怀疑","如果真的出现,那就是说整个国家成问题

---

① 柴华. 为什么成文宪法排斥常在的制宪机关?——兼论全国人大不是我国常在的制宪机关 [J]. 法制与社会发展, 2017 (3): 93.
② 周永坤. 试论人民代表大会制度下的违宪审查 [J]. 南京社会科学, 2006 (3): 125.
③ 夏引业. 我国应设立虚实结合的宪法监督体制 [J]. 政治与法律, 2016 (2): 77.
④ 范进学. 论中国式违宪审查制度及其完善 [J]. 哈尔滨工业大学学报, 2012 (1): 51-57.

了"①。该种立场实质上平衡了我国现行的合宪性审查体制,认为全国人大制定的基本法律在现行体制下不具有作为合宪性审查对象的实际操作空间,遂将之排除。

二、全国人大及其常委会所作的决定可否成为合宪性审查对象的理论争议分析

(一) 全国人大及其常委会所作决定的类型化考察

自1954年《宪法》颁布以来,全国人大及其常委会便积极通过决定(决议)的形式行使其职权,但是不同决定的内容、所指向的职权具有明显的分化,并且在不同的历史时段具有不同的功能倾向,因此有必要对该一系列决定作出类型化的梳理,以便于对其合宪性控制展开分析。依托全国人大及其常委会的职权,其所作出的决定主要可以划分为如下几种类型。

(1) 提出国家机关公职人员人选、任免国家机关公职人员的决定。宪法规定了全国人大及其常委会的人事任免与决定权。从1954年《宪法》至1982年《宪法》,全国人大及其常委会的人事任免权从自行决定到增设提名依据的变动,全国人大及其常委会也积极履行此项职权,作出人事任免决定一百七十余部。(2) 审核和批准预算、决算、国民经济和社会发展经济计划的决定。该类审查和意见多以"决议"命名。在内容形式上,预算审查决议的内容为对前一年的预算执行状况进行汇总、对该年度的预算进行安排并说明未来一年的预算执行方针;国民经济和社会发展计划决议的内容为对前一年计划执行状况与成果进行总结、对后一年的发展任务进行部署,部分时候对跨年度的发展规划纲要进行审查批准。迄今为止全国人大作出此类决议总计一百余部。(3) 加入、批准国际公约和条约,必要时对其作出保留的决定。现行宪法将同外国缔结条约或协定的批准、废除职权授予全国人大常委会,迄今为止全国人大常委会作出此类决定总计三百四十余部。(4) 其他行使宪法明确规定职权的决定。该部分的决定的作出系全国人大及其常委会行使宪法明文规定职权的表现,但是此类职权可以行使的情形在客观上较少,对应的决定数量也较少,在其作出的决定中占据比率较低,且不具备显著的代表性,包括特设、授予荣誉、批准设立直辖市、设立特别行政区等。例如,现行《宪法》第67条第(17)项规定了全国人大常委会有权授予国家勋章和荣誉称号,全国人大常委会对应行使该职权自1954年《宪法》颁布实施起至今仅作出决定(决议)7部;又如,现行《宪法》第67条第(18)项

---

① 参见张友渔. 加强宪法理论的研究[M]//中国法学会. 宪法论文选. 北京:法律出版社,1983:14,转引自胡锦光. 中国宪法问题研究[M]. 上海:新华出版社,1998:224.

规定全国人大常委会有权决定特赦，而其对应行使该职权作出决定（决议）至今仅3部①。(5) 对现行的规范体系进行调整、变动或辅助其发展的决定。该部分决定内部又存在多种细分，包括：其一，批准、修改、废止规范的决定②。该类决定在内容上一般为列举对应规范修改、删减或增加的条款，并且在末尾规定对应法律应当根据决定作出相应的修改并重新公布。在废止的情形下，则内容为列举出应当废止的条款或法律名称，一般认定为决定公布生效之日起，对应的条款和法律失去效力。在批准的情形下，内容则是指向早期的国务院暂行规定、军事立法、经济特区条例等，如1980年全国人大常委会《关于批准〈国务院关于老干部离职休养的暂行规定〉的决议》。此类规定多出现于我国立法体制尚未建构完毕的时期，目的是通过全国人大常委会的批准赋予此类规定运作的正当性。作出上述决定的主要主体为全国人大常委会，全国人大仅仅作出过有关《立法法》、《中华人民共和国刑事诉讼法》（以下简称《刑事诉讼法》）、《选举法》、《中华人民共和国全国中外合资经营企业法》（以下简称《中外合资经营企业法》）以及《全国人民代表大会组织法》五部法律的修改决定。其二，公布法律草案的决定。实践上，该类决定的作出主体为全国人大常委会，其分别于1982年、1989年、1992年作出过公布宪法修改草案和两部特别行政区基本法草案的决定。其并不直接产生变动国内法规范格局的效力，仅作为立法机制中的一个表现，作为广泛征集意见之用。(6) 授权决定。授权决定内部同样存在多种形式的分野，并且具有显著的阶段性特征。在1954年《宪法》制定以后到2012年期间，全国人大及其常委会的授权决定以国务院和特别区域有关主体为对象，主要目的是调节尚未发展成熟的立法体制、贫乏的立法资源同不断扩张的立法需求之间的矛盾，授予宪法尚未规定拥有立法权的主体以立法职权③。以及配合经济体制改革、经济特区的设立，授予经济特区权力机关和行政机关立法权限。还包括配合一国两制的基本制度，授权特别行政区进行特定事项管辖的决定。这些决定多属于历史产物，虽然部分已由后续立法加强了其合法性、合宪性，部分则已经由于法治体系的发展而被废止，但其中依然有部分存在正当性不足的问题，并延

---

① 有关授予勋章和荣誉称号的规定，1954年《宪法》第31条第（14）项、1978年《宪法》第25条第（10）项也有同样的规定；有关决定特赦的规定，1954年《宪法》第31条第（15）项、1978年《宪法》第25条第（11）项也有同样的规定。1975年《宪法》由于其特殊性，未有对此两项职权明确作出规定。

② 在此类"修改"类决定中，全国人大曾经于1979年与1980年分别作出过修改宪法文本规定的决议，此处将作为宪法修改中以决议修改宪法的类型在第三章详述。

③ 如1955年全国人大《关于授权常务委员会制定单行法规的决议》，1985年《关于授权国务院在经济体制改革和对外开放方面可以制定暂行的规定或者条例的决定》等。

第二章 全国人大及其常委会法律、所做的决定可否成为合宪性审查对象的学理分析

续至今。2012年以后，授权决定作出的主体均为全国人大常委会，以授权在特定地域调整、暂停法律实施或展开新的制度试点活动为主要内容，由于契合了深化改革的纵深转轨需求，成为近年来的主要授权决定类型。该类决定在性质、合宪性依据方面存在诸多理论争议，目前仍然是一个方兴未艾的话题。（7）其他概括性职权的行使。全国人大及其常委会行使其他概括性职权而作出的决定包含类别较为广泛，包含设立、改革或撤销特定国家机构①、对特别行政区的制度性事项作出规定②、对国家机构的组织问题进行说明③、安排特定的活动和制度④等。它们的共同特征在于，这些职权的行使在严格意义上并不能在宪法明文列举的职权性规定中找到依据，一般是依托兜底条款获得合宪性基础。有学者对其进行列举式概述并将其归纳为"重大事项的决定权"；也有学者将全国人大的"概括职权样态"梳理为四类表现：抽象法律决定模式，具有针对不特定对象的反复使用性，一般属于制度性设计；具体法律决定模式，针对具体事项提供行为规范，一般仅需单次适用；抽象政治决定模式，针对不特定对象具有反复适用性的政治态度、政策设定；具体政治决定模式，针对特定适用对象作出具有单次适用性的政治政策指示⑤。

在上述七种类型的决定中，（1）—（4）类型的决定由于在宪法上具有明确的依据，全国人大及其常委会也具有较为广泛的决策的空间，对其合宪性质疑相对较小。（5）—（7）类型的决定则往往由于其宪法依据不明确而更容易产生合宪性争议。

（二）全国人大及其常委会所作决定作为合宪性审查对象的学理争议

全国人大及其常委会在制定国家法律的同时，也会通过作出决定或决议的形式行使职权，形成规范性文件。但是此类文件尽管性质相同，但种类、功能相对多样，属于全国人大及其常委会职权的不同行使形式。全国人大及其常委会作为最高国家权力机关及其常设机关，在宪法中的职权一直处于开放与封闭的缝隙之中。其开放性体现于现行宪法对其职权设置了外延宽泛的兜底条款，即"应当由最高国家权力机关行使的其他职权""全国人民代表大会授予的其他职权"。

---

① 如全国人大常委会1985年《关于设立国家教育委员会和撤销教育部的决定》、1986年《关于设立国家机械工业委员会和撤销机械工业部、兵器工业部的决定》。
② 如全国人大常委会2020年《关于香港特别行政区立法会议员资格问题的决定》。
③ 如全国人大常委会1956年《关于自治州人民代表大会和人民委员会每届任期问题的决定》（现已失效）。
④ 如全国人大常委会2014年《关于设立国家宪法日的决定》；全国人大1981年《关于开展全民义务植树运动的决议》等。
⑤ 谭清值.全国人大概括职权样态的实证考察［J］.北京社会科学，2018（7）：14-16.

其封闭性体现于理论上，学者们并不看好"人大至上论"或"人大全权论"，而主张区别对待人大的多重身份，强调依托兜底条款的职权展开仍需依宪进行。无论如何，全国人大及其常委会频繁发布决定已成为一种客观存在的现象，有些决定也在依法治国的背景下发挥了类似法律的作用。特别是近年来在改革与法治的纠缠中，"授权试点""授权暂时调整法律实施"类型的决定充当了重要的调解、缓和角色。

在关于全国人大及其常委会的决定研究中，授权决定是理论较为集中的领域。有关授权决定的文献中，较少有直接、专门讨论其是否属于、应不应当属于合宪性审查对象范畴。当前研究中，尚无明确提出全国人大及其常委会作出的决定不应当纳入合宪性审查范围的理论观点。多数文献均试图论证授权决定的正当性，或通过合法性控制达成"合宪性控制"的目标[①]。其行文所体现出的一般态度是，确实承认决定应当符合宪法，但对是否应纳入合宪性审查制度系统中完成控制的问题则不置可否。或者有学者直接默认授权立法决定应当属于合宪性审查的对象，以此为叙述前提，表明其"必须接受合宪性控制，对此，全国人大宪法和法律委员会应从主体适格性、形式规范性以及内容有限性三个方面展开审查"[②]。而在相对展开叙述授权立法决定应当纳入合宪性审查范围的诸种研究中，理由一般包括：其一，如果否认授权立法决定属于合宪性审查的对象，便扩大了使宪法虚化的可能性，实际上以宪法兜底条款无限扩大了全国人大的职权，恐成"良性违宪"之门的再开，产生为了改革试点之便将"于法有据"流于形式、滥用授权立法决定的风险。其二，授权立法决定在性质上属于立法权的转移，而有关立法职权的分配是具有全局性、重要性的宪定事项，因此授权立法决定需要边界框定，并且这种边界框定的依据应当上溯至宪法的规定。其三，授权立法决定将会影响关联法律的制定，对宪法实施的实态产生重要影响，若将其归入合宪性审查无法企及的"空白区域"，将造成法治系统的混乱。

舍此而外，多数研究并没有对决定是否应当接受合宪性审查提出明确理由，但是却通过考察一系列决定宪法上正当性不足等问题，间接地展示了决定接受合宪性审查的必要性。在当前的制度环境下，全国人大及其常委会所作决定中蕴含的宪法风险主要包括：其一，决定的宪法依据并不明确，甚至缺失。此方面的研

---

① 如杨登峰. 行政改革试验授权制度的法理分析［J］. 中国社会科学，2018（9）；孙首灿. 授权立法决定的合宪性探析［J］. 行政与法，2015（9）；傅蔚冈，蒋红珍. 上海自贸区设立与变法模式思考［J］. 东方法学，2014（1）.

② 江国华，梅杨，曹榕. 授权立法决定的性质及其合宪性审查基准［J］. 学习与实践，2018（5）：12.

第二章 全国人大及其常委会法律、所做的决定可否成为合宪性审查对象的学理分析

究集中于新型的"授权调整法律实施的决定"①与传统的"授权立法决定"这两种类型。就"授权调整法律实施的决定"而言，由于被授权主体往往是国务院，学者们在考察其权力来源的合宪性时，往往只能通过《宪法》第89条有关国务院职权的规定、第67条有关全国人大常委会职权的规定以及第62条有关全国人大职权的规定形成兜底条款的连环解释，这样的宪法基础显然是不稳固的。而单独依托2015年《立法法》有关授权立法的规定，在宪法上的依据依然是不充分的，处于"随时可能打破合宪性"的脆弱状态②。就传统的"授权立法决定"而言，实践中，由全国人大及其常委会作出的授权立法大多存在宪法依据不足的疑虑，但是部分经由《立法法》予以事后的"追认"和修正，部分至今仍然以该种状态继续有效，无疑是对宪法规范的突破③。其二，决定的性质具有模糊性。这方面的讨论除了上述两种类型的决定外，还指向了一般的"有关法律问题的决定"。就前述两种类型的决定而言，有学者将暂停或调整法律实施的决定视作传统授权立法决定的一类，有学者则将之视作一种全新的立法权实施方式。对它们的评价也形成了创设新型立法职权类型、法律修改、立法权转移等不同见解。就"有关法律问题的决定"而言，存在立法权说与决定权说的分歧，有依据其规范体例将之认定为决定权行使的观点，也有依据人大常委会工作报告的行文将之认定为立法权行使的观点，亦存在相对这种说法，主张此类决定为全国人大及其常委会在形式和名义上行使决定权，在实质效果上行使立法权，属于"准法律决定"④。对于诸种决定性质认识的不确定造成的结果是，对这些决定的合宪性进行考察时，可能面临程序正当性、是否实质越权等质疑，最终依然会回溯到前述宪法依据不健全的问题。

综上所述，关于全国人大及其常委会所作决定的合宪性问题，理论界的研究视角多聚焦于典型的决定形式类型，结合近年来的监察委员会改革、自贸区改革的具体事项展开，对于包含种类较为多元、内部关系复杂的"概括职权决定"的合宪性讨论较少。关于决定本身是否应当成为合宪性审查的对象的问题，并没有引起足够的重视。

---

① 该决定的特征是在部分地区改变、暂停、调整特定法律实施，以2012年全国人大常委会《关于授权国务院在广东省暂时调整部分法律谁规定的行政审批的决定》为开端。
② 曹舒. 人大授权暂停法律实施的合宪性检讨与控制 [J]. 苏州大学学报, 2018 (1): 70-71; 王春业. 论赋予检察机关立法权——兼评全国人大常委会的《决定》[J]. 浙江工商大学学报, 2020 (4): 13.
③ 孙首灿. 授权立法决定的合宪性探析 [J]. 行政与法, 2015 (9): 62-69.
④ 王竹. 我国到底有多少部现行有效法律——兼论"准法律决定"的合宪性完善 [J]. 社会科学, 2011 (10): 98.

第二节 全国人大及其常委会法律、所做的决定可否成为合宪性审查对象的应然性分析

法律、全国人大及其常委会所作决定是否能够成为合宪性审查对象，各自面临不同的问题节点。就法律而言，其必须回应人民主权的宪法精神与人大制度、民主集中制的互动关系问题，并明确区分人大立法与其常委会立法在合宪性审查的框架下是否必要区分以及区分的意义，最终结合法律的性质、效力、作用等讨论其纳入合宪性审查对象的必要性与可行性。就决定而言，其承载着解决不同时期立法格局调整需求的职责，因而具备显著的阶段性与类型化色彩。基于此，应当在明确不同类型决定的理论与实证逻辑的基础上，再行考察其是否能够成为合宪性审查的对象。

一、法律可否成为合宪性审查对象的应然性分析

（一）法律作为合宪性审查对象分析的问题节点

虽然其他国家采取合宪性审查体制具有差异性，但是大部分国家的合宪性审查体制首要关注的问题便是法律的不合宪之可能及其审查。但是，由于我国特殊的政权组织形式、经过历史积淀形成的权力组织理论与国外合宪性审查的理论基础存在一定差异，法律反而成为我国合宪性审查领域的"灰色地带"，是一个具有本土色彩的问题节点。经过上述梳理，可总结得出造成法律是否属于合宪性审查范围争议的理论症结包括如下两个方面。

第一个方面是，人民主权的宪法精神与人大制度、民主集中制的互动关系。前述立场分歧的一个关键节点就是对全国人大及其常委会国家立法机关与最高权力机关双重身份是否实际可分割的争议。有学者主张最高权力机关及国家立法机关属于两种不同属性，因此全国人大作为最高权力机关审查国家立法机关的立法，只要在技术上加以衡量，尽管难免有"自我监督"之虞，但绝不等同于"没有监督"，因为在全国人大最高权力机关身份的背后，还存在着广泛的人民监督。而有的学者则从系统管理实践的视角出发，早期的身份一体说即是遵循此类逻辑线索：在我国宪法确立的政治体制下，人民是国家权力的享有者，而其行使国家权力的"工具"就是全国人大及其常委会，因此，可以认为全国人大及其常委会具有最高性与全权性，可以依据所规范事项的重要性程度选择形成宪法规则或法律规则，如果两者冲突，则会形成"自我矛盾"的悖论。实际上，全国人大二重身份是否可分割，应当从宪法文本的规定作为出发点，进一步考察人

第二章 全国人大及其常委会法律、所做的决定可否成为合宪性审查对象的学理分析

民主权、民主集中制和人民代表大会制度之间的相互关系,如果过于困囿在法教义学的怪圈中,就会过于关注"纸面上"的条款文句,而忽视了宪法文本背后的宪法原则、精神乃至当前制度结构的正当性来源。

对此本书认为,三者的关系应当表述为:民主集中制是宪法中的一项"具体原则",它的产生和实现是由宪法中人民主权原则、基本人权原则、法治原则的"基本原则"所共同决定的①,它在宪法中被确认,属于全国人大的组成原则。具体而言,人民主权原则中的"人民"是"加以制度抽象化之后的公民的集合体"②,作为拟制的、不可分割的整体,是主权的实际享有者以及代表机关权力的来源。在主张共和政体的理论家眼中,人民通过形成符合最大限度共同利益和福祉的目的,赋予国家最高权力行为准则和评价标准。这一观点在我国的宪法体制下也能获得验证,如宪法序言中指出人民是"国家的主人",以及总纲中明确了权力的归属、人大对人民负责并接受监督等。但是,我国所采取的民主集中制组织原则,是区别于资本主义国家的代表政治形式的重要特征。它并非是通过不同类型权力载体之间互相制约形成相对平衡,而是按照"人民——人民代表大会——一府两院"③的纵向逻辑而展开,人民是根源也是起点,民主不仅是国家机关运作、决策中的协商民主,最根本的也是人民向人民代表委托这一过程中的民主。因此,全国人大并非一经组成就脱离人民,而是时刻处于人民的监督之下。全国人大以人民的意志为行动准则是对其行使职权的义务性要求,而非其天然具备的固有属性。如果主张全国人大的身份切换没有实质上的意义,实际上就是将人民、人民的公意与全国人大进行了"两者必得一致"的绑定,隐没了人民的出场,背离人民主权的应有之义,甚至颠覆了合宪性审查赖以存在的理论基础之一。

第二个方面是,全国人大及其常委会制定的法律的相互关系。在对法律的可审查性进行讨论时,有一种学术观点即是将全国人大制定的法律与全国人大常委会制定的法律区分,只明确地将全国人大常委会制定的法律纳入合宪性审查对象范围。由此可见,在讨论法律的可审查性之前,还必须探讨全国人大制定的法律与全国人大常委会制定的法律划分是否具有合宪性审查上的意义这一问题。对此,首先应当澄清的是,全国人大的立法与全国人大常委会立法的界分往往同基本法律与非基本法律的界分关联在一起,但本书并不主张形成"全国人大立法等于基本法律"和"全国人大常委会立法等于非基本法律"的公式。理由在于,

---

① 李步云. 论宪法 [M]. 北京:社会科学文献出版社,2013:191.
② 谭万霞. 论作为宪法原则的人民主权的内涵 [J]. 政法学刊,2017 (5):34.
③ 杨光斌,尹冬华. 我国人民代表大会制度的民主理论基础 [J]. 中国人民大学学报,2008 (6):94.

从学理层次看,基本法律与非基本法律的划分标准尚存在较大争议,将是否属于基本法律同立法主体绝对关联,仅是采用单一的主体标准的一种划分方法。舍此而外,学理上还有实质内容标准与综合标准。其中,实质内容标准以法律所调整的社会关系的重要性、是否关系国家重要事务为标准;综合标准则是既将基本法律框定在全国人大这一立法主体所产生的规范中,又以规制事务是否重大、是否关系国家全局性制度为限定,进一步缩小基本法律的范围。从实证层次看,现行宪法对全国人大及其常委会立法职权划分的规定集中于第62条与第67条,其内涵主要包括:其一,全国人大有权制定和修改"基本法律";其二,全国人大常委会有权制定和修改"其他法律";其三,全国人大常委会在特定条件下可以对全国人大的基本法律进行修改;其四,全国人大可以依据第62条第(16)项享有广泛的"其他职权"。由此可见,全国人大常委会拥有一定程度改变基本法律具体内容的权力;而全国人大在宪法的兜底条款下也有制定非基本法律的空间。从研究合宪性审查机制的角度,如果以基本法律与非基本法律的分野结构性替代全国人大及其常委会的立法权切分,就会造成如下问题:在讨论是否应当划分两者立法从而区别可审查性时,势必将在全国人大制定法律的内部划分出所谓"应当接受合宪性审查的非基本法律""不应当接受合宪性审查的基本法律"以及"由全国人大常委会修改过的基本法律"等次生类别。这些次生类别既不是宪法上的规范分类,也缺乏由以依托的理论基础,更同诸如"重要性""全局性""基础性"等基本法律与非基本法律划分的模糊理论标准相互重叠,增加了分析的复杂性。因此,在以合宪性审查机制为目的研究中探讨国家立法权的分工,不应将基本法律和非基本法律作为视角,而应当以全国人大及其常委会的主体职权为线索进行是否应当区分的讨论。

其次,在此前提下引申出的问题是,全国人大及其常委会制定的法律划分是否具有合宪性审查对象评价上的意义。特定规范是否适合被纳入合宪性审查的对象范畴,其评判要素依其性质呈现出多样化特征,包含是否具有宪法文本的明确依据(或者在宪法文本的文义范围内至少具有解释的空间)、是否有出现不合宪之状况的可能性、是否适于采用合宪性审查程序①纠正等,其核心在于特定规范同宪法之间的逻辑关系。而全国人大及其常委会立法职权的划分主要是在狭义的法律内部综合考量所调整的事项、主体的立法能力与条件等,其划分标准并不直接涉及法律同宪法之间的关系问题。全国人大及其常委会之间立法权限的划分,其功能在于立法方面通过合理的裁量分工,确保国家立法权的

---

① 是否适于采用合宪性审查程序纠正,即是否能够适应我国合宪性审查机制及其关联性机制的可行性问题,学界对该问题的讨论主要包括审查主体权限、程序启动条件、审查基准等,同合宪性审查机制内部的诸项要素紧密关联。

第二章 全国人大及其常委会法律、所做的决定可否成为合宪性审查对象的学理分析

有效行使,平衡立法需求与立法资源;在执法、司法方面进一步明确法律的适用方式,特别是在法律出现冲突时的适用问题。即使对于全国人大立法与其常委会立法之间是否存在法律位阶高低的区分存在不同的理论见解,但并不影响对二者合宪性控制的评价。总而言之,合宪性审查对象选择的核心逻辑同全国人大及其常委会的职权分工并无直接关联。全国人大及其常委会立法职权划分的功能主要是指导立法权方面的裁量与行政权、司法权运行方面的适用,而并不影响对其展开合宪性控制的手段。即使在学理上,基于二者职权的划分,有学者提出全国人大常委会越权立法的合宪性审查问题,也并不能据此排除全国人大制定法律的可审查性。故本书主张二者制定的法律在合宪性审查的视角内应当同时评价,没有额外划分的必要性。

(二)法律纳入合宪性审查对象范围的应然性分析

正如本书第一章所述,现行有效的宪法规范中,对于法律的合宪性审查只提供了序言与总纲的辅助性背景,而没有提供职权规定方面的决定性支撑,因此是否将其纳入合宪性审查范围,还需要进一步论证。前一部分已厘清了全国人大及其常委会制定规范能否作为合宪性审查对象的几处理论节点,以此为基础,本书主张,全国人大及其常委会制定的法律应当作为合宪性审查的对象。理由在于:

首先,宪法与法律存在性质上的区别和效力位阶上的差异,两者的界限不可模糊。从制定宪法与制定法律的主体、程序、功能等多角度而言,两者存在巨大的性质差异。以主体来说,学界的主流观念是,我国制定宪法的主体是全体人民、制宪会议是第一届全国人大第一次会议①,反映了全体人民的共同意志;而行使国家立法权的主体是全国人大及其常委会,它们在立法时代表的是大多数人民的共同利益。以程序来说,1954年的《宪法》产生首先由中央人民政府委员会作出召开人大以及制定宪法的决定,而后成立了专门的宪法起草委员会,经历了九次全体会议,并在此期间广泛征求社会各界代表对宪法草案的意见。在遴选代表时,充分考虑了我国复杂的社会构成,依据党派、专业领域、民族成分等多种标准划分讨论团体,力求在无法实现全民公决的客观条件下,尽可能兼顾、平衡社会多数成员与社会少数成员的不同意见。逐步形成较为完备的初稿后,对草案进行了三个月全民讨论并收集了百万余条讨论意见,最终交由第一届全国人大第一次会议通过,历时一年有余②。该部宪法奠定了我国宪法的整体框架和基调,其后宪法的全面与部分修改,皆是在该宪法的基础上进行。即使修改宪法,

---

① 关于全国人大是否拥有常在的制宪权从而成为活跃的制宪机关,学界存在不同的说法,本书选取否定说,将在有关宪法修改与宪法解释的部分作出具体展开说明。

② 关于1954年《宪法》制定的具体程序,详见许崇德.中华人民共和国宪法史:上卷[M].福州:福建人民出版社,2005:102-157.

其宪定程序的要求也高于普通立法程序，现行《宪法》第64条专门规定了宪法修改提议代表的比例要求，并且为宪法修正案的通过与法律议案分别规定了2/3代表通过和半数通过的不同条件。立法程序相较于立宪及修宪程序而言都更加宽松。从功能角度上说，宪法不仅具有法律的规范和调整功能，还具有政治确认、目标设定、国家整合等广泛的政治功能，立法由以依托的国家法秩序，也是由宪法奠定的。可见宪法相较于法律而言，具有更加广泛的代表性和民主性，以及不可取代、独一无二的功能。从宪法、法律文本的安排的角度而言，宪法与法律有着明显的上下位阶关系，宪法对自身的最高效力进行了宣示并对法律、行政法规、地方性法规等其他规范性文件提出了"遵守"与"不得抵触""不得违背"的要求。在实践中，全国人大及其常委会制定的法律，也往往在篇首便指明"根据宪法，制定本法"，至少具有在权力渊源上尊重制宪机关与最高国家权力机关、法律渊源上尊重宪法文本的意涵①。如果将宪法与法律在性质和效力上等同，哪怕仅仅将"法律"的概念严格限定于全国人大制定的法律范围，认为只依托全国人大的拟制意志就可以自由选择其全民意志的具体表现形式，无疑会得到一个荒诞的结论：我国的宪法实际上是可有可无的。这显然同我国多年的宪法实施实践以及宪法观念，乃至同现代民族国家的治理原理相矛盾。

其次，即使在我国现行的宪法体制下，法律依然存在不合宪的可能性，并且相较于其他规范，法律一旦出现不合宪的情况存在更强烈的潜在危险性，依托合宪性审查机制完成对法律的合宪控制任务具备必要性与可行性。在实行代议制的现代民主国家，代议制机构不能被理解为完全的民主化身。因此由多数形成的一般公共决策必须受到宪法的控制和约束，否则结果有可能是对少数人权利的不尊重或者使法治进程与民主路线产生偏差。即使是人民代表也不可能绝对、纯粹地还原人民集体意志。国家立法权异化带来的潜在危险，相比于行政法规、地方性法规等更加严重。在提升国家法治水平、维护国家法制统一的要求下，我国形成的多层次的立法体制，法律之下的行政法规、地方性法规、规章、其他规范性文件等，大多并非以宪法为直接依据，而是在遵从不抵触宪法的大原则下，依据其上位的法律条款所制定，通过获取合法性以确保间接的合宪性。如果法律不符合宪法的规定无法获得及时的纠正，就将导致合宪性问题逐层传递到依据其所制定的下位规范中。

宪法至上与法制统一的法治背景决定了立法权行使自身就天然具备使其自主适应宪法的功能，一般的立法程序包括法律制定、法律修改、法律的废止和清理以及法律的解释。但是，通过普通立法程序实现的合宪性控制具有显著的缺陷：

---

① 叶海波."根据宪法，制定本法"的规范内涵[J].法学家，2013(5)：21-33.

第一，普通立法程序对法律的评价并非专门的宪法评价，这就造成其对法律草案进行审议、对法律条款进行修改和解释时，并非以规范上是否符合宪法为唯一标准，还将受到社会稳定、整体效益、政治考量、法益平衡等多种因素的影响，可能导致对部分法律不合宪问题的容忍与回避①。第二，立法程序主要以立法机关为主导。虽然全国人大代表能够提出对有关法律的议案并可获得对应审议，但是其是否能够列入议程、同全国人大及其常委会的立法活动是否有必然关联都是不明确的。第三，依托单一立法程序进行法律的合宪性控制具有显著的滞后性，由于人大及其常委会的立法资源和客观立法需求之前存在张力，法律的修改具有滞后性，导致许多与宪法规定不一致的条款长时间保留。因此，仅仅依托于普通的立法程序，只能部分地、不全面地对立法进行调适，有必要将法律纳入合宪性审查对象，通过审查程序补正法律的合宪性控制问题。

二、全国人大及其常委会所作的决定可否成为合宪性审查对象的应然性分析

（一）全国人大及其常委会所作决定合宪性考察的问题节点

全国人大及其常委会所作决定的可审查性讨论，首先建立在全国人大及其常委会的性质以及改革法治的逻辑张力两大基础性问题之上。

全国人大常委会属于全国人大的常设机关，其性质问题本质上归属于全国人大的性质问题。我国学界对于全国人大的性质具有两种不同立场，前述有关全国人大及其常委会制定法律的合宪性考察中已有部分涉及。具体来说，针对其性质的讨论主要产生了主权机关论与最高国家权力机关论的分化。在主权机关论的立场下，全国人大的性质是主权机关，它的职权是根本的，不仅无须受到宪法与法律的限制，反而是宪法和法律的源泉。在这种情况下，无论是通过决定还是法律调整现行制度、创设新的制度，乃至对宪法秩序进行适度的变通，都是全国人大职权之内之举。近年来，虽然主权机关论逐渐式微，但是在主权机关论内部，也出现了一定程度上认可其权力限度的新发展，如有学者虽然在概念上称人大为主权机关，但同时认可其应当接受党领导下人民群众有组织的监督②。在最高国家权力机关论的立场下，全国人大的性质是最高国家权力机关，其最高性体现于在国家机关中的序列排位、体现于它相较于其他国家机关的优越性、优先性。因此

---

① 如《中华人民共和国未成年人保护法》（以下简称《未成年人保护法》）、《公务员法》等法律中关联到平等权争议、人权保护等问题的讨论中，当时的法律委员会以较为模糊的客观条件不具备等理由回避具体的宪法评价。邢斌文. 论法律草案审议过程中的合宪性控制 [J]. 清华法学，2017（1）：186 – 187.

② 蒋德海. 论人大主权权威 [J]. 上海交通大学学报（哲学社会科学版），2005，13（2）：8.

全国人大的权力并不能囊括主权，而是"权力网络中的组成部分"，其权力性质与权力地位都是由宪法确认的。在实践中，全国人大及其常委会对其他国家机关宪定职权的尊重，如拒绝以监督代审判等，正是全国人大并不享有无限、全权职能的佐证①。同时，在最高权力机关论内部，也形成了"主权机关论"的变体。即虽然认定全国人大属于最高国家权力机关，但是对其职权的行使并不设特别的限定标准，认为其职权行使的自主性和广泛性极高，实际上发挥了全权性的实效。如有学者指出，"全国人民代表大会所拥有的全部国家权力，包括立法权，直接来自人民，而不是来自宪法"②，我国现行的人大制度是直接来自于政治创造而非宪法设定。在这种立场下，结合人民主权的逻辑，全国人大的权力就具备了强烈的扩张性，形成全国人大在"最高国家权力机关"的评价下，行使全能、无限职权的情形。两种立场分化的形成，主要受到了宪法规定变迁的影响。1954年《宪法》第27条提供的兜底条款为全国人大设置的权力是"认为应当由它行使的其他职权"，具有强烈的主观色彩，1975年、1978年《宪法》则对应沿用。在这种表述下，全国人大的权力实际上没有边界，或者，即使存在一定理论上的边界，实践中只要全国人大认为有需要，便可以随时打破这些边界。这也是主权机关论曾经的一个理论支撑。而1982年《宪法》发展至今，始终将全国人大定义为"最高国家权力机关"，催化了对全国人大性质认识的变化。由上述梳理可见，这两种立场形成的初期，其性质对应的内涵是单线的、各自分离的，即主权机关对应的是人大全能性、无限制的职权；而最高国家权力机关论对应的是人大宪定性、有限制的职权。但是近年来，主权机关论和最高国家权力机关论内部出现了交叉现象，因此在辨别全国人大的宪法性质和定位、进而以确定全国人大常委会的对应职权时，必须就其内涵进一步展开。

改革与法治的内在张力是考察全国人大及其常委会所作决定合宪性问题的另一重要理论基础，并且同政治、经济、社会的发展格局之间具有更密切的关联性，也是我国面临的具有中国特色的国家发展问题。改革对应的是对旧有秩序的适当破除、指向对新兴领域与治理模式的摸索与探寻；而法治则以稳定与秩序为重要价值，过于激烈的动荡将导致无序性，破坏既有法治格局。二者自中共十一届三中全会提出改革开放、"改革"成为国家发展的一个重要时代主题时起，便始终处于相互博弈又谋求合作的辩证关系中。实际操作中，现实主义的改革需求往往占据上风，造成如何落实法治的诸多争议，并且就客观现实来看，改革的需

---

① 李伯超，李云霖. "最高国家权力机关"论析——基于我国《宪法》第57条的讨论及其展开[J]. 政治与法律，2016（06）：58-62；黄明涛. "最高国家权力机关"的权力边界[J]. 中国法学，2019（01）：104-121.

② 梁慧星. 物权法草案的若干问题[J]. 中国法学，2007（1）：9.

第二章　全国人大及其常委会法律、所做的决定可否成为合宪性审查对象的学理分析

求在很大一部分情况下都优先于法治的需求。改革开放初期，由于我国的宪法实效并不彰显、法制系统并不健全，但经历了社会的剧烈动荡、宪法观念的动摇，在面临亟待解决的经济发展等社会问题时，运用法治思维解决改革问题成为一个相对难以达成的目标。1987年中共十三大报告对改革与法治齐头并进作出要求，但随着改革不断深入、法治水平渐次提高，二者客观存在的紧张关系已经浮上台面。20世纪90年代出现的"良性违宪"之争，实际上就是对化解二者矛盾不同进路的考察，背后实际反映出的是改革与法治何者被优先考量的问题。在改革先行的思路下，社会急剧变革呼吁着对旧有制度的破除，只要符合发展需求和人民的根本利益，那么即使具备一时不合宪的外观，也应当被容忍，甚至可以作为对既有"恶法"行使抵抗权的表现，成为推动宪法修改的契机①。其后该理论产生了改良与发展，通过对是否合宪判断标准的考察，将符合宪法基本精神、原则又有益于人民利益的优先试验解释为对宪法的变通，防止对地方试验的孕育"一刀切"。在法治优先的思路下，认为对一切不合宪的条款不加思辩地以"良性"定论，是对规则主义的突破，也是对宪法秩序的冲击，是政治需求超越于宪法治理的表现，也是用社会治理代替宪法治理的不成熟做法。

全国人大及其常委会的决定，特别是通过设置事项、地理范围、时间跨度、基本原则等限定条件，允许特定主体在地方通过变通现有法秩序对新制度进行探索的授权决定，实质上就是在改革与法治的张力之中，在"于法有据"逐渐成为官方纲领与学理通说上处理改革发展关系原则的背景下，试图融合两方面需求的新尝试。体现了全国人大及其常委会在全面深化改革和全面依法治国之间试图寻求平衡的态度。但是，这些授权决定或多或少存在着一些问题，随着授权数量的增加，这些问题的反复积累可能会对法治进程产生负面影响。

（二）全国人大及其常委会决定纳入合宪性审查对象的应然性分析

总体上，本书所持的立场是，全国人大及其常委会制定的决定应当接受宪法的检视、纳入广义上宪法监督的框架。

第一，就理论基础而言，本书主张在改革与法治并行的时代环境中，法治应当成为改革的刚性约束。全国人大及其常委会在性质上属于国家最高权力机关及其常设机关，并且其职权的行使需要以宪法文本为边界，而非全权性。全国人大及其常委会"最高国家权力机关"的性质已经由宪法文本确认，其"最高性"是相对于其他国家机关而言的，并不能形成其权力超越宪法的推论。全国人大及其常委会的"最高"，一方面指向在相同类型的国家机关中，相对于地方权力机

---

① 郝铁川. 论良性违宪 [J]. 法学研究, 1996（4）: 89-91; 郝铁川. 温柔的抵抗——关于"良性违宪"的几点说明 [J]. 法学, 1997（5）: 18.

关,全国人大更具代表性与权威性,在纵向的权力机关中处于最高序列。另一方面指向在不同类型的国家机关中,全国人大及其常委会的地位是优越的,行政机关、审判和检察机关、监察机关都由全国人大产生、接受全国人大的监督。宪法总纲作为统摄宪法全文的原则性规定,实际上已经概括地阐明了最高国家权力机关的限制,即现行《宪法》第5条所规定的"任何组织或者个人都不得有超越宪法和法律的特权"。因此,即使现行《宪法》为全国人大及其常委会职权设置了相对开放的兜底条款,但是并不等于宪法将无边界的乃至超越自身的权力笼统地赋予了全国人大及其常委会。在考察全国人大及其常委会通过决定行使的职权类型,特别是可能涉及兜底条款的职权时,需要从宪法的体系关联、文本内涵角度出发,由全国人大作出明确的说明。

在改革和法治的辩证运动中,改革先行已然不适于当下的时代背景和已经相对完善的法治体系;两者兼顾也被证明属于理想上的学理设想,在实际操作中难以达成绝对的均衡。应当以法治引领为导向,以宪法为依托,贯彻法治对改革的规范和引导作用。如果不对全国人大及其常委会的决定进行合宪性控制,通过过于自由的决定为改革提供所谓的"规范依据",仅是在形式上对两者均衡处理、实质上因循的还是改革先行的传统思维。通过法治提供改革的正当性基础,就必须正视改革依据的合宪问题,对全国人大及其常委会决定的合宪性进行必要的审查,是将改革和法治的张力追溯到其根源性层面也即宪法层面的表现,也是通过正当程序体现全国人大职权行使依托于宪法框架的路径。

第二,实践中,全国人大及其常委会所作的决定确实有可能存在同宪法秩序不相一致的现象,并且没有获得规范上的纠正,因而产生了合宪性控制的现实需求。当前尚存的主要合宪性问题包括:(1)部分决定因为历史原因存在合宪性疑虑,但是由于对规范的清理并不完善、不彻底,造成其至今依然有效并在实践中被广泛运用。此类决定发挥了增补既有立法的功能,从实质内容上看属于对法律的修改,但是其并非通过规范的立法程序出台,因此其合宪性基础在宪法规定的人大常委会职权中并不明确。(2)部分授权决定在职权方面出现了错位现象。在决定领域,由于全国人大的会期问题,全国人大常委会成为事实上活跃的决定主体,但是,现行宪法有关全国人大常委会兜底职权条款的规定区别于全国人大,常委会可以扩展行使的"其他职权"必须有"全国人民代表大会授予"这一条件。实践中客观存在的问题是:许多意图为改革提供法治基础的决定,由全国人大常委会作出,而其所指向的全国人大常委会职权,往往很难归入传统人大四类职权中相对明确的任免权、监督权、立法权中,只能作为人大概括决定权的行使方式①，其合宪性基础也仅能上溯至单一的兜底条款，即"应当由最高国家权力机关行使的其他职权"，具有薄弱性，在理论上如何解释亦存在争议。然而，全国人大及其常委会所作的决定中，有相当一部分有着不可忽视的规范功能，这些决定往往发挥着辅助性立法或者补充立法，甚至对既有立法进行变造的作用。就授权决定而言，其属于诸如经济特区、自由贸易区等其他试点区域中一系列变通规定的直接依据。而这些规范如果出现了合宪性危机，就将间接地波及法律、行政法规、地方性法规等规范中的规定，对法制系统产生结构性影响。

第三节 法律、决定作为合宪性审查对象对合宪性审查机制的影响

法律、决定应当作为合宪性审查的对象，但是在当前制度环境下，对法律与决定的合宪性审查并没有足够坚实的运行框架。同时，基于我国法律系统的内在统一逻辑，对它们的合宪性审查不可避免地会牵涉国际条约的合宪性问题，并且同既有的立法机制等关联性机制产生交融。

一、法律作为合宪性审查对象对合宪性审查机制的影响

（一）法律纳入合宪性审查对象的机制分析

既然全国人大及其常委会制定的法律应当纳入合宪审查的对象范围，那么一个不可回避的问题就是：我国宪法、法律中对其审查机制并没有明确的规定，应当在理解我国现有机制下的法律审查实证规定的同时，在契合立法等其他关联性机制的前提下探讨如何改良现行机制。

首先，从实证规范角度分析，尽管全国人大制定的法律以及全国人大常委会制定的法律在可审查性的讨论中可以合并以狭义的法律概括视之，但是在客观的实证规范上，二者确实呈现出了不同的规制程度。在全国人大制定的法律方面，无论《宪法》与《立法法》均未明确规定其出现抵触或不合宪的处理程序，仅仅在宪法序言与总纲中规定了法律必须合宪的一般性要求。在全国人大常委会制定的法律方面，《立法法》第97条第（1）项规定了全国人大常委会制定的法律在"不适当"时可以为全国人大所撤销。但是，此处的表述相对模糊，对"不

---

① 依据学界通说，这四种权力的划分不是并列式，决定权的行使往往可能同立法权、监督权、任免权发生重合，本书此处所指的概括的决定权，即是不能与其他三种类型职权发生重合的决定权。

适当"是否包含"不合宪"的情形，并没有清晰的回应。在《立法法》的文句表述中，存在两方面的疑问：一方面，第97条第（2）项中，对于行政法规、地方性法规、自治条例与单行条例的撤销情形均明确了"同宪法相抵触"或者不合宪的前提条件，作为与之并列的项，第（1）项中的"不适当"是否能够被解释为包含某些规定不合宪？另一方面，《立法法》第97条同第96条之间存在联动关系，第96条概括性地规定了包含法律在内的诸多规范性文件应当被撤销的情形，其中"不适当"出现于第96条第（4）项，但仅仅被限定为"规章"应当改变或撤销的情形。那么第97条中针对法律的不适当同第96条中针对规章的不适当是否能够进行同义的解释？对此，本书主张：《立法法》第97条对法律可能"不适当"的描述，区别于其第96条中对于规章"不适当"的描述，是能够包含不合宪评价的。《立法法》第96条的不适当指向的主体为规章，其适当性要求主要从狭义层次展开，指向其符合客观规律、在上位法没有对应规定时对相应政策原则进行遵守的合理性①。然则第97条指向的主体非为规章，而是常委会制定的法律，可以从广义角度展开理解，涵盖第96条中没有特定指代对象的"超越权限""下位法违反上位法"以及"违背法定程序"三种情形。全国人大常委会立法的上位法，自然包含宪法，此外，其若出现超越权限，制定本应由全国人大制定的基本法律或者违背法定程序立法，均有可能造成不合宪问题。因此，全国人大常委会立法的不适当应有包含不合宪之义。但是，上述观点仅仅是一种学理上的解读，本质上，两者均缺乏明确的宪法依据，只能说存在融入合宪性审查机制的解释空间。因此，对于法律的合宪性审查很大程度上依托于体制的完善、改革，而这方面不仅需要《立法法》的跟进，更需要宪法对应条款的及时完善，夯实对法律进行合宪性审查的规范依据。

其次，将法律纳入合宪性审查对象，需要厘清一部分与宪法关联较为密切的基本法律同宪法之间的关系。对于与宪法关联较为密切的基本法律，学界的概念称呼较为多样，包含"宪法性法律""宪法相关法"②等。我国虽然未有研究明确提出宪法性法律不属于合宪性审查对象，但是却存在将宪法性法律认定为宪法

---

① 乔晓阳. 中华人民共和国立法法讲话[M]. 北京：中国民主法制出版社，2008：324.
② "宪法相关法"不是一种相对主流的称呼，有学者指出："宪法相关法是与宪法相配套、直接保障宪法实施和国家政权运作等方面的法律规范，调整国家政治关系"，并将其范畴划定为国家机关的组织法、有关基本政治制度的法律以及有关主权、领土、国家安全等方面的一系列法律。许安标. 宪法及宪法相关法解读[M]. 北京：中国法制出版社，2019：68. 本书认为，"宪法相关法"的表述具有扩张性、模糊性的特征。从概念语词上说，基于我国法治体系的构成，一切法律都可以被认定为在广义上同宪法相配套、与宪法相关；而在具体内容上，被界定为"宪法相关法"的法律中，并非全为调整"国家政治关系"。因此，此处有关类似法律的分析，统一以"宪法性法律"作为称呼。

第二章 全国人大及其常委会法律、所做的决定可否成为合宪性审查对象的学理分析

渊源的观点①。有学者主张宪法性法律之中实质上蕴含了宪法②，还有学者认为应当将宪法定义为单独的根本法，宪法性法律组成其下的宪法部门③。在一些不成文宪法的国家的审查实践中，宪法性法律是合宪性审查的依据，其中的规定也成为判定其他立法是否合宪的重要准则，这样的法律实际上发挥了宪法的作用，属于"本体法"意义上的宪法性法律，便不再属于合宪性审查的对象④。可见虽然当前的主流研究中并没有明确讨论宪法性法律可审查性的问题，却存在将宪法性法律视作宪法渊源的普遍观点，当其同国外的实践混淆，就会间接影响此类法律在宪法上的评价。本书主张，宪法性法律是在不成文宪法国家环境下产生的概念，因为"无法依据制定主体与程序等要素来区别宪法性法律与非宪法性法律"⑤。换言之，在具有成文宪法传统的我国，宪法本身就以集中的法典形式表现出来，法律并不是宪法的表现形式。"宪法性法律"作为一个学理概念存在范围弹性过大、边界模糊、不能适应我国本土法治逻辑的问题。而同时，在我国的现行法治体系下，宪法的最高效力毋庸置疑，即使在支持"宪法性法律"表达学者的研究中所提及的诸如组织法、选举法等法律，现行宪法和《立法法》也均未对其效力作出特殊规定，既没有宪法性法律可以同宪法作为同等效力之审查依据的规范基础，也没有宪法性法律可以超脱于其他所谓"非宪法性法律"、形成效力高于其他法律之独立"宪法部门"的规范基础。因此，"宪法性法律"作为一个规范概念在我国是缺乏实证支撑的。这些法律的共同特征仅是在调控事项方面（如国家机关的组织、议事规则、职权行使，基本制度，国家象征等）相较于其他法律而言更加直接地同国家公权力关联，但是在制定主体、程序、形式等方面同其他法律并无区别，在性质上依然属于法律。我国的宪法形式与宪法治理模式区别于不成文宪法国家，应当正确认识宪法性法律的内涵及其性质，不宜贸然将其作为合宪性审查的依据、标准，而应当将其与其他法律一样纳入合宪性审查的对象范畴。

最后，对法律的合宪性审查还同国际条约的合宪性审查问题关联。在某些国家，宪法中对于国际条约的效力与适用有着清晰的规定，对应地关于条约的合宪性审查也相对明确。如《阿尔巴尼亚宪法》专章规定了国际条约在国内的性质

---

① 周叶中. 宪法 [M]. 上海：高等教育出版社，2000：110；喻中. 谈谈我国宪法的"实"与"名"[J]. 观察与思考，2001（2）：38-39；张庆福. 宪法学基本理论：上 [M]. 北京：社会科学文献出版社，2015：115-116.
② 蒋碧昆. 宪法学 [M]. 北京：中国政法大学出版社，1997：23.
③ 杨海坤，上官丕亮. 宪法法部门初探 [J]. 江苏社会科学，2001（1）：108.
④ 饶龙飞. 论违宪审查依据的范围——以宪法渊源为参照 [J]. 贵州警官职业学院学报，2015（1）：70-71.
⑤ 姚岳绒. 关于中国宪法渊源的再认识 [J]. 法学，2010（9）：129.

与适用条件:"经批准的国际条约在阿尔巴尼亚共和国官方公报上公告后,构成国内法律体系的一部分,具有直接拘束力",对应地在宪法法院一部也专门规定了宪法法院可以裁决"批准前的国际条约与宪法的一致性"[①]。但是在我国,一方面,宪法与《立法法》等对于中国缔结的国际条约是否构成国内法的一部分没有明确规定;另一方面,实践中原《中华人民共和国民法通则》(以下简称原《民法通则》)、《中华人民共和国外商投资法》(以下简称《外商投资法》)、《中华人民共和国民用航空法》(以下简称《民用航空法》)、《中华人民共和国海洋环境保护法》(以下简称《海洋环境保护法》)等多部法律都采用了"国际条约规定与本法规定不一致时,依据条约"的类似表达。所造成的后果是:对于国际条约在国内的适用形式和效力,理论界观点不一,并且不乏国际条约直接适用或纳入国内法适用的见解[②]。在此种情形下,国际条约与狭义的法律乃至宪法的关系就陷入了混乱的状态,对国际条约是否应当作为一种特殊的"法律"予以审查,也成为学界的一个争议点。本书主张:其一,我国缔结、参加的国际条约不等于我国的国内法律。"如果宪法规定条约就是国内的法律,那么条约从生效之日起,本身就具有了国内法的效力"[③]。但是,就我国实践而言,国际条约并非自然产生效力,而是或者通过国内法载明进行采纳,或者通过国内立法个别转化,也即需要特定程序才能发挥效力。其二,而积极履行国际条约义务所关联的不仅是国内法与国际条约的平衡,还可能涉及宪法的对应调整与变迁。既不能概然地主张国际条约一概高于国内法体系(包括宪法);也不能笼统地表明在任何情况下都需要用宪法文本考察国际条约。因此,国际条约不能也不应当被视作与国内法律具有同等性质、从而接受合宪性审查。其三,积极承担条约项下义务的较好方式是"制定、修改与国际条约相一致的国内法"[④],将对国际条约的合宪性审查转化为对全国人大及其常委会制定的法律的合宪性审查。

(二) 法律的合宪性审查机制同关联性机制的衔接

对法律的合宪性审查的健康展开需要同关联性机制进行合理衔接,该关联性机制主要指向的是普通的立法机制。对其进行衔接的必要性在于,如前所述,立法程序本身就具有确保法律合宪的功能,但是这种功能是辅助性的、附带性的,而非专门性的。然而由于我国合宪性审查程序与配套机制的不健全,通过立法程序对法律进行调适实际上几乎构成了我国对法律进行合宪性控制的全部,造成立

---

① 阿尔巴尼亚宪法第 122 条,131 条,载朱福惠. 世界各国宪法文本汇编:欧洲卷 [M]. 厦门:厦门大学出版社,2013:11 – 12.
② 陈寒枫,周卫国,蒋豪. 国际条约与国内法的关系及中国的实践 [J]. 政法论坛,2000 (2).
③ 刘永伟. 国际条约在中国适用新论 [J]. 法学家,2007 (2):144.
④ 张晓东. 也论国际条约在我国的适用 [J]. 法学评论,2001 (6):79.

第二章　全国人大及其常委会法律、所做的决定可否成为合宪性审查对象的学理分析

法程序与合宪性审查程序在理论上易于混淆。构建全国人大及其常委会制定法律的合宪性审查机制，应当从明确区分两种机制和促进两种机制衔接两个方面展开。

第一，应当在客观上区分我国既有的立法机制同合宪性审查机制的区别。既有的立法机制同合宪性审查机制的混同主要易于出现在两个方面：一是法律（草案）的审议环节与事前的合宪性审查机制混同；二是法律的修改、废止环节与事后的合宪性审查机制混同。本书主张，立法机制和合宪性审查机制的核心区别在于机制是否以专门作出宪法判断为目的。在立法程序中，全国人大及常委会并不是作为拥有"监督宪法实施"职权的机关行事，而是作为享有国家立法权的机关行事，因而对应的立法机制并不具有合宪性审查机制所要求的专门性。

就程序而言，在明确属于合宪性审查的事前审查程序中，往往由专门的机构以审查机构的名义、以是否合宪为目的作出判断。如法国宪法中对事前的审查专门规定，在法案提交公决之前，应当将其提交给宪法委员会决定其是否符合宪法[1]。而依据我国《宪法》和《立法法》的有关规定，在法律草案和修改案的审议上，对于列入全国人大或其常委会会议议程的法律案，宪法和法律委员会并没有明确的以合宪性审查为目的进行审议的环节。现行《立法法》的规定中，对于法律案审议的内容规定具有较大的弹性空间，一方面，事项规定外延较广，审议内容包含重大问题、专门性问题[2]等，从语词理解的角度，这些重大、专门性问题固然可以包含合宪性问题，但是由于并未专门规定法律出台须先进行合宪性论证，实际上难以确保全国人大及其常委会制定的诸多法律能够通过事前审议经受专门的合宪性审查。另一方面，法律案的审议程序一般分为三审，但是彼此间的分工模糊，有学者总结三审分别围绕立法必要性及重大问题、专业和焦点性问题、合法与技术问题[3]，但实践中三次审议分别针对哪些问题并没有明确的定论，也并未设置规范的合宪性问题讨论节点，甚至部分法律案的通过并不必然需要严格地经过三次审议程序[4]。就职权而言，普通立法程序所规定的职权同合宪性审查的职权并不能完全重合。如虽然全国人大常委会享有监督宪法实施的职权，对全国人大出台的法律也有修改权，但是前者并不能通过后者实现。依据现行宪法的规定，全国人大常委会要行使修改职权必须满足三个条件：一是全国人大闭会期间；二是限定为部分修改；三是以被修改法律的基本原则为限度。由此

---

[1] See Article 61 of France's Constitution of 1958 with Amendments through 2008 [EB/OL]. [2020-10-28] https://www.constituteproject.org/constitution/France_2008pdf?lang=en.
[2] 《立法法》(2015) 第21条、第26条、第29条。
[3] 尹中卿. 我国法律草案的审议程序 [J]. 吉林人大, 2002 (5): 33-34.
[4] 《立法法》(2015) 第30条。

可见，全国人大常委会并不具备通过行使立法权中的修改职能达成监督权中"合宪性审查"的正当性。就判断基准而言，无论是法律草案的审议还是法律的事后修改、废止、解释，对法律的评价并非单一的宪法评价，而是具有显著的综合性，其广泛地包含了立法的原因、立法精神、同政策的适应性、合理性等。在处理结果上，宪法和法律委员会提出的建议不仅包括是否合宪、合法、合理，还包括对条款修正、增补、删减的具体建议①。而在合宪性审查机制中，审查主体基于尊重国家立法权的立场，仅对审查对象是否合宪作出肯定或否定的判断，而不涉及具体的立法、修法意见。同时，由于宪法和法律委员会的性质不是名义上的立法主体也不是合宪性审查的主体，其审议意见并不具有强制性与终局性，即使提出合宪性问题，也未必能够被采纳。

第二，应当充分发挥宪法和法律委员会的作用，以普通立法程序作为合宪性审查程序的辅助、补充机制。在我国当前的法治背景下，面临实践中客观存在的法律合宪性争议，以普通立法机制为起点展开，部分地补充合宪性审查机制中"预防"与"纠正"的机能具备必要性与可行性。必要性在于，现行《宪法》与《立法法》中，法律的合宪性审查仅停留于理论建议与解读层面，法律的合宪性审查面临依据不完善、程序不完备、实效性不足的诸多困境。但是，对于法律的备案审查规定则是模糊的，《立法法》中的撤销权并不能完备地覆盖全国人大及其常委会制定的一切法律。那么立法程序中的自我控制环节即成为当前规定下相对直接、快速、成本较低的合宪性控制机制。可行性在于，首先，立法程序中相关审议、讨论标准的弹性，构成了合宪性控制的空间。在法律案的审议、修改过程中，虽没有明确、固定的合宪性审查程序，但是合宪性问题无疑可以被解释为法律案讨论过程中的"重大问题"与"专门性问题"，立法程序并不排斥对法律合宪性的考察。其次，法律立法程序中诸项讨论最终决定权归属于全国人大及其常委会，符合我国现有的制度安排，综合宪法和法律委员会的专业优势，有能力对法律的合宪性问题作出一定处理。最后，全面推进依法治国是我国重要的法治目标，依宪治国是其首要要求，依宪立法则是依宪治国的应有之义。立法程序必然需要检视立法在形式与实质上是否"于宪有据"。根据中共十八届四中全会《关于全面推进依法治国若干重大问题的决定》，每一项立法都必须符合宪法精神，在立法程序中进行合宪性控制，符合我国依法治国政策的要求。

---

① 例如，在《中华人民共和国公职人员政务处分法（草案）》的审议中，宪法和法律委员会根据中央纪律委员会、国家监察委员会有关文件的精神在草案二次审议稿第59条的基础上建议增加了一条并拟定了具体的立法建议。详见全国人大宪法和法律委员会关于《中华人民共和国公职人员政务处分法（草案）》审议结果的报告[J].中华人民共和国全国人民代表大会常务委员会公报，2020（3）：533.

但是同时，如前所述，立法机制与合宪性机制存在诸多区别，决定了如果囿于现状，单一地依靠立法自觉控制法律的合宪性，将难以确保宪法实施的正常运行，也无法对现实中即时产生的对法律的合宪性质疑进行高效反馈处理，长此以往必然有损宪法权威。完善法律合宪性审查的配套机制，消弭将法律纳入合宪性审查对象的障碍，应主要从如下两个方面进行：首先，配合法律委员会更名为宪法和法律委员会，明确该专门委员会的性质与职责。在法律委员会尚未更名时，许多宪法文件与理论研究中均对专门委员会的性质作出过认定，多主张其虽是全国人大的组成部分，却并不能构成独立的机关。在2018年《宪法》修改后，有学者提出应当将宪法和法律委员会视为"宪法设立的国家机关"①，关于更名后宪法和法律委员会的性质，目前尚无明确的规定。这无疑影响了《全国人民代表大会组织法》中原属于法律委员会职责以及全国人大常委会通过决定增加的"推进合宪性审查"职责的发挥，更进一步造成了合宪性审查体制的争议。因此应当明确宪法和法律委员会属于全国人大工作机关的地位，以全国人大的权威性为依托展开合宪性审查工作，并在此基础上考察宪法和法律委员会审查建议的采纳、回应机制。其次，在实证法层次对法律的合宪性审查机制予以完善。在审查依据上，对《宪法》和《立法法》的相关条款进行调适，将法律纳入合宪性审查的对象范围。在审查程序上，可以通过添加草案、修改案等法律案审议程序中的合宪性说明机制，加强合宪性审查与立法程序的协作。只有具备了上述基本的制度平台，才易于对法律合宪性审查的其他方面，诸如审查基准、启动程序等进一步的展开。

二、全国人大及其常委会决定作为合宪性审查对象对合宪性审查机制的影响

（一）全国人大及其常委会决定纳入合宪性审查对象的主要机制问题

从概括、理论的意义上说，全国人大及其常委会所作出的决定应当纳入合宪性审查对象的范围，但是，从实践操作的角度考察，对全国人大及其常委会决定的合宪性审查还存在如下细节性问题。

第一，全国人大及其常委会作出的决定类型多样，其中部分决定从其关涉的职权类型、内容体例和实证状况来看，可以说是几乎不存在不合宪的可能性。还有一部分则可以通过其他宪法责任追究机制获得合宪性控制。上述决定的诸种实证样态中，诸如人事任免、对国家计划的审查、对其他国家机关的监督等，进入

---

① 郑贤君. 论宪法和法律委员会双重合宪秩序维护之责——兼议法律案审查与法规备案审查之差异［J］. 辽宁师范大学学报（社会科学版），2020（4）：14.

合宪性审查程序的可能性相对较小。其原因在于，全国人大及其常委会所作出的这部分决定，往往属于宪法明文规定的职权，区别于依托兜底条款的重大事项决定，其行使职权的宪法基础较为稳固。在内容和程序上，由于并不直接涉及国家与公民法律关系之规制以及同其他国家机关的实质关系，也难以出现明确不合宪的情形。足以通过人大的自我调控功能、民主协商程序完成自我调控。因此，从理论方面，合宪性审查制度覆盖了这一部分决定；而从实践方面，该制度在这一部分决定的领域则处于"沉睡"的状态。

第二，基于全国人大及其常委会所作决定的复杂性，其中部分决定在性质上存在争议，使其同我国既有的规范形式发生交汇，产生合宪性审查启动和进行的困境。易于产生该类问题的决定包括三种类别，一是有关国际条约签订与批准的决定；二是同历史遗留问题具有关联性的决定；三是与法律密切关联的一系列决定。其中，有关国际条约的签订与批准，往往同国际条约与国内法律体系的交融存在内在逻辑关系。当经过批准的国际条约中部分条款面临不合宪的质疑时，对应的批准决定作为国际条约国内效力的源泉，则将处于尴尬地位。同历史遗留问题具有关联性的决定，主要是指有关宪法修改的决议。我国宪法修改的形式已由决议过渡为修正案，修改宪法的决定（决议）属于历史遗留问题。但是，由于目前我国宪法对于宪法修改的形式并未作出明确规定，宪法修改决议与宪法修正案修改均属于长期形成的宪法惯例，在我国的法治形式中发挥着柔性规范的作用，不具有刚性的拘束力。因此，并不能断言决定（决议）形式在今后的宪法修改实践中绝迹。此类历史上存在的决议在性质上既属于全国人大的决定，也属于宪法修改性质的文件。作为一项具有双重形式属性的法律文本，围绕此类决议的合宪性审查势必会牵扯宪法修改的性质及其同先前宪法文本之间的关联性。而对于宪法修改本身是否应当接受合宪性检视亦是一项争议颇多的话题，本书将在第三章进一步展开。与法律密切关联的一系列决定类型则较为复杂，包括修改现行法律的决定、授权立法决定等，学界对此称呼不一，广泛包含立法决定、准法律决定、抽象法命题决定[①]等。这些决定的共同特征在于，从全国人大及其常委会的职权行使方式角度严格分析，其并不明确属于人大职权中的立法权，或者属于非典型的立法权行使方式，但又具有厘定抽象法律关系的功能。这些决定中，有的是在没有先期规定的情况下，创设新的职权或者权利义务关系、作出授权等；有的是在既有法律的基础上，对其作出拓展性的说明、补充乃至改变；有的则是明确以决定形式行使广义上的立法职权，如修改某部法律、废止某些规范的决定。该类决定在纳入合宪性审查的对象时，将面临如下困境。

---

① 陈鹏. 全国人大常委会"抽象法命题决定"的性质与适用 [J]. 现代法学，2016 (1)：63.

第二章　全国人大及其常委会法律、所做的决定可否成为合宪性审查对象的学理分析

其一，此类决定的性质存在争议。具有法命题意义的人大及其常委会决定，扩充、改变了现有法律规范构造的格局，但并无实证层面的规制要求其必须遵循立法程序作出，那么，其在性质上是否属于法律？若在实质意义上认定其性质属于法律、发挥法律之效力，那么恐将面临程序不正当的质疑；若认为其只是一种形式意义上的"法"，又将难以解释此类决定的实效。两者都将导致在讨论此类决定是否应当作为合宪性审查对象时，将决定与法律混同，形成两者间的结构复合。其二，如果此类决定需要接受合宪性审查，将带来法律体系的系统性变动。如前所述，这类规范确实在某种程度上拓展、细化了狭义法律所确立的既定制度体系，乃至对其进行了改变和调整。因此，其同全国人大及其常委会的立法以及法律的合宪性审查存在密切关联。总之，即便已经在理论上整体论证了全国人大及其常委会决定接受合宪性审查之必要，针对不同类型的决定，依然需要在制度准入的口径、程序衔接、审查标准等多方面进行综合处理，否则将动摇决定接受合宪性审查的正当性与必要性基础。

（二）全国人大及其常委会决定合宪性审查的机制与衔接

在明确并非所有全国人大及其常委会的决定都必然需要通过合宪性审查机制予以监督的前提下，明确决定的合宪性审查机制的具体运作以及与其他机制的协同、衔接路径是对决定进行类型化处理的一种有效方式。在我国目前业已建构了框架并积累了一定时间经验的备案审查制度中，进入合宪性审查程序之前，须以合法性审查作为必要的过滤机制①，然而其显然并不适用于决定的合宪性审查场合。盖因全国人大及其常委会的决定本身不是狭义法律的下位规范，严格来说其上位规范仅有单一的宪法。但同时，如果不加考辨地将已经发布的决定中所存在的一切瑕疵付诸宪法，强行将决定的合宪性审查路径与当前的备案审查制度同一化，势必将造成合宪性审查被过于频繁地启动，不利于我国宪法治理格局的稳定。故应当以做好协调、衔接工作为主视角，逐步将全国人大及其常委会的决定合乎逻辑地导入合宪性审查对象的范围之中。

首先，许多决定存在的性质模糊、效力不定的问题，其背后大部分是历史原因，对其本身是否需要在宪法的监督下存续还是将此类形式废止，需要进一步讨论。在中华人民共和国成立初期，偏于狭窄的立法权主体范围与新兴社会关系大量涌现的客观状况之间存在张力。同时，在宜粗不宜细的立法理念下，立法资源供给与执法、司法的实际需求不能匹配。因此，单一制国家理念下具有复合权力的全国人大及其常委会采用法律以外的方式协助调整社会关系、为规范谨慎的立

---

① 全国人大常委会法制工作委员会法规备案审查室.《法规、司法解释备案审查工作办法》导读[M]. 北京：中国民主法制出版社，2020：99.

法做好事前积累与准备是较为妥当的举措。当前全国人大及其常委会的决定格局，或多或少都是受到了这种实用主义思维的影响。但在即使是法治原则愈发重要的现在，此类决定亦不适宜全然抛弃，尤其是在重大事项面临改革探索期时，对应的试点需要全国人大及其常委会的授权与指导，而这些事项并不具备以法律形式出台的成熟条件，决定的作用也就因而彰显。但是，在宪法层面提供决定权力源头、有效期间等方面的框架性限制是必要的。

其次，对于同国际条约、法律等其他规范形式具有密切逻辑关联性的决定，其合宪性审查应当相互联动。就国际条约而言，往往并不会发生同宪法整体抵触之现象，并且在其中的条款同宪法发生不相适应的情形时，其处理方式同国内法不尽相同。对于暂时不能适应我国宪法和国内法治体系的条约、公约条款，可以选择申明保留、亦可以通过调整以宪法为首的国内法系统，待批准条件相对成熟后再行批准。因此，在面临国际条约中条款同宪法不一致的情形时，势必关联到国际条约的批准决定，但亦不宜直接对其展开合宪性审查，应当更多意义地从人大决定、法律的审查等多个程序的协调角度作出处理。就法律而言，当法律的某项条款经受合宪性质疑，而同时该项条款是经由全国人大及其常委会的修改决定所确立时，就需要同时对该项决定的合宪性进行考辨，反之亦然。

最后，对决定展开规范化、制度化的审查需要厘清并梳理不同类型决定的特征与适用状况。在决定面临宪法基础不稳固的局面时，启动合宪性审查程序并非首选之道，需要依据决定的具体情况，以不同手段进行处理，力求将决定的合宪性控制与审查程序、立法程序等有机关联，避免控制方法的单一化。全国人大及其常委会决定的宪法基础动摇，可能存在如下几个缘由的区分：（1）历史上作出的决定由于产生了新的立法，不再适应当前的规范格局，但又未被明确废止。（2）由于决定所授权的内容是既有法律体系中没有出现过的新兴事项，在宪法对应国家机关职权中也没有明确的授权，作为授权主体的全国人大及其常委会是否具有对应的宪法职权存在争议，造成权力来源的合宪性不稳定。（3）决定内容本身存在明确与宪法抵触的情形，如侵害了公民的基本权利。其中，前两种较为常见。对于此类决定，如果放任自流、令其依然有效，就会造成一项合宪性基础不稳固、效力层级较高的规则继续存在于法治体系中，对于宪法确立的制度框架显然是有害的。但如果直接启动合宪性审查程序，若得出不合宪的结论，从根源上相关规范就应当归于无效。那么基于此决定所构造的诸如经济特区地方立法或者被授权的地方所施行的特别制度等，都将全面地失去合法性支撑，成为"无源之水"，这同改革与法治的初衷均是背道而驰的。因此，一方面应当采用与法律类同的事前审查路径，将合宪性审议作为议事规则中作出决定的必经程序，要求对其是否合宪作出说明，尽可能规避伤害大、成本高的事后审查；另一方面，也应当积极通过补充授权、修改法律乃至宪法的方式为存在瑕疵但不构成

第二章 全国人大及其常委会法律、所做的决定可否成为合宪性审查对象的学理分析

严重不合宪的决定提供合宪性"补充"。但需要特别注意的是，全国人大及其常委会作出的具有规范功能的决定，包括修改法律、解释法律、补充法律、授权的决定等，其固然可以通过事后修改《立法法》等法律进行"追认"、通过全国人大的授权进行补正，但是均非常态性的解决方式，也不能对宪法层面的问题产生直接回应。因此，部分决定（决议）纳入合宪性审查的范畴依然是必需的。在产生合宪性争议时，对于没有被及时纠正的决定，由审查机关作出对应判断。这样既能将全国人大及其常委会职权范畴的判断和解释纳入规范化、技术化的法治格局，也能防止决定以一种理论上正当性模糊的状态持续存在，损及宪法权威。

本章小结

从横向对比的角度观察，主要国家的合宪性审查对象主要是法律。但是，在我国的宪制框架下，全国人大及其常委会的立法、决定并没有被作为合宪性审查的对象被明确写入规范体系。依据人民主权原则、民主集中制到人民代表大会制度的发展逻辑，以及宪法文本的职权性规定，全国人大及其常委会在性质上属于最高国家权力机关及其常设机关，其权力的行使不是绝对的、无界限的，而是需要以宪法为限制。在我国现行的体制下，全国人大及其常委会的立法和决定都有不合宪的可能性。在改革与法治关系紧张化的转轨时期，应当实质性贯彻"重大改革于法有据"的理念，将法律与决定纳入合宪性审查的轨道，防范一元两级多层次的立法体制下全国人大及其常委会制定的规范不合宪对法制系统造成破坏的风险。在这一过程中，应当关注法律合宪性审查同立法程序的区别与合作、决定的类型化考察等衔接问题，确保合宪性审查机制的健康运作。

第三章 宪法修改、宪法解释可否成为合宪性审查对象的学理分析

宪法解释与宪法修改是我国宪法运行的两项重要手段,它们同合宪性审查之间的关系是框定合宪性审查对象范围时一个必须面对的理论问题。只有区分宪法解释与宪法修改发挥作用的场域,推动宪法运行技术与合宪性审查之间的良性互动,才能实现宪法机动面向与稳固面向的整合。

第一节 宪法修改、宪法解释可否成为合宪性审查对象的理论争议

宪法修改具有广义与狭义的不同概念指向,广义的宪法修改依据学界理解方式以及不同国家宪治体系的分化,包含了通过立法、宪法解释、宪法惯例或者文本语义的变化促使宪法含义发生实际改变的情形[①],本书将其统称为宪法变迁。本书所指的宪法修改,在我国的宪法框架下专指狭义上宪法规定的有权国家机关依照特定的程序对宪法文本进行调整、增减的活动以及由此产生的对应规范文本如决议、修正案等。相较于宪法修改而言,宪法解释的概念则更加复杂,其实践范畴也存在诸多争议。总体来说,宪法修改和宪法解释均存在静态与动态的面向,静态的概念主要指经由修改和解释活动而形成的对应规范结果;动态的概念既包含由此形成的规范结果,还广泛囊括了提请修改和解释的动议、修正案与解释案的起草、审议、公布等一系列法定程序的运行过程。动态角度的宪法修改与解释牵扯的条线较为复杂,且易于同其他类型规范的分析产生不必要的重复。有鉴于此,本部分拟从静态角度为逻辑基点,探讨宪法修改与宪法解释在我国法治环境下的具体内涵、表现形式以及对应的本土性理论支撑,并考察该二者是否适宜纳入合宪性审查的对象范围。

---

① 秦前红.宪法变迁论[M].武汉:武汉大学出版社,2002:137-167;豆星星.修宪制度研究[M].成都:西南交通大学出版社,2009:1.

第三章　宪法修改、宪法解释可否成为合宪性审查对象的学理分析

一、宪法修改可否成为合宪性审查对象的理论争议

（一）制宪权的概念源流及内在含义

有关宪法修改而产生的修正案、决议等相关规范文本是否应当作为合宪性审查的对象，学界对此虽然缺乏集中性、专门性的研究，但是不同学者有关制宪权、修宪权相关理论的考辨，从而衍生出的宪法修改限制的争议，实际上已经形成了对宪法修改可审查性不同立场的理论基础。

"制宪权"，从字面意义上来看，为制定宪法的权力。对制宪权来源、性质、内涵的不同理解，将结构性地影响对宪法制定和宪法修改的理解，进而对以宪法修正案为代表的宪法修改类文件是否应当接受合宪性检视产生不同结论。其并非一个本土化的概念，对制宪权的概念源流与内涵考察需要将视野扩展到国外宪治理论的发展之中。

早在自由主义思想发源时，虽然没有明确提出制宪权的概念，但是已有思想家提出了与制宪权概念类同的特殊立法权力，它具有如下三个方面的特征：一是来源于参加共同体之公众的一致意愿，因而神圣且不可变更，具有最高性与不可让渡性；二是以参与共同体之公众愿意交出的权力为限度；三是以为人民谋福利为最终、唯一目的①。但是，此时的权力类型依然以"立法权"指代，并没有将制定具有高级性的社会统一规范和其他一般社会规范的权力区别开来。法国政治理论家西耶斯在《论特权 第三等级是什么？》一书中，较为系统地提出了"制宪权"（pouvoir constituant）的概念。其内涵包括如下几个层面：其一，制宪权的享有主体是国民，"唯有国民拥有制宪权"，他们可以为了自身的共同利益表达意志。其二，制宪权的行使方式可以是通过选举代表以代议的形式展开。这一点是对卢梭所提出的公意表达理论的现实发展。在主张社会契约论的卢梭眼中，公意的表达是难以通过代表来完成的，"就其本性而言，必须要有全体一致的同意"②，这种倾向于直接民主的方式在多数国家中是难以实现的。西耶斯将国民委托行使制宪权的代表视作"特别代表"，他们行使的不是全部的国民意志，而是最为核心的专门权力，独立于宪法组织之外，也区别于负担一般国家治理任务的"普通代表"③。其三，制宪权派生出了其他宪定权，是一种至高的、原初的权力。制宪权实际上只受到自然法的限制，它不可能被一项已经先于其而存在的实定规则限制。正是由于国民通过制宪权的行使将共同合意固定成宪法，才有了由宪法产生的诸如立法、执行等其他权力。因此，制宪权是始源性的，立法权等

---

① [英]洛克. 政府论（下篇）[M]. 叶启芳等译. 北京：商务印书馆，2017：83-90.
② [法]卢梭. 社会契约论[M]. 何兆武译. 北京：商务印书馆，2016：135.
③ [法]西耶斯. 论特权 第三等级是什么？[M]. 冯棠译. 北京：商务印书馆，1991：57-63.

其他国家权力是派生性的。该观点具有深远的影响，至今依然有国外学者表明，制宪权是一种"非法地"将一种宪法模式替换为另一种宪法模式的"能力"而非规范化的"权力"①。其后，德国学者施密特发展了西耶斯的制宪权学说，对制宪权内涵中的主体、行使方式等都作出了变革。施密特同西耶斯的共同点在于，认可制宪权至高性和原初性，并且主张它不能被任何先决的程序而率先决定如何动用。而施密特与西耶斯的不同点在于，主体方面，施密特主张制宪权的主体不一定总是国民，它不是一个"应当归属于何者"的问题，而是一个"实际归属于何者"的问题。在施密特的理论视野中，制宪权的实质主体是变动的，从中世纪的上帝②到西耶斯理论下的人民、民族，再到王朝复辟时的国王。概括来说就是当下能够意识到自身政治特性、有自身政治意志的存在③。在行使方式上，施密特主张"明确地表达其直接的总体意志"，从而作出全盘的、统一的政治决断。表达这种意志的方法只是自然的聚集并且对根本抉择作出赞成或否定的直接附和，近代民主国家的议决、投票等议会程序是为了辅助人民决断表达而发展出来的有关组织和程序的特定惯例④。

　　总之，无论是西耶斯还是施密特，其制宪权理论的产生都有着契合当时时代环境和社会现实的色彩，相关理论引入我国后，不少学者对其理论进行了本土化的继承，形成了具有中国经验的制宪权观点。其中，由于研究视角的差异，形成了对制宪权的不同学理认识。不同派别存在一定共性，即均认定制宪权之归属为人民，而人民可以通过代表行使这一权力。但是就人民行使制宪权的具体展开方面，则存在较大差异，这种差异将进一步影响对宪法修改行为的认定。

　　就人民行使制宪权的代表而言，存在中共中央说、全国人大说、制宪会议说的区别。中共中央说主张，人民行使制宪权时，由于不能亲自出场，因此他们委派了"特别代表"以表达共同意愿。从中国的历史发展和革命现实考察，人民在创造现今的中华人民共和国的过程中，团结在中国共产党周围，而党的意志由中共中央予以落实，它区别于全国人大，因为党与中共中央并非由宪法规定和创造，而只是通过宪法进行了确认。它先于宪法而存在，才成为人民的"特别代表"⑤。全国人大说主张，制宪权由全国人大行使，全国人大属于一种常在的制宪机关。制宪会议说则主张，制宪权不属于当前常在的国家机关，从历史角度考

---

① See Oran Doyle, Populist Constitutionalism and constituent [J]. German Law Journal, 2019 (20)：180.
② 中世纪时并无近现代意义上的宪法，此处施密特主要是指实质上的决断权柄是来自上帝、来自非世俗化的神学。
③ [德] 卡尔·施密特. 宪法学说 [M]. 刘锋译. 上海：上海人民出版社，2016：119-124.
④ [德] 卡尔·施密特. 宪法学说 [M]. 刘锋译. 上海：上海人民出版社，2016：125-131.
⑤ 陈端洪. 制宪权与根本法 [M]. 北京：中国法制出版社，2010：24.

第三章　宪法修改、宪法解释可否成为合宪性审查对象的学理分析

察，中国人民政治协商会议第一届全体会议制定《共同纲领》的过程，才是制宪过程，即使稍微放宽标准，将1954年《宪法》视作第一部正式宪法，那么对应的，全国人大第一次会议才是对应的制宪机关。其后的全国人大只能修改宪法而不能"再制定"宪法①。

就代表的存续方式而言，则存在常在说和非常在说的区别。常在说主张，制宪权是一项可以被反复使用的权力，中国的立宪时刻不是一次性的、唯一的，人民的立宪过程受到政治因素的主要影响，从暴力革命完成，达成救亡立国之目的后，革命依然在社会领域继续，宪法权威并未通过中华人民共和国成立时的一系列成文规范真正树立，直到1982年《宪法》的颁布实施，这种立宪过程才阶段性地结束②。非常在说主张，制宪权是一项一次性权力，一经使用就进入停止或者冻结状态，不宜反复地进入国家的日常法治治理活动中。该说法存在不同的论证思路，如前文在人民行使制宪权之代表问题上主张制宪会议说的学者将制宪权的行使限于限期存在、一旦完成使命便宣告解散并且难以再次组建的主体时，便阻却了在同一宪法体制下制宪权未来再被使用的路径。通过现行宪法中仅规定了全国人大的修宪权与立法权可以证明，现行的宪法框架并不支持制宪权的再行使。而在部分政治宪法学者的研究视域下，制宪权行使是将原初的由人民意志正当性组成的政治权威传递给宪法典，这也是宪法高级性的来源，因此，成文宪法一旦出现，它就从人民的名义处获得了这种原初的权威，任何再行的制宪活动都是对现行秩序权威的挑战③。

就制宪权的限制而言，存在限制说与无限说的区别。在国外的制宪权理论中，这也构成了西耶斯和施密特理论的一个重要分歧④。无限说主张，制宪权表现为先于宪法、超越任何现存秩序之上的"力"，那么其先在的行使就是国家创制的原初姿态，凌驾于一切由其派生出的规则之上。这种说法主要是受到施密特的决断说以及政治宪法学的研究方法影响。有限说则吸纳了日本学者芦部信喜对制宪权理论的发展，主张尽管制宪权在某种意义上超越了实定法，成为游走于规范秩序边界的权力，但是其不是绝对的。制宪权的至高性来源于实质执掌它的主体——人民的公意，但是这种公意一旦被抽象化和形而上化，就自然会有无度膨胀的危险。因此制宪权应当正视其自身的来源，从而受到产生它的人民主权、人

---

① 童之伟.立法"根据宪法"无可非议——评"全国人大立法不宜根据宪法说"[J].中国法学，2007（1）：23.
② 李忠夏.从制宪权角度透视新中国宪法的发展[J].中外法学，2014，26（3）：624-625.
③ 柴华.为什么成文宪法排斥常在的制宪机关？——兼论全国人大不是我国常在的制宪机关[J].法制与社会发展，2017（3）：100-101.
④ 西耶斯主张制宪权应当是受到限制的，它会不可避免地受到自然法的影响；而施密特则主张制宪权作为一种终极性的决断权力是不受任何限制的，其可以传达主体的一切意志。

的尊严等构成社会契约的诸项根源规范、基本原则的客观限制,否则便是毁灭了自身赖以存在的根基,陷入理论悖论①。

上述对制宪权认识的差别,至少会在评价宪法修改活动时产生如下三个方面的影响:其一,"宪法修改"概念本身是否有独立存在的价值,它是否是常态制宪权存在下的一个悖论;其二,宪法修改的内在性质同制宪权之间是属同源还是存在差异;其三,宪法的修改是否有能够辨识的边界。

(二) 制宪权与修宪权关系的理论考辨

由于对制宪权的基础认知存在分化,学界对全国人大所享有的"修改宪法"的权力,也即修宪权的认知,也同样存在不同的理论观点。以制宪权与修宪权的关系考辨为肇始,到修宪权是否应当受到限制,如果应受限制又应当受到何种限制,形成了如下的立场分野。

一种立场是,主张制宪权和修宪权有同质化的特征。该种立场下有学者直接默认全国人大修改宪法是行使制宪权的一种表现②,将修宪权的行使视作制宪权的行使。此立场下还有一种观点,即虽然不将修宪权与制宪权完全等同,在一定程度上存在区别,但是主张两者同源、性质也具有趋同性,在国家从"立宪时刻"进入常态宪法存在的时期以后,行使修宪权本质上也是在行使制宪性质的权力③。该立场的论证思路主要包括:其一,从主体上看,尽管修宪权的行使主体是宪法设定的国家机关,但是并不代表着国家机关就是修宪权的权力主体。修宪权在权力主体方面同制宪权一致,均是人民。其二,从内容性质上看,制宪权与修宪权指向的均是宪法文本,这是人民的共同利益和意志的表现④,如果要对这种表现进行调整,至少也需要同种性质和效力的权力。其三,从程序上看,许多国家在宪法中规定了同一性的制宪与修宪程序,因此两者的同质化是具有制度基础的。持此立场时,修宪权的界限问题就被转化为了制宪权的界限问题。而产生了前述受到某些原初规则限制抑或完全无限制的分歧。如果将宪法修改视作一种和宪法制定相同的超然制度,在人民主权全能的前提下,修改与创设并无规范意义上的区别。宪法修改以"变"为目的,若将其纳入合宪性审查程序,那么其本身所具有的"不合宪"要素将使宪法修改被审查制度阻却,难以为继。

---

① 林来梵. 宪法学讲义 [M]. 北京: 清华大学出版社, 2018: 103-104.
② 如肖蔚云教授曾认为全国人大"行使更加重要的制宪权,制定和修改宪法",实际暗含了将制宪权与修宪权不作区分的主张。肖蔚云. 关于新中国的制宪权 [J]. 中国法学, 1984 (1): 41.
③ 如陈端洪教授认为,制宪权虽然常在,但是修宪权的概念具有规范上的意义,是宪定权有限吸纳制宪权的表现。陈端洪. 制宪权与根本法 [M]. 北京: 中国法制出版社, 2010: 33.
④ 亦有早期观点受到苏联宪法学理论的影响,认为宪法文本是"掌握国家政权的阶级意志"的体现,但是这种观点亦主张人民就是构成这个阶级的主体,因此与后期的人民公意说具有相似的内涵。张庆福,王文彤. 简析宪法修改的两种学说 [J]. 法学研究, 1995 (4): 11.

故有学者指出宪法修改本质上不可能属于合宪性审查的对象,而是具有独立性。但是,在以制宪权本身就具有界限的前提下,修宪权即使被辨识为"创制"活动,也同样存在边界的限定,也就是修宪权和制宪权共同存在的基础——由以产生他们的以人的尊严为中心的自然法。在这种情形下,宪法修改至少具备了一定接受审查的空间,但是,如何界定自然法的范畴、审查标准、审查权限等问题成为该理论所面临的新难题。

另一种立场是,主张制宪权和修宪权应当区别对待,二者能够在性质上完全区分。持此立场的学者主张,制宪权不是一种常在性的权力,修宪权在"位阶"上低于制宪权①。该立场主要从权力来源上立论,主张能够区别制宪权与修宪权的性质。虽然制宪权与修宪权的主体均为人民,但是综合参考西耶斯和施密特的理论,在性质上它们分属原生、自主形成的权力以及依托宪法规定产生的派生权力,修宪权在存在形式上属于"制度化的制宪权"②,两者不可混为一谈。在这种立场下,修宪权是独立于制宪权的。但是,即使是在对修宪权与制宪权作出区分的观点中,修宪权的行使也并不必然同有界限说相互关联。主张修宪权行使存在界限的学者认为,修宪权存在实质性的约束,这种约束体现在客观的政治现实中,"修宪并没有法的界限,只不过国民的政治意志存在界限而已"③。也有学者主张,宪法的实证规范就可以体现出修宪权的界限。宪法修改应当受到的约束包括:其一,保持宪法体系的连续统一、发展合理;其二,宪法规范内部存在价值序列,修改应当遵守宪法关于禁止修改内容与期限的规定、恪守宪法的核心秩序原则、不可变更修宪条款的核心内容等④。尽管有关宪法修改边界的观点并不限于上述两点,但持此立场的学者普遍主张,不应当简单地将宪法排除出审查范围,宪法修改是否触及其边界禁区需要由权威机构作出说明。部分学者甚至将修宪权的界限作为其固有的一种属性,作为论证其应当同制宪权区别开来的依据。该立场中又延伸出一种"半审查对象说"的特殊主张,认为"对宪法修正案本身不能够进行监督"的见解过于表面化,但在接受审查的同时,宪法修正案一旦具有法律效力,就同宪法典一样,必须作为审查依据而非审查的对象⑤。在支持宪法修改界限的立场中,也同样存在不支持将宪法修改纳入合宪性审查范围的立场,可见宪法修改的界限性同宪法上的可审查性在理论上未必是严格关联的关系。有学者指出,作出"不符合宪法的修正案实施后被作为错误的宪法判断依

---

① 朱炜. 制宪权三论 [J]. 浙江学刊, 2003 (1): 186.
② 杜强强. 论宪法修改程序 [M]. 北京: 中国人民大学出版社, 2008: 195.
③ [日] 芦部信喜. 制宪权 [M]. 王贵松译. 北京: 中国政法大学出版社, 2012: 96.
④ 韩大元. 试论宪法修改权的性质与界限 [J]. 法学家, 2003 (5): 14 - 16.
⑤ 刘嗣元. 宪政秩序的维护: 宪法监督的理论与实践 [M]. 武汉: 武汉出版社, 2001: 123 - 124.

据"这样的假设没有意义。首先，归根结底，审查机关的行为依旧受到主权的真正享有者——人民的监督；其次，我们在构造这种制度框架时，就假定了审查机关对宪法的正确理解与运用，否则"这个问题可以无穷无尽地追究下去"①。

主张修宪权行使不存在界限的学者的观点，大致呈现出三种逻辑面向：其一，理论上的自然法标准、国民意志标准、人民主权标准等，都是较为模糊、抽象的概括，要在成文宪法中对其进行精确的定义和技术化的规范不具有可操作性。其二，宪法中的规则没有位阶之分，在理论上假设某些条款具有核心效力、而其他条款仅有一般效力缺乏正当性依据和相对客观的标准，易于陷入理论的争辩和纠缠中。其三，虽然实证上，部分国家的宪法中规定了不可修改的条款，但是这部分条款中部分只是一种"政治宣示"，用以表达国家在有关主权方面的根本立场，另外一部分具有高度的抽象性、原则性，只能由修宪权的享有主体——人民进行解读，在此情形下，不存在可以监督人民集体判断的更权威主体②。其四，即便宪法中存在较为明确、清晰的限制性规定，其未必能够发挥实质拘束功能，因为修宪者完全可以依据修宪时的时代需求改变和排除这些规定。

综上所述，在有关宪法修改是否应当接受我国合宪性审查的问题上，形成如下不同的理论逻辑：第一，将宪法修改与宪法制定等同，但认为修宪和制宪同样应当受到限制，依据该限制是否应当通过宪法文本规定实现还是停留于人民制宪时的群体自觉，形成对宪法修改是否应当作为合宪性审查对象的不同观点。第二，将宪法修改与宪法制定区别，并对宪法修改的界限问题给予单独评价。依据宪法修改权的行使方式、同当前实证宪法规范的关系与审查可操作性的不同要素，形成对宪法修改可审查性的不同分析理路。

二、宪法解释可否成为合宪性审查对象的理论争议

宪法解释作为合宪性审查对象适格性面临的理论争议同宪法修改具有近似性，两者均是宪法运作过程中确保宪法规范适应社会现实的基本手段，和宪法文本的相关性最高，同时又会涉及对宪法文本的调整和改变。因为同宪法文本发生了实质性关联，而产生了概念性质认定方面的争议，从而造成宪法解释处于宪法本身构成要素与合宪性审查对象两个范畴的边界。要厘清宪法解释作为合宪性审查对象的适格性，首先必须明确我国实证规范基础上，宪法解释的概念及其与关联性范畴之间的逻辑关系，从而对其性质和效力展开辨析。

---

① 胡锦光. 中国宪法问题研究 [M]. 上海：新华出版社，1998：227.
② 陈斯彬. 试论制宪权和修宪权的同质性 [J]. 华侨大学学报（哲学社会科学版），2007（1）：57-58.

第三章 宪法修改、宪法解释可否成为合宪性审查对象的学理分析

(一) 宪法解释与关联性范畴的理论辨析

宪法解释的概念具有广义与狭义之分,依据理解方式的不同还可能同一般的宪法理解、合宪性解释等其他概念发生混淆。狭义的宪法解释指有权限的国家机关在一定原则和方法的指导下,按照宪法、法律规定的程序,对宪法条文的具体内涵进行权威性的说明。广义的宪法解释强调其行为内容和目的,仅关注对宪法规范含义作出说明、对宪法的原则精神进行理解的活动本身,而并不限定宪法解释的主体。在这种视角下,宪法解释的主体不仅可以指向宪法明确规定有权解释宪法的国家机关,还可以指向未被宪法授权的国家机关,甚至包括社会组织和公民个人。在对宪法解释的分类中,所谓无权解释、学理解释的类别划分,即是在广义宪法解释的概念思路下展开的划分。在广义宪法解释的思维下,产生的一个概念上的重要争议就是宪法解释与合宪性解释之间的概念划分,由于合宪性解释的概念认知本身也存在分化,在两套概念体系发生交融时,便产生了更为复杂的局面。

合宪性解释并非原发于我国的概念,主流观点基本认可合宪性解释系美国的宪法回避原则的分支,典型例证如1936年Ashwander v. TVA案中Brandeis法官发表的反对意见。在指出司法权对国会立法的效力性质疑的功能必须严格受限后,Brandeis法官表明"当国会立法的效力面临质疑时,即使其中存在严重的合宪性怀疑,法院应当遵循的首要原则仍是确定是否存在其他合理解释以避免违宪判断"[①]。真正作为独立原则的合宪性解释是德国借鉴美国学说后结合本土实践于判例中发展而出。随着这种裁判或者说解释技术的发展,韩国、日本等国家相继借鉴并逐渐发展出颇具特色的延伸理论。对于合宪性解释的性质及其同宪法解释的关系,学界存在如下不同观点。

第一,法律解释说。持此观点的学者将合宪性解释理解为司法机关在面临具体争议时确定系争规范法律含义的情形,主张在此情况下,"宪法规范本身的含义是清楚而明确的,不存在理解上的分歧"[②],合宪性解释的直接指向对象是普通的法律条文[③]。在该种立场下,合宪性解释与宪法解释彼此独立。第二,综合解释说。持此观点的学者认为,即使合宪性解释是一类主要面向法律的解释方法,但基于宪法的高度抽象性和概括性,在解释中还是不可避免地需要对其内涵和意旨进行澄清,必定会在宪法和法律之间发生不断的目光流转。因此合宪性解释既是一种法律解释手段,也是一种宪法解释手段。在该种立场下,合宪性解释

[①] Ashwander v. Tennessee Valley Authority (TVA) [EB/OL]. [2020-11-03] http://next.westlaw.com.

[②] 谢维雁. 论宪法适用的几种情形 [J]. 浙江学刊, 2014 (6): 158.

[③] 对于合宪性解释具体属于哪一类法律解释,又存在体系解释说、目的解释说、独立解释说,由于该立场下的二级细分同本书所论述的内容并无直接关联,因此不加以展开讨论。

和宪法解释就发生了重合，宪法解释的外延被扩大，考察其可审查性时将面临更加复杂的状况。第三，方法标准说。持此观点的学者否认将合宪性解释作为一种独立的解释，因法律条文并没有在这一过程中被重新释义。合宪性解释只是一种在复数法律解释结果中的指引标准和优先规则，意在保全法律条文的稳定性，尽可能避免不合宪层面上的效力质疑，是一种解释技术和审查意义上的标准①。在这种情况下，合宪性解释并不产生具体明确的规则，只引导对既定的复数解释作出选择，同宪法解释在性质上存在差异。上述广义宪法解释概念范畴可能产生的问题是，越来越多的学者主张，在我国的制度实践中已经出现了广义的宪法解释或者说"合宪性解释"，这些宪法解释可能以不同的规范形式呈现。将这些规范一概认定为宪法解释，不仅易于造成规范性质的混乱，还影响其在合宪性审查中的地位。如果宪法解释可以通过法律、决定甚至司法解释等不同形式表现出来，从应然性角度分析，这些规范都应当遵循宪法序言及总纲中的申明，履行遵守宪法的义务，存在被纳入合宪性审查对象范围的空间。而同时，如果将其识别为宪法解释，又可能成为理解宪法条文内涵的依托，存在被纳入合宪性审查依据范围的空间。

在狭义的宪法解释概念范畴下，同样存在宪法解释同关联性概念混淆的问题，主要表现为由于对宪法解释性质定义区别而造成的宪法解释同宪法实施、合宪性审查之间的关系分歧。就该问题学界有以下主要观点。

第一，主张宪法解释是宪法实施的一种表现。如有学者将宪法解释视作一种实体性的宪法实施，是公权力机关有意识地依据宪法条款行使其职权，并且注重履职行为与结果的合宪的过程；有学者将解释实施②同立法实施并列作为宪法实施的路径；还有学者直接依据我国的宪法条文将宪法解释同宪法修改、成立特别委员会调查、监督等均作为宪法实施的方式。由于宪法实施自身亦存在广义与狭义之分，因而宪法解释时而被解读为狭义宪法实施之一环而成为合宪性审查的对象，时而又被纳入广义宪法实施的范围，同合宪性审查的关系相对模糊。第二，将宪法解释作为宪法监督或者合宪性审查的一种技术。该立场从宪法监督职权行使的条件推论，主张理论上宪法解释是审查主体在实质上行使宪法监督权的必需技术和关键保证③。第三，将宪法解释作为宪法实施和合宪性审查中都会采用的技术，如有学者主张"立法机关解释宪法的另一个面向，是其在实施普遍意义上的立法机关固有职权活动时附带性地解释宪法……全国人大常委会可同时在行

---

① 黄明涛. 两种"宪法解释"的概念分野与合宪性解释的可能性[J]. 中国法学, 2014 (6): 281.
② 董和平, 韩大元. 宪法学[M]. 北京: 法律出版社, 2000: 349.
③ 高轩. 宪法解释权和适用权是实现宪法监督的关键——英美法系司法审查权的启示[J]. 政法学刊, 2003 (3): 30.

使立法机关固有职权过程中以及在行使宪法监督权过程中解释宪法"①。有学者进而对宪法解释制度的性质进行了延展性的定义，将宪法解释作为确保宪法实施和合宪性审查正常运行的一种独立制度，此立场常常以默示形式呈现，例如，有学者在谈及宪法解释时，主张其一方面能够确保宪法价值和精神实现，应对宪法实施中的现实挑战，对宪法实施具有保障作用；另一方面能够帮助解决宪法争议，防止对宪法条文作出错误的理解和判断②。

（二）我国宪法解释权的实证状况的理论归纳

在国外合宪性审查制度较为成熟的国家，宪法解释往往作为合宪性审查程序中的一个环节出现，而专门讨论其是否应当接受合宪性审查的研究付之阙如。而我国之所以产生讨论这一问题的必要性，其理由在于我国的宪法解释权归属存在争议，规范上的应然状态与实践中的具体表现存在落差，造成了学界对于宪法解释权实际行使主体以及我国宪法解释实践的理解不甚相同。在不同的学术观点中，宪法解释可以通过法律、决定乃至司法解释等多种形式表现出来，对应地也就产生了它们是否需要接受宪法审查的问题。

就实践操作而言，由于制度方面的缺失，我国究竟有过几次解释的实践、分别针对哪些宪法问题进行都未达成普遍共识。当前正式的宪法解释需要经过何种特殊程序、制定出的解释文件是否需要冠以特定名称均不明晰，因此对我国的宪法解释实践，学界主要存在无实践经历说与有实践经历说两种立场。无实践经历说主张，从1954年《宪法》制定时起至今，我国从未有过宪法解释的实践。理由在于，自中华人民共和国第一部宪法制定至今，宪法解释权的明确归属一直是全国人大常委会，然而直至今日，全国人大常委会从未正式出台宪法解释案③。除非将对于香港、澳门特别行政区基本法的解释作为宪法解释。但从性质上说，基本法充其量只具备了一定的宪法特点，在位阶上仍然属于基本法律，故针对基本法的解释仅属于法律解释而非宪法解释。有实践经历说主张，我国事实上已经存在宪法解释，只不过并不是以正式的宪法解释案或者专门的宪法解释性质的文件形式体现，而是通过不同的规范形式乃至行为形式在实质上承载宪法解释的功能。在这种立场下，对于宪法解释的认定存在较大分歧，大体可以归纳为如下几种类型，形成宪法解释范围逐层扩张的趋势。

第一，主张将对特别行政区基本法作出的一系列解释视作宪法解释。该观点的立论前提是对基本法性质的认定。有学者主张特别行政区基本法作为一国两制

---

① 陈鹏. 立法机关解释宪法的普遍性与中国语境 [J]. 交大法学, 2017 (3): 95-96.
② 刘国. 宪法解释之于宪法实施的作用及其发挥——兼论我国释宪机制的完善 [J]. 政治与法律, 2015 (11): 45-55.
③ 袁吉亮. 论立法解释制度之非 [J]. 中国法学, 1994 (4): 25-30.

方针的重要载体,在实行特别行政区自治制度的地区,实际上拥有"小宪法"的地位。针对基本法作出的解释,可以被认定为一种特殊的宪法解释。第二,主张我国有且仅有一例宪法解释,就是1983年9月2日第六届全国人大常委会二次会议通过的《全国人民代表大会常务委员会关于国家安全机关行使公安机关的侦查拘留、预审和执行逮捕的职权的决定》。该主张的理论基础在于,评价一份法律文件的性质不应当仅依据称谓,在这部名为"决定"的法律文件中,对国家安全机关的职责进行了说明,而宪法文本中原先并不存在相应规定,因此可以认为,这部"决定"在实质上就是唯一一例宪法解释,且运用的是扩张解释的解释方法①。当然,该观点的产生时间较早,依照该理论的思路,以全国人大常委会这一有权机关作为主体条件,以对宪法内容作出明确的实质性解释作为内容条件,此后还有一系列文件可以被视作宪法解释的实践。在此观点基础上,部分学者对"明确的实质性解释"进行了更加精细的标准定义,将宪法解释实践的范畴进一步扩大而形成了后文第三、第四种衍生观点。第三,主张我国存在多例宪法解释的实践。持此观点的学者认为,辨别我国宪法解释的实践,首先应当从宪法文本的权限性规定出发,以明确享有解释权的全国人大常委会和依职权规定能够推导出享有解释权的全国人大为主体。在此基础上,虽然理论上不宜将全国人大及其常委会制定的一切规范都广义理解为宪法解释,但是可以从其同宪法文本的关系、实质内容、实施后可能产生的影响、社会现实需求等多个方面综合考察。在这种思路下,全国人大及其常委会的立法、决定中,一些实质上涉及宪法内涵具体释明、如果不将其视为宪法解释可能会引发其他部门法不合宪情况的规范,为处理新旧宪法交汇时期特殊事务而产生的决定,以及在没有相关立法的前提下直接涉及宪法条文中相关职权具体贯彻落实的规定以及部分法律中的条款都可以被视为宪法解释②。第四,宪法解释的主体可以不限于全国人大常委会,我国存在其他国家机关解释宪法的实践。持此立场的学者主张,全国人大及其常委会专门作出的、合宪性审查方面的宪法解释数量较少,实践中有许多国家机关以其他名义实际适用和解释宪法是当前中国法治格局中存在的一个不可忽视的客观现实。其中包含国务院的行政法规、最高人民法院的司法解释(包括抽象的司法解释与针对具体案件复函的司法解释)等,但是主张此类宪法解释的效力

---

① 牛凯. 完善我国宪法解释制度的几点思考 [J]. 山西大学学报(哲学社会科学版),1999 (3):11.

② 有学者具体列举了全国人大及其常委会的数项决定乃至《立法法》、《中华人民共和国军事设施保护法》(以下简称《军事设施保护法》)等法律的具体条款,作为宪法解释实践。但是在列举的条目数量上,不同学者存在差异。胡锦光,王丛虎. 论我国宪法解释的实践 [J]. 法商研究,2000 (2):4-7;王磊. 宪法的司法化 [M]. 中国政法大学出版社,2000:140;霍建平,武建军. 论普通法律对宪法的解释 [J]. 广播电视大学学报(哲学社会科学版),2015 (1):38-42.

只能对应各自表现形式的位阶，不具有与全国人大常委会宪法解释的同等效力①。

第二节　宪法修改、宪法解释可否成为合宪性审查对象的应然性分析

宪法修改在我国已然存在明确的实践，但是对其性质的认定存在不同见解。我国既有实践更贴近于修宪活动抑或制宪活动的争论，同宪法修改进入合宪性审查框架的准备与经验密切相关。将制宪权与修宪权内在关系的理论有机内化于我国的宪法修改实践，才能相对明确地分析宪法修改是否应当纳入合宪性审查对象的问题。而宪法解释实践则更具争议，其在我国是否存在相关实践、具体存在几次、以何种形式呈现均具有模糊性，造成宪法解释同其他概念产生混杂。故在分析宪法解释可审查性的场合，更应强调正本清源，明确宪法解释的范畴、宪法性质与功能效力。

一、宪法修改可否成为合宪性审查对象的应然性分析

（一）我国宪法修改的历史发展脉络及其性质认定的理论争议

自1954年《宪法》以来，我国宪法经历了三次全面修改、七次局部修改，形成了现行的宪法秩序格局②。三次全面修改分别是1975年、1978年、1982年的宪法修改。

1975年《宪法》在1954年《宪法》的基础上有了极大的缩减，在程序上，1975年的宪法修改同1954年宪法文本的规定之间，存在一定的差距。尽管1954年《宪法》对宪法修改程序作出的限制性规定优先，没有规定创议程序，仅于第29条设定了2/3的特别多数的通过程序。但是依据制宪目标与其他关联性条款，通过宪法修改的程序应当是由民主选举产生的全国人大接收提案，进行实质性地讨论与表决后通过修正，在草案形成过程中，广泛征集人民意见。然而，1975年《宪法》的制定是由中共中央牵头主导，宪法起草委员会成员也同1954

---

① 尹好鹏，林自立. 中国的准宪法解释机制：原理与实践［J］. 海峡法学，2020，22（3）：62-73；王伟. 宪法实践与实践宪法——我国宪法司法解释的现实基础［J］. 四川理工学院学报（社会科学版），2005（2）：40-43.

② 关于新中国的第一部宪法究竟是《共同纲领》还是1954年《宪法》，学界观点不一，由于同宪法修改相关文件作为合宪性审查对象的适格性不具有直接关联，本书拟采学界通说，将1954年的正式《宪法》作为我国宪法文本的起点。

年《宪法》制定时的人大通过不同，草案主要由中共九届二中全会展开讨论并通过，四届人大进行了确认。并且，该届人大并非应期选举，会议也未能公开，严格上说，并不完全符合规范宪法修改程序的要求①。在内容方面，对序言、总纲进行了针对当时政治斗争现实的修改；对国家机构部分中国家机关的职权和组织进行了大幅度调整，公民的权利义务章节则进行了结构性缩减。但是，1975年《宪法》在整体结构上保存了1954年《宪法》所确立的大致框架，对于国家的根本制度、国家机关的大体设置等未作较大变动，因此当时的宪法修改报告依然主张此次修改是"1954年宪法的继承和发展"。

1978年宪法修改则对应于我国进入新发展阶段的背景，相较于1975年不甚完备的修宪程序而言，增加了征求意见的环节，并由全国人大进行了实质上的讨论审议。内容方面依然保持了原有宪法的框架格局，在此基础上对1954年《宪法》的规定进行了一定程度的恢复。但是，由于对1975年《宪法》中一些不能适宜时代发展需求规定的变动并不彻底，使得1978年《宪法》颁布后不久便又迎来两次修改，这也是我国首次采用局部修改的方式修改宪法。该时期宪法修改的形式特征为，由全国人大发布修改宪法的决议，对宪法中的数个条文进行直接修改，但是并未就决议中的修改颁布新的宪法文本。因此从外观形式上看，决议就成了补充宪法的内容，引发了对其性质认定的困境。

1982年《宪法》修改是我国至今为止宪法的最后一次全面修改。在"拨乱反正"和改革开放有了一定发展的背景下，1978年《宪法》由于受到1975年《宪法》指导思想的深重影响，在结构内容上均存在较大不足，以决议局部修改的形式已经不能适应整体发展需求。1982年《宪法》采用了相比于1975年、1978年更为严格、完善的修宪程序，相较于1975年、1978年的两部宪法而言在内容上有了大幅扩张，但是相较于1954年《宪法》，在框架、内容、精神方面都较为一致。随着经济、政治领域改革的不断深化，1982年《宪法》中的规定对于社会现实需求的适应性同样出现了瑕疵，便先后经历了五次局部修改②。从1982年《宪法》修改时起，我国不再采用决议修改的形式而采用了修正案修改的形式。"宪法修正案"这一概念表面同其他一些国家的修正形式具有同构性，

---

① 关于1975年《宪法》修改程序的现实状况，详见许崇德.中华人民共和国宪法史：下卷[M].福州：福建人民出版社，2005：257-289.

② 有学者指出，这属于我国宪法在修改频率方面的一个问题，是对宪法稳定性的一个挑战。本书主张，该局面的形成缘由是多方面的。在我国的法治环境下，宪法的条款往往较为具体、政策性强，加之我国尚未有成熟的宪法解释制度，削弱宪法条款具体性、通过宪法解释为抽象条文赋予不同时代背景下不同内涵的解决路径并不通畅，而对于修宪程序的限制性规定依然偏少，最终我国宪法频繁修改既有必要，也有了操作的空间。该问题同宪法修改的审查问题直接关联性不强，因而不多加展开。

但是在具体的形式、效力等方面存在区别。以美国为例，美国宪法修正案附随于原文之后，是与宪法文本具备同等效力的独立条款。它不对宪法原文作出更动，尽可能维持宪法最初条款的稳定性①。但是我国在这一问题上的态度并不明确。一方面，我国的宪法修正案并不能脱离旧有宪法成为独立的宪法条款。我国宪法修正案的一般体例为"（原）'宪法第×条'+旧的具体规范陈述+'修改为'+新具体规范陈述"的形式，同既有的宪法之间存在紧密的联结关系。另一方面，全国人大对宪法修正案出台后宪法文本是否需要重新颁布这一问题的态度并不明确，造成对宪法修正案效力的争议。在最初1988年《宪法》修正时，全国人大及其常委会并没有对宪法修正案以怎样的形式融入宪法作出说明，也未对宪法文本进行修正。在1993年、1999年的修宪中，虽然在宪法修改的讨论和建议中指出了应当将宪法修改的内容及时调整进正式的宪法文本，但是依然没有在正式的公报或文件中重新发布修改后的宪法文本。直至2004年、2018年的宪法修改，才通过全国人大常委会公报、地方公报、官方网站等多种形式发布修改后的宪法文本。也即，尽管近年来我国逐渐选择了修正案的形式修改宪法，但是却将修正案原本应有的附加特性替换为植入特性，实质上依然是决议的思维进行宪法修正。由此可能造成评价宪法修改在合宪性审查领域的问题是：通过宪法修正案和修正后宪法文本的同时公布，进一步加深了宪法修改与宪法制定之间逻辑关系的困惑；同时，由于宪法中并未对宪法修正案的性质、技术运用方式予以权威解释，使宪法修正案的独立性和效力在理论上难以确定。最终造成宪法修正案常常游移在合宪性审查对象与合宪性审查依据两种概念范畴之间。

　　针对我国历次宪法修改的性质，学界存在两种看法，一种是将宪法的全面修改定义为借修宪名义行使制宪权，认为三次全面修改是在继承1954年《宪法》精神的情况下，对前一部宪法的废止而非废弃，保证了国家与宪法的连续性②。也有直接将全面修改默认为宪法制定的观点，如彭真在1982年《宪法》修改草案的说明中表示，"我国曾经制定过三部宪法"③，将1954年、1975年、1978年《宪法》的颁布实施，都不作区分地视作制宪权的行使。在这种立场下，此前的全面修改是否应当受到宪法约束就回溯于制宪权的限制问题。然而，由于当时我国的合宪性审查制度并不活跃，在理论挖掘方面存在不足，对于该问题的探讨处于空白状态。另一种是将宪法的全面修改和局部修改均视为行使修宪权的活动。例如，有学者主张，判断制宪和修宪的性质，涉及宪法条文调整的多寡，决议修

---

① 杜强强. 从宪法修正案看我国修宪方式和程序的完善[J]. 政治与法律，2018（6）：63-65.
② 李忠夏. 宪法变迁与宪法教义学[M]. 北京：法律出版社，2018：133.
③ 彭真. 关于中华人民共和国宪法修改草案的说明[EB/OL]. [2020-10-28] http://www.npc.gov.cn/wxzl/gongbao/2000-12/26/content_5001302.htm.

改还是修正案修改，修改结果是以修正案附于正文后还是重新公布宪法文本等形式性要素判断宪法是经历了修改还是再制定，根本标准应当是"宪法根本精神"和"体现宪法精神的根本原则"①。在这种标准下，我国宪法至今为止的所有修改均属于修宪权的行使，在这种立场下，对其是否进行审查，因循的要素主要包括：修宪权是否应受限制、修宪权如果应当受到限制是否能通过合宪性审查实现、我国的宪法修正案是否能够自然成为宪法文本的组成部分。

（二）宪法修改可否成为我国合宪性审查对象的应然性分析

如前文所作的历史脉络梳理，我国的宪法修改采用过多种形式，现在基本已经形成通过颁布修正案修改，并将修正案的内容植入宪法文本重新颁布整部宪法的修改方式。可以说目前决议修改已经作为一项历史机制退出了我国宪法修改的框架，当前宪法修改相关规范的考察，主要就是针对宪法修正案是否应当作为合宪性审查对象的考察，对此，本书持如下观点。

第一，从理论基础上说，制宪权属于一种原生性的权力，修宪权属于派生性权力，两者在性质上不同，均受到一定的限制，但是两者各自界限的实现方式存在区别。我国制宪权的构造来源是中国共产党领导人民进行的革命过程与立国实践，它的行使是政治性与法律性的耦合。其政治性在于，它源于一种事实力量，这种事实力量提供了宪法的正当性源泉②。在该力量行使之前，它并不来源于任何现在的实定规范的创制，而需要通过更加原始、复杂的方式确保流动的民意进行聚合。表现于中国近现代的历史中，就是以救亡与图存为主题，围绕"主权在民"的原则逐渐树立新政权合法性的过程。首先将政治统治的正当性权柄从封建贵族手中解放，进而通过对应享主权之"民"的范畴进行广泛的再界定，最终铺设了中华人民共和国的无产阶级主导政权的坚实基础。尽管这一过程在一定程度上确实具备程序性，但是均不是通过对先在实定法秩序效力的认可，而是通过"不规则的民主协商"逐渐达成。制宪权是确有其事实上决断的面向，其产生本身就是一个人民意志聚合成政治权威的动态过程。因此，它受到的限制在制宪过程中是通过人民对由制宪权所产生的宪法条款持赞成或反对意见所体现，可以从事后的角度进行技术性的归纳，但无法从事前的角度加以详细预设并产生"制宪权必须依此规则行事"的权威。相比而言，修宪权本质是一种规范化了的权力，它由制宪权而产生，并受到先在规则，也即宪法的控制。其行使的正当性来源于宪法的授权，一般在行使主体、行使方法、程序等方面都由宪法文本予以规定。如果超出宪法文本的规定行事，那么就可能构成对既定宪法秩序的破坏，

---

① 张庆福. 宪法学基本理论：上 [M]. 北京：社会科学文献出版社，2015：223.
② 徐秀义，韩大元. 现代宪法学基本原理 [M]. 北京：中国人民公安大学出版社，2001：32.

第三章 宪法修改、宪法解释可否成为合宪性审查对象的学理分析

需要承担宪法责任。

第二，自1954年《宪法》开始，我国数次宪法修改都不属于制宪权的行使，而属于修宪权的行使。首先，虽然1975年《宪法》修改的报告指出，其继承发展了1954年《宪法》，具有表达修宪意愿的外观，但是1978年《宪法》修改报告表明，1978年《宪法》是"新的发展时期的一部新宪法"，似乎又具有表达制宪意愿的外观①。本书主张，在修宪报告中指出的"新"宪法、"旧"宪法，非为规范意义上的表达，并不涉及对宪法更动性质的定义。纵览我国宪法修改的实践，尽管在全面修改的过程中，不乏对宪法条文的大规模变动，但是其中关于我国"工人阶级领导、工农联盟基础"的无产阶级政权主体，作为国家根本制度的社会主义制度，一切权力属于人民、民族平等团结等基本原则和精神，作为权力组织形式之基础的人民代表大会制度等体现宪法治理核心价值的条款以及宪法的整体章节结构均无革命性地改变。其次，正如本书在第二章所申明的立场，全国人民代表大会属于最高国家权力机关，其职权的行使不是主观、随意的，而是具有相对客观界限的。其界限从静态角度而言，即为宪法的各项具体规定。在现行宪法中，对全国人大的职权仅包含"修改宪法"而不包含"制定宪法"，意味着全国人大只能在宪法框定的职权范围内对宪法作出"变更"，而不能擅自使用制宪权对宪法进行"创造"或者"废止"。

第三，理论上，宪法修改也有应当受到宪法限制的必要性，宪法文本有着为宪法修改提供实质性限制的可能性。修宪权的来源在本质上依然是人民意志，但由于人民通过制宪程序将有关共同体存续之重要规则的塑造授予制宪会议，从相对无序的事实权威过渡到相对有序的宪法权威，修宪权作为一种宪定权力并不是直接从人民处获得授权，而是从宪法中获得授权。因此，由宪法文本对其规制并不突破修宪权的权力根源。实践中，多数国家对于宪法修改都作出了限制性的规定，如程序、效力时间、实质内容等。在我国的宪法规制模式下，宪法修改的限制主要是程序性的，宪法文本对实质的修改内容界限、修改时间等未作出明确规定。与宪法修改限制有关的条款内容的调整主要体现于几次全面修宪中，其内容和变迁如表3-1所示。

---

① 叶剑英.关于宪法修改的报告——1978年3月1日在中华人民共和国第五届全国人民代表大会第一次会议上的报告 [EB/OL]. [2020-10-28] https://www.pkulaw.com/protocol/67018e83963aa825df91421b5216f5d9bdfb.html?keyword=%E5%85%B3%E4%BA%8E%E4%BF%AE%E6%94%B9%E5%AE%AA%E6%B3%95%E7%9A%84%E6%8A%A5%E5%91%8A.

表 3-1 我国宪法文本与宪法修改限制相关条款的梳理

宪法文本	关联条款	主体限制	程序限制
1954 年《宪法》	第 27 条、第 29 条	由全国人民代表大会行使修改宪法的职权	全国人大全体代表 2/3 特别多数的通过
1975 年《宪法》	第 17 条		无限制
1978 年《宪法》	第 22 条		①全国人大常委会或 1/5 以上全国人大代表的提议
1982 年《宪法》	第 62 条、第 64 条		②全国人大全体代表 2/3 特别多数的通过

然而，有学者主张，即使宪法中规定了不可变更的条文，但由于修宪主体为最高国家权力机关，其若有违反修宪限制之意图，得随意变更之而难以救济，故修宪限制不过为"道义上的条律"①。对此，本书并不赞同。这种假设一则建立于最高权力机关权能无限说的基础之上，前文已对此予以驳斥；二则抛开人民通过民主选举等政治程序展开的对权力机关的监督，单一地考察权力机关拟制人格的"性恶"假说。通过架空宪法修改的历史背景、时代环境以及相关民主政治机制等关联性背景，使得宪法修改成为一种孤立的、原子化的符号。在当前的宪法环境下，宪法中如果设置了不可变更的条款，一方面可以成为修宪机关自我约束、事前预防的实证标准；另一方面则可以通过诸多制度设计予以固定化，并通过与修改程序、宪法解释制度、其他宪法责任承担机制的联动予以常态化。因此，在当前的法治环境下，将宪法修改排除出合宪性审查对象的范围，并不具有充分的理论依据。

二、宪法解释可否成为合宪性审查对象的应然性分析

宪法解释是否应当纳入我国合宪性审查对象的范畴，应当从其概念认定、性质作用等方面展开综合分析。对于上述实践与理论角度的争议，本书所持的观点是：合宪性解释在性质上不属于一种宪法解释，两者的界限不可泯混。从合宪性审查的角度考察宪法解释的概念，应当区分狭义的宪法解释与广义的宪法解释。并且，在狭义的宪法解释语境下，需要从实证的宪法规范出发，以主体职权为核心展开定义。此时，宪法解释就属于一种宪法技术，由此产生的解释文本并不应当纳入合宪性审查的对象范畴。

---

① 王世杰，钱瑞升. 比较宪法 [M]. 北京：商务印书馆，1999：377.

（一）我国宪法解释概念与实践状况的关联性考察

从我国的宪法文本规范的角度考察，1954年、1975年《宪法》均未就宪法的解释作出规定，1978年《宪法》在第25条首次确认了全国人大常委会的宪法解释权。现行《宪法》第67条规定："全国人民代表大会常务委员会行使下列职权：（一）解释宪法……"将解释宪法的职权授予全国人大常委会，属于典型的立法机关解释体制。该制度规范引发的一个对宪法解释概念范畴产生影响的核心问题就是——谁有权解释宪法？有学者认为，宪法解释是全国人大常委会的专属权力，全国人大无权行使。理由在于：宪法是国家的根本法和最高法，对其进行解释是一件关涉国家根本制度的严肃制度，而宪法中没有其他任何条款规定其他国家机关有宪法解释权。在宪法上规定国家机构职权时，不仅意味着对该机构享有职权的一种肯定，也意味着对其他机构享有该职权的一种否定和排除。根据职权法定原则，只有全国人大常委会享有宪法解释权。也有学者认为，全国人大也应当享有宪法解释权，理由在于：我国政权组织形式是民主集中制的人民代表大会制，全国人大作为最高国家权力机关应当有权解释宪法，其行使宪法解释权的依据是现行《宪法》第62条最后一项"应当由国家权力机关行使的其他职权"，以及第（12）项"有权撤销或改变全国人民代表大会常务委员会不适当的决定"，这种决定当然也包括对宪法的不适当解释。同时全国人大享有宪法监督权，根据职权的行使逻辑其必须享有宪法解释权，否则监督工作无法开展。还有学者主张，虽然从宪法文本出发只能认定全国人大常委会享有专属的宪法解释权，但其仍然不能排除其他国家机关特别是司法机关的宪法解释权。他们将全国人大常委会的解释权定性为一种不排他的专门解释权，承认宪法解释主体的多元化。其论证思路是，"解释"作为"适用"的必备功能，解释权应归属一切有权适用宪法的机关。目前，我国并没有宪法适用的实践，所以解释权的归属才频频发生争议①。

从探讨合宪性审查对象的目的上考察，应以主体职权为核心展开分析。由于宪法已经明文授权全国人大常委会解释宪法的权力，其享有解释权毋庸置疑。由此产生的两个问题是，全国人大是否能够因其宪法监督职权而享有解释权，以及其他公权力机关是否能够因其概括的宪法实施职权而享有解释权。本书主张，在上述三种对于宪法解释权的归属理解中，以第二种较为可取，即全国人大能够享有解释宪法的权力，而其他公权力机关不能仅仅依托概括实施宪法的职权获得此权力。一方面，从职权行使的应然性上说，合宪性审查作为"监督宪法的实施"这一职权中重要、有机组成部分，其中应当固有地包含宪法解释职权的行使。

---

① 苗连营. 中国宪法解释体制反思［J］. 中国法学，2002（6）：18.

这一固有性的逻辑依据在于，合宪性审查本质为判断涉及宪法争议的规范是否符合宪法条文内容或精神原则的活动，宪法文本作为判断的依据，必须直接明确其内涵，并且这种内涵应当具有规制效力，作为合宪性审查机制推进的基础。而对应的概括的宪法实施活动如司法活动中，则并无此种特征。另一方面，从现行宪法规范的容纳空间上说，全国人大可以通过监督职权的授权与其概括性职权的规范推导出其宪法解释的职权，而其以立法机关职权行使公权力，或者国务院、法院等以行政机关、司法机关行事时，宪法的规定并不能为其提供实质承载宪法解释职权的空间。如果强行将其职权条款的内涵扩大，"宪法解释就失去了其特有的含义，其外延被无限地扩大，宪法解释权也就因此而被肢解了"[①]。在宪法解释范围被不恰当扩大后，进一步延展探讨时将出现难以对宪法解释进行类型化划分的问题，同时形成在诸多"宪法解释"中，部分不适宜、部分又应当被纳入合宪性审查对象范畴的矛盾局面，甚至会造成将一切法规范都视作宪法解释的荒诞结果，消解了"宪法解释"概念的独立价值。

（二）宪法解释可否成为合宪审查对象的应然性分析

上述结论并不意味着全国人大及其常委会以外的国家公权力机关在行使职权时，必须对宪法保持"沉默不语"。事实上，在国家机关履行自身职责时，势必要同宪法发生各种形式的交汇，否则就是割裂了宪法总纲中的最高效力宣示与具体国家机关职能的文本规定。在宪法解释机关以外的机关行使其职能时，均涉及对高度抽象的宪法条文的具体化诠释，如全国人大及其常委会以立法机关身份立法时，对"根据宪法，制定本法"的实际考量；司法机关在处理具体争议时，使用宪法中的条款作为说理依据等。该类诠释的共同特征是：主体上，这些国家机关均非以宪法解释机关的身份行使其职权；目的上，并不以明晰宪法条款中不明确部分的具体内涵为最终指向；方法标准上，不以宪法条文的可能含义为唯一依据，而是综合考量了立法规定、法益衡量结果、政策、社会影响等，因此"一致性"要求相对宽松。对应地在效力上就并不会产生与狭义宪法解释同等的拘束力，甚至在某些情况下没有拘束力。以该思路分析合宪性解释，就能相对明确地划分它同宪法解释之间的界限。如前所述，解释权归属多元化的思路下，宪法解释和合宪性解释的界限易于发生混淆。虽然在美国的实践中，合宪性解释常常被限定在合宪性审查的场域下，并且同审查机关的职权密切关联，但是在对该理论进行发展的德国，其具备了相对的独立性，并不必然依附于审查制度[②]。这就造成了国内学者在以激活宪法实施为目的引入这一概念并展开本土化时，更多的

---

① 王广辉. 宪法解释与宪法理解 [J]. 中国法学，2001 (4)：181.
② 夏正林. "合宪性解释"理论辨析及其可能前景 [J]. 中国法学，2017 (1)：291.

学者选择了德国式的论述,将其主体从全国人大常委会扩展到法院。当将其属性认定为一种"宪法解释"时,合宪性解释便成了广义宪法解释的一部分,进而陷入是否应作为审查对象的困境之中。在国内合宪性解释的语境下,合宪性解释的性质具有综合属性,一方面,它指向在解释法律时,强调将宪法作为解释法律的来源、法律的内涵受到宪法的辐射,形成"法律←宪法"的解释规则,避免法律解释的随意性。另一方面,它指向在存在至少两种的法律解释中,为了解决这两种解释结论之间的冲突,以保障宪法的实施为背景指引最终结论的选择方法①。在这两种视角下,解释宪法并不是其目的,合宪性解释也不能被识别为一种狭义的宪法解释,它作为选择方式与冲突规则运作时,性质同宪法内涵的明晰并不必然具有关联性;在作为解释规则运作时,若涉及对宪法条款的尊重、依托,也只能被视作一种宪法理解。综上所述,有关宪法解释与关联概念之间的逻辑结构,应当如图3-1所示。

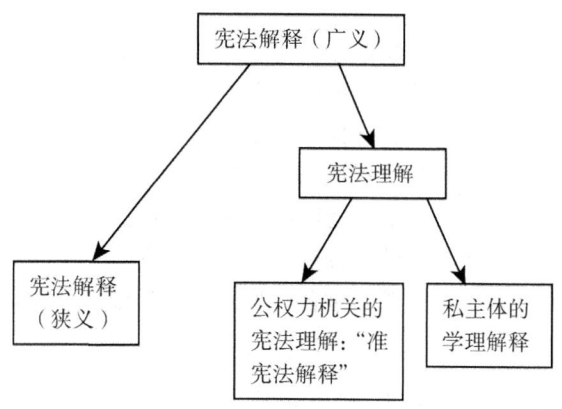

图3-1 宪法解释概念结构

以狭义的宪法解释概念作为逻辑起点展开学理分析,宪法解释在性质上就属于一种宪法的运行技术,这种技术既可以在宪法实施活动中被运用,也可以在合宪性审查过程中被运用。运用宪法解释的"宪法实施活动",主要指的是全国人大及其常委会针对国家公权力机关在实施宪法的过程中出现的对宪法条文理解模糊或存在争议的问题,就相应的宪法条文进行内涵明确,以便于国家公权力机关依据宪法实施宪法。此种意义上的实践,有学者主张包括全国人大常委会在就具体案件作出法律咨询的答复时,作出的实质上的解释,然而这种解释存在并未正

---

① 苏永钦.合宪性控制的理论与实际[M].台北:月旦出版公司,1999,转引自蔡琳.合宪性解释及其解释规则——兼与张翔博士商榷[J].浙江社会科学,2009(10):53;廖卓.论作为宪法判断方法的合宪性解释[J].岭南学刊,2020(1):110-115.

式公开、主体正当性不足等问题，拘束力较弱，是我国宪法解释实践所反映出的机制本身不健全的表现①。合宪性审查是宪法解释技术的主要活动场域，在面临规范是否合宪的问题时，审查机关必须对规范疑似违反的宪法条文，或者对规范疑似违反的宪法精神的载体条文进行释明，并且使该有关内涵的释明产生拘束力，方可作出判断并最终影响受审查规范的效力。正如德国学者卡尔·拉伦茨所言，解释属于"媒介行为"②，宪法解释作为内蕴于宪法中的一项辅助其得以更好运用的技术，未必存在固定、独立的表现形式，本身并不应当成为合宪性审查的对象。

第三节 宪法修改、宪法解释作为合宪性审查对象对合宪性审查机制的影响

宪法修改具有应当受到宪法限制的必要性，宪法文本有着为宪法修改提供实质性限制的可能性。但是，我国目前尚未有针对宪法修改进行合宪性审查的规范实践。因此，宪法修改的可审查性依然需要机制设计的支撑。基于我国宪法修正案的效力及形式，其对合宪性审查机制的设计必然会提出模式、程序等方面的特殊需求。而就宪法解释而言，前文已论证其作为一种技术手段并不属于合宪性审查的对象。宪法解释作为合宪性审查过程中所不可或缺的一项技术，如何促使其发挥效力，同审查机制灵活衔接、融合，是宪法解释与合宪性审查交汇中所面临的主要问题。

一、宪法修改作为合宪性审查对象的机制分析

（一）宪法修正案合宪性控制的实证机制考察

在主要国家的合宪性审查历史中，多数国家在学理上采纳了制宪与修宪的区别说或者宪法修改的界限论，并在宪法中予以明确，主要包含程序限制与实体限制。程序限制广泛地涉及了提案主体、审议过程、表决比例等，如在形式上必须以明确的修正案形式进行修改，由特定的投票启动，以不同于普通法律的特殊比例表决通过等；实体限制则包括不得对构成某国宪法核心成分的原则、条款作出修改③，在美国、日本、德国以及我国宪法中均有全部或部分的体现。但是，基

---

① 周伟. 宪法解释案例实证问题研究 [J]. 中国法学，2002（2）：72-80.
② [德] 卡尔·拉伦茨. 法学方法论 [M]. 陈爱娥译. 北京：商务印书馆，2003：85.
③ 柳飒，涂云新. 宪法修改的限制理论与宪法核心之保障 [J]. 政治与法律，2013（8）：62-72.

第三章　宪法修改、宪法解释可否成为合宪性审查对象的学理分析

于不同国家合宪性审查理论与机制的差异,在实践层次上体现的合宪性控制机制则不甚相同,大致有如下三类区分。

第一,虽然对宪法的修改作出了限制,但是在机制上回避了合宪性审查的控制路径。例如,在 COLEMAN V. MILLER 案中①,法院面对宪法修正案程序瑕疵的质疑,裁定宪法修改属于一项政治问题(political question),不属于司法管辖的范畴。该类宪法技术主要是受到三权分立政治格局下合宪性审查制度构造的影响,将政治妥协融入了司法审查之中,维持立法机关与法院之间的平衡。而在我国的单一制权力结构下,司法机关并不担负合宪性审查之职权,审查结构中的政治张力相对较小。

第二,明确将宪法修改作为合宪性审查对象,并通过宪法规定的合宪性审查机关展开审查,允许事后审查,如德国、印度等国家②。而由于这些国家采用最高法院、宪法法院审查的形式,审查机关不具有同议会之间的复合性,面临的最大理论困境就是反多数的困境,由机制的不完备而产生"宪法修改是否适于被审查"的争议。亦基于此,有学者呼吁夯实对修正案进行合宪性审查的宪法基础、提供宪法依据,同时细化宪法修正案审查基准,对我国宪法修改的审查机制塑造具有一定参考价值。

第三,没有明确规定宪法修改不符合宪法核心内容时的规范性后果,但是不符合宪法的修改可能承担事实上的不利后果。严格来说,这并不是一项制度化的合宪性审查路径,而是通过法规范以外的社会秩序压力或者形成不成文的惯例对宪法修改施加软性的约束。最终存在合宪性疑虑的宪法修改文件是否继续保留,取决于修宪机关是否接受新的修宪动议,本质上并不直接涉及合宪性审查程序的启动。以我国 1975 年、1978 年《宪法》制定中的程序问题为例,作为在中华人民共和国宪法史上讨论较多的两次修改,即使存在如前文所言的诸种瑕疵,但宪法的修改在形式上依然由全国人大通过,至少体现出当时在最低限度上不愿违背宪法规范文句的自我克制。对此无论是将 1975 年、1978 年修宪视作"制宪权的行使"而自我赋予正当性,还是主张宪法条文不应当对其发挥实质性限制,都无益于宪法治理的健康发展。而事实上这两次具有程序瑕疵的修宪过程,恰恰体现了通过宪法文本与审查程序对宪法修改展开监督的必要性。1975 年与 1978 年

---

①　美国国会两院于 1924 年通过的儿童劳工修正案,根据美国宪法有关宪法修改的条款,须 3/4 的州立法机关批准,其才能成为宪法的正式组成部分。最初 Kansas 州拒绝批准此修正案,但是在 1937 年又重新引入了相关修正案,并以议员平票、副议长赞成的形式最终通过。州议员 Rolla W. Coleman 和立法机关的 23 名成员提出诉讼,提出修正案的批准程序并不合宪。See COLEMAN et al. v. MILLER, Secretary of the Senate of State of Kansas, et al., 59 S. Ct. 972, Supreme Court of the United States.

②　柳建龙. 宪法修正案的合宪性审查:印度之实践与争论[J]. 求是学刊,2010,37(4):79-84.

版本的宪法存续时间极短，很快便为新的全面修改所替代，既是不能适应时代发展需求、无法充分反映人民意志的结果，也是在当时宪法对于宪法修改的程序、实体限制规定不充分、宪法实施制度构建不全面、合宪性审查制度相对缺失情况下，该两次修宪因为合宪性瑕疵所接受的事实上的"制裁"。

（二）宪法修改作为合宪性审查对象机制的应然性分析

前文已然论证，宪法修改应当受到宪法限制的必要性，宪法文本有着为宪法修改提供实质性限制的可能性。在宪法实施、监督制度的建设日益步入正轨的今天，我国历史上非制度性的"事实制裁"应当被规范化，成为宪法层面上的预防机制。我国宪法修正案合宪性审查机制的生成，应当遵循以下逻辑。

一方面，我国的宪法修改并不适宜接受事后审查，应当仅接受事前审查。以德国、印度为代表的、认可对宪法修正案进行合宪性审查的其他国家，所遵循的一般理路是，将宪法修正案的性质作为一种特别的"法律"进行审查。但就我国目前的宪法修改的实证状况来看，虽然我国的宪法修正案并未采取美国宪法修正案的附随式体例，但现行的宪法修正案均是依照第64条规定的修宪程序，由全国人大发布，其对应内容直接构成了新的宪法文本并且通过公报重新发布，宜认定为宪法修正案在正式颁布实施后，就构成了宪法文本的有机组成部分。若此时对宪法修正案提出合宪性审查的动议，实质上造成的局面就是，依据宪法文本中的部分条款对宪法文本中的另一部分条款进行合宪性审查，这在逻辑上是说不通的。但是，如果宪法修正案的形成过程审查不充分，致使它们以不合宪状态进入法治框架，成为合宪性审查的依据时，无疑会造成宪法秩序的破坏。较为妥当的方式是以事前审查程序作为宪法修正案的主要审查方式。

另一方面，宪法修改接受事前审查，需要其宪法修改机制本身的完善充实和审查依据的宪法填补二者并重。相较于其他国家的宪法修正限制条款而言，我国宪法修改的规定较为简单，诸多修改规则隐含于长期形成的宪法习惯中。应当在宪法文本中对宪法修改的法定程序予以结构性增补，如在议决程序中具体规定草案审议的说明环节、逐条讨论与审议环节、明确公布主体、在宪法层面正式取消历史上的决议形式、确定修正案的修改形式等，将宪法惯例以成文规范形式固定下来。同时，应依托1954年以来的宪法修改实践对宪法修改的界限作出实质性限制，如对社会主义制度条款、基本原则条款、人民代表大会制度等条款作出不可修改的规定。在这一完善过程中，我国宪法所面临的一个不可回避的问题就是，宪法修改限制的条款能否被修改？本书认为，限制宪法修改的条文不应当为其设置修改条件，而应当作为一个不可修改的条款。这是由于，限制修改条款设置之目的便在于维持宪法最低限度的稳定性、维护构成国家及社会最小范围的共同价值内核。且不论我国并不具有"全民公投"之条件，即使在理论上为"限制修改条款"设置比其他宪法条款更加严格的门槛,也可能会造成"限制修改条款"理论上能够被数次修改的可能性,从而动摇宪法自身的建构逻辑。因此,在该立场下,对宪法修改作出的实质性限制就不应过多,应当仅限于对此前我国宪法实践中业已形成且在制宪文件和讨论中具有基本佐证的相关原则,否则便易于造成修宪权对制宪权的侵夺。在宪法修改的内容与程序实现了自身完善后,再由全国人大于审议过程中对宪法修正案进行逐条的合宪性审查,如果认定宪法修正案存在合宪性瑕疵,则其不能通过并生效。依此思路,通过事前的合宪性审查与宪法修改创议、修正案起草过程中的民主协商、修宪质量的自我控制机制相互配合,能够较为完备地对宪法修正案进行合宪性控制,使其能够以具备坚实合宪性基础的状态进入宪法文本。

二、我国宪法解释机制与合宪性审查机制的衔接

如本书所申明的立场,宪法解释作为一种宪法运行技术,不应当被视作合宪性审查的对象。但是,学理解读的意义上,由于宪法解释自身概念的延展性、实践的不充分性,它同合宪性审查的关系样态也就处于一种不甚明确的情形中。宪法解释不适宜作为合宪性审查的对象并不意味着宪法解释是一项具有随意性的权力,它不仅应当受到业已存在的主体职权条款的限制,还应当从如下几个方面促进自身的规范化,同合宪性审查机制相互配合,彼此衔接。

(一)明确宪法解释在宪法意义上的概念

规范意义上的宪法解释应当以狭义的概念进行界定,与宪法修改、立法活动等其他全国人大或其常委会的职权行使形式作出区分。

首先,应当在理论和实践中区分宪法解释和宪法修改,使宪法解释融入合宪性审查机制的路径更加通畅。宪法解释与宪法修改存在若干相似之处,如对宪法文本具有高度的依附性,同时都涉及对宪法具体内涵的澄清和当下具体适用宪法时的应有立场,但是二者必须作出明确的划分。最明显的分水岭就是宪法文字的可能内涵。盖因语言本身就具有模糊性、抽象性,因此以特定的语言表述为基础构成的规范,就有一定的含义范围。在现实和规范之间产生冲突时,通过评估此类冲突的规模和性质,判断是否可以容纳进文本可能含义的辐射范围之内。当冲突激烈程度并不高,现实的合理要求符合宪法框架和治理精神,和宪法文字规范并无根本性分歧时,可以通过宪法解释的方式调和二者的矛盾;当冲突已经十分激烈,现实的要求超越了宪法条文文字可能的含义范畴时,就需要适用宪法修改调和矛盾。两者在主体、限制方式、程序设计方面均存在差异,故应当避免以宪法解释之名行宪法修改之实,否则将产生绕开审查、对合宪性审查机制的依据产生负面影响的后果。

其次，应当避免对宪法实施中运用宪法解释技术进行扩大化理解，特别是不宜将全国人大及其常委会的立法和决定权的行使理解为宪法解释。例如，在评价，狭义的法律时，即使是在广义宪法解释视角下将全国人大及其常委会的立法视作宪法解释的学者，也往往并非概括地将整部法律均理解为宪法解释，而是仅择取部分条款。在这种立场下，法律中的一部分仅是单纯的法律，而另一部分则被视为兼具法律与宪法解释的双重属性，是同法律的整体性不相符合的。又如，1983年《关于国家安全机关行使公安机关的侦查、拘留、预审和执行逮捕的职权决定》常被理解为一种宪法解释。该决定作出的背景是，1982年《宪法》中，并没有国家安全机关的有关规范，但是六届人大一次会议决定设立该机关，并承担原由公安机关负责的一部分工作。本书认为，现行《宪法》第140条（1982年《宪法》第135条）中同样提及了"公安机关"，申明了公安机关办理刑事案件的一般原则，但是该条款并未体现于此份决定之中，不宜认定宪法中"公安机关"的含义通过此份决定发生了结构性的改变。该份决定并不是对宪法中"公安机关"的内涵进行扩张解释，也不是基于对宪法条款的内涵理解上的争议，而是对国家安全机关的性质进行说明，通过援引宪法条款和刑事诉讼法相关条款对国家安全机关进行特定职能的授权。宪法解释固然可以发挥弥补宪法文句缺漏、丰富宪法内容的作用，但是这种功能依然建立在明晰条文内涵的基础之上。依据前文的梳理，在宪法实践中发生的，大量具有"宪法理解"含义的活动，最终往往通过当前法规范体系中已有的形式表现出来，如全国人大及其常委会的立法或决定、国务院的行政法规、最高人民法院的司法解释等。对于这些宪法理解活动，若出现了越轨情形，应当以其各自的规范类型、越轨的性质为界分进行对应的控制，如通过备案审查机制进行合法性审查，对于能够纳入合宪性审查对象的，在出现合宪性疑问时展开合宪性审查等。

（二）推进宪法解释机制同合宪性审查机制之间的有机融合

成熟的宪法解释实践应当主要是宪法实施过程中的独立性实践与合宪性审查过程中的辅助性实践。宪法解释权的规范和积极行使是我国合宪性审查机制完善的重要环节。宪法解释的范围、可审查性之所以产生上述诸多争议，原因是我国宪法文本对于宪法解释仅存在主体上的限定，而在程序等方面缺乏展开，造成学者们在评估审视我国的宪法治理实践时，难免产生宪法解释程序同其他程序的混同。在考察全国人大及其常委会是否实际作出过宪法解释时，往往得出不同的答案。而宪法解释的应然性实践也往往同合宪性审查机制割裂开来。因此，应当从如下几个方面促进宪法解释权自身的规范和完善。

在职权上，从尊重我国既有宪法文本的规定角度来看，当在合宪性审查活动中出现宪法解释之必要时，可以由全国人大或其常委会作出解释，因此种情形下全国人大解释宪法之职权可从其监督宪法实施职权中析出；当在宪法实施活动中出现宪法解释之必要，或虽不附随于具体的实施实践但宪法条款本身有明确内涵之必要时，仅以全国人大常委会作出为宜。因为对于并不附着于合宪性审查机制的宪法解释，宪法对于全国人大并没有直接授权，虽然通过最高国家机关职权的兜底条款可以在一定程度上展开理论上的推演，但是在缺乏其他明确的职权条款与之呼应的情况下，这种推演的正当性基础是脆弱的。在程序上，可以通过对程序的立法填补，解决宪法解释案在提请主体、启动、形式等方面的空白问题，并通过议事规则、宪法解释方法的完善，从事先预防的角度控制宪法解释的质量、明确宪法解释的效力。由于宪法解释作为一种宪法上的技术，对宪法文本的含义"射程"具有高度依附性，其宪法的扩展和发展作用也是十分有限的，它难以直接地、创造性地改变国家机关之间、国家机关同公民个人之间的宪法法律关系。因而在时代环境发生变化，已经经过解释的宪法条文出现了新的可能的解释路径时，与其说旧的宪法解释"违宪"而需要审查，更宜解读为对宪法条文的理解出现了新的争议。可依其争议冲突的程度选择由解释机关出台新的解释，或者通过宪法修改的方式实现宪法自身的变迁。

本章小结

宪法解释与宪法修改将导致宪法文本本身直接或者间接的调整、改变，进而与宪法既有文本之间实现一体性的融合，促进宪法发展，具有扩展性；合宪性审查则是以宪法文本为出发点和落脚点，防止其他规范的逾越，具有收缩性。但是合宪性审查作为依据的宪法文本可能通过宪法修改被改变、内涵也需要通过宪法解释予以明确，进而便产生了同宪法文本高度关联的宪法修改和宪法解释究竟是否应当接受审查的争议。从理论基础上说，全国人大并不是一种常在的制宪机关，我国的修宪权作为一项由宪法规定的职权，同制宪权存在区别，应当接受宪法的限制。但基于宪法修改的特殊性，我国宪法修正案颁布生效后便成了宪法的有机组成部分，因此不适宜再接受合宪性审查，对其合宪性控制应当以建立修正案草案的合宪性说明程序等事前审查为宜。宪法解释则由于程序机制缺失、规定较为笼统、表现形式不明确产生了外延不当扩大的倾向。在将权力主体限定于全国人大及其常委会的视角下，宪法解释作为一种宪法运行的技术，附着于宪法文本本身和合宪性审查程序之中，不适宜作为合宪性审查的对象。理论视角下以法律中个别条款、决定、行政法规、司法解释等作为载体的宪法理解活动，其合宪性控制按照各自载体的属性处理之。

第四章 特别行政区法律、基本法解释可否成为合宪性审查对象的学理分析

特别行政区制度下,基于对于特别行政区基本法的不同认识,造成特别行政区立法会制定的特别行政区法律也常被视作一类特殊的"法律",产生合宪性审查的争议。与此对应的,也不乏学者指出,"对港澳基本法的解释可以看作是一种宪法解释"①。在这种立场下,从直观上看,对于特别行政区基本法解释的可审查性判断似乎可以类比适用本章第二节的考察方式。但是如本书此前的分析,特别行政区基本法的性质并非宪法,其解释机制也同宪法解释存在较大差异,对其是否应当作为合宪性审查的对象,必须在特别行政区的制度环境下予以单独分析。

第一节 特别行政区法律、基本法解释可否成为合宪性审查对象的理论争议

特别行政区立法会所制定的法律、基本法解释的可审查性争议,直接成因在于"符合基本法"原则在特别行政区是否能够被视为"符合'宪法'"原则;根本成因则是如何认定"一国两制"政策下中央与特别行政区的权力关系。如果认为在特别行政区这一特殊的行政区域内,基本法可以取代宪法的作用,那么依托特别行政区法院是否符合基本法的考察,立法会立法就足以完成合宪性控制,而无须成为现行宪法框架意义上合宪性审查的对象。同理,特别行政区的基本法解释也将成为一种"宪法解释",从而被排斥出合宪性审查的对象范围。反之,如果认为基本法不能够完全发挥宪法的作用,那么立法会立法、基本法解释就均存在合宪性审查的基本需求。

一、特别行政区立法会立法可否成为合宪性审查对象的理论争议

(一)宪法在特别行政区的效力及适用方式的学理考察

香港特别行政区、澳门特别行政区回归后,均以立法会作为自身的立法机

---

① 杨敬之. 宪法解释效力初论 [J]. 黑龙江省政法管理干部学院学报, 2017 (4): 7.

第四章 特别行政区法律、基本法解释可否成为合宪性审查对象的学理分析

关,并且"在原有制度下,英国、葡萄牙都有相当一部分法律引申适用于香港、澳门"①。学界的研究一般以香港特别行政区为蓝本。目前已达成的共识是,特别行政区并非独立的政治实体,虽享有高度的自治权,但仅限于特别行政区内部事务,主权性质的权力依然由中央行使,且此类高度自治权的行使须接受中央的监督、制约与适度干预②。但是这种干预的手段是否包含合宪性审查,还是仅能通过基本法实现间接管控,学界看法不一。在"一国两制"的特别行政区制度下,香港特别行政区、澳门特别行政区均享有高度自治权,其立法会的立法可否成为合宪性审查的对象实质上可以转化为宪法在特别行政区的适用性与适用方式的问题。

宪法在特别行政区的效力是考察特别行政区立法会立法是否应当接受合宪性审查的必要背景之一。宪法在特别行政区是否应当适用、适用的程度与方式,均影响着立法会立法可审查性的评价。对于宪法在特别行政区的效力存在否定说与肯定说两种立场。否定说相对激进且小众,其包括全面否认和个别承认两种论证思路。全面否认宪法在特别行政区效力和适用的观点的主要论据为,现行宪法在序言中确认我国建立社会主义制度的成果,并且在总纲第1条中说明了社会主义制度的根本性,并禁止任何组织和个人对其进行破坏。第5条申明了一切主体、规范均需要遵循宪法规定。但是,在特别行政区实行的资本主义制度实际上属于上述条款的例外情形,如果认可宪法在特别行政区的效力,无疑破坏了特别行政区的整体制度基础。相对缓和的见解是个别承认论,随着特别行政区法治研究的不断深入和发展,有部分学者并不希望直接同"一国两制"政策中的"一国"针锋相对,但是依然对宪法在特别行政区的全面适用保持警惕态度,希望通过仅保留权力来源条款、排斥其他条款最大限度上保持司法的独立性。具体而言,即认为《宪法》第31条适用于特别行政区,其他部分在特别行政区既无效也不适用。这是由于,《宪法》第31条规定的"国家在必要时设立特别行政区"是基本法直接的效力来源,因此作为源泉性条款应当在特别行政区产生效力,但是其他条款不具备此种特殊性,也无须比照此条进行处理③。总体来说,否定说不符合我国的整体宪法逻辑,并不为主流观点所认可。

肯定说相较于否定说而言存在更多细分,共同的观点在于认可宪法在特别行政区具有效力,并且这种效力属于宪法文本的全部条款而非仅限定于第31条。宪法整体有效的立论基础在于:宪法是特别行政区基本法的立法依据,在特别行

---

① 杨静辉,李祥琴. 港澳基本法比较研究 [M]. 北京:北京大学出版社,2017:394.
② 董立坤. 中央管制权与香港特区高度自治权的关系 [M]. 北京:法律出版社,2014:36-37.
③ See Johannes Chan, Wing Kay Po, How China's constitution ensured that the Basic Law remains pre-eminent in Hong Kong [J]. South China Morning Post, 2018 (6).

政区回归后同基本法一起构成了特别行政区的宪制基础①。肯定说内部的区别则在于宪法的适用方式或者说效力表现形式，对此，学界存在如下三种不同思路。

第一，宪法在特别行政区整体有效，大部分具体条款具有适用性，小部分条款不适用于特别行政区。持此立场的学者主张，首先，特别行政区依据《宪法》设立，其基本法亦依据《宪法》制定，概括、整体地说，《宪法》在特别行政区有效、具有适用性。同时，依据"一国两制"的方针，特别行政区在基本法第11条所关涉的事项方面可能存在同宪法规定不相适应之处，且不能"依据宪法"予以调整，而需要根据特别行政区的客观需要依宪法的授权、按照特殊的资本主义制度予以调整。在适用性方面，有学者主张某些特定的基本原则，国家机关的整体构造、权力分配条款，在特别行政区范围内不应当适用，以防造成权力运行机制的冲突。而有关国家主权及主权下开展的国防、外交等规定，全国人大及其常委会的性质地位，国家标志诸如首都、国旗等条款则应当适用。其他更加具体的适用规则，则可以参照特别行政区基本法的规定处理②。但是，一些在属性认定上比较暧昧模糊的条款，难以嵌套在上述标准进行类同处理。因此在涉及具体条文的应用设计时，应当以基本法第11条为线索，在坚持"一国"原则的前提下，由最高国家权力机关予以确认③。第二，宪法虽然在特别行政区整体有效，但是需要通过基本法进行中转，只能在特别行政区间接适用。持此观点的学者在认定基本法性质方面有所分歧，但在宪法适用进路的选择方面相对一致。即认为基本法是为了解决国家权力在特别行政区如何实施而制定的，在特别行政区内，适用基本法与适用宪法具有同效性④。第三，宪法在特别行政区可以直接适用。持此观点的学者主要以主权理论作为依据，反对将宪法条款割裂的理论。或通过宪法执行、宪法遵守的分野解释宪法中部分具体条款同基本法产生冲突的现象；或通过概括承认、不直接实施的方式确保宪法的体系完整，进而推导出宪法和基本法可同时直接适用于特别行政区的结论⑤，也被视为"双重适用说"。还有一种较为小众的观点是，宪法能够直接适用于特别行政区，但是出于对一国两制政

---

① 王振民. 论港澳回归后新宪法秩序的确立 [J]. 港澳研究, 2013 (1): 29 - 30; 乔晓阳. 论宪法与基本法的关系 [J]. 中外法学, 2020 (1): 5 - 18.
② 肖蔚云. 论香港基本法 [M]. 北京: 北京大学出版社, 2003: 50.
③ 刘志刚. 香港特别行政区的宪制基础 [J]. 北方法学, 2014 (6): 35 - 38.
④ 李琦. 特别行政区基本法之性质: 宪法的特别法 [J]. 厦门大学学报, 2002 (5): 20 - 21; 殷啸虎. 论宪法在特别行政区的适用 [J]. 法学, 2010 (1): 49 - 56.
⑤ 韩大元. 宪法学基础理论 [M]. 北京: 中国政法大学出版社, 2008: 114; 韩大元. 论《宪法》在《香港特别行政区基本法》制定过程中的作用 [J]. 现代法学, 2017 (5): 3 - 10; 邹平学. 1982年《宪法》第31条辨析——兼论现行《宪法》在特别行政区的适用 [J]. 当代港澳研究, 2017 (5): 78 - 96.

第四章　特别行政区法律、基本法解释可否成为合宪性审查对象的学理分析

策的考量与对其中第 31 条实施的尊重，宪法在适用时秉持着谦抑的价值立场，因而在实践中显现出其他条文"部分不适用"的外观，但是本质上，这种情境是宪法自我调节的结果，其条款能够适用的属性并不因基本法的存在而受到排斥。

对于宪法效力及适用方式的观点将对特别行政区立法会立法的合宪性评价产生基础性的影响。在宪法效力否认说的视角下，特别行政区的立法无须同宪法保持一致，自然失去了合宪性审查建构之必要，在这种立场下，有学者将违反基本法的审查视作一种特殊的"合宪性审查"。虽然目前，学界普遍承认宪法在特别行政区的整体效力，奠定了特别行政区立法会立法成为真正合宪性审查对象的基础，但是需要进一步回应宪法能否成为、是部分地还是全部地成为审查立法会立法标准的问题。

（二）特别行政区基本法的性质及其与宪法的逻辑关系的学理考察

特别行政区基本法的性质及其同宪法的逻辑关系是宪法在特别行政区效力问题的衍生，并与之共同构成了是否应当评价特别行政区立法的重要理论基础。相比于宪法效力之肯定、否定说的鲜明对垒立场，学界与实务界对于该问题则产生了相对多样化的见解，形成了五种主要的路径，并且某些路径之间产生了边界交融的现象。

第一，特别行政区基本法就是特别行政区的宪法。这种立场是基于前述宪法效力在特别行政区的否定说，使特别行政区的基本法结构性地代替了宪法，而将宪法隐没于幕后。这一立场常见于香港特别行政区终审法院的某些判决，如其主张"《基本法》（是）为相关特别行政区提供了一部包含各项已确立权利和自由的现代宪法"[①]。由于直接将基本法视作宪法冲击了我国的国家结构，而并不能被接受，在此种基础上，以"有限度地赋予基本法以宪法特性"为核心思路，衍生出其后的特别法、附属法、部分拥有宪法属性法的变体。

第二，特别行政区基本法是宪法的特别法。该立场试图通过特别法优于一般法的思路缓和宪法与基本法之间的张力，主张特别行政区基本法属于宪法的"特别法"，宪法中的某些条款之所以没有在特别行政区获得适用，并非由于它

---

① 香港特别行政区终审法院第 2005 年第 4 号案件，香港特别行政区诉林某伟及另一人，FACC 4/2005 ［EB/OL］. ［2020 - 10 - 28］ https：//www. hklii. hk/cgi-bin/sinodisp/chi/hk/cases/hkcfa/2006/84. html? stem = &synonyms = &query = % 22FACC% 204% 202005% 22% 20OR% 20ncotherjcitations （FACC% 204% 202005）. 与之具有类似立场的案件还包括香港特别行政区终审法院的 FACV 5/2004 号、FACV 1/2001 号、FACV 3/2001 号案等，终审法院在这些案件中虽然没有强调"基本法就是宪法"这一论断，但是通过或将违反基本法之条例直接称作"违反宪法"，或将受基本法保护之权利称为"宪法权利"，默示地主张了《中华人民共和国香港特别行政区基本法》（以下简称《香港特别行政区基本法》）作为宪法的地位。

们在特别行政区无效，而是因为特别行政区基本法是对特别行政区的事项进行专门规定的规范，因而可以获得优先适用。但是，该立场存在难以跨越的理论障碍，即《立法法》特别法优于一般法规则的适用存在前提，即两者必须属于同一性质、同一位阶，除非认定特别行政区基本法和宪法同质、具有同等效力，否则将难以类比适用。因此，虽然此立场对特别行政区基本法的性质采取了回避态度，或者将其视为宪法的一种特殊的表现样态，依然无法消解其"基本法宪法说"的内核，而不得不在实质上认定基本法的宪法属性。如持此立场的学者指出，基本法的制定过程具有制宪权行使之属性，即使制定主体严格来说并非制宪机关，但是此方面的质疑可通过主权者对代议机关的授权得以缓解①。因此，该立场同前述香港终审法院的某些判决和部分学者的激进立场具有近似性，逐渐式微。

第三，特别行政区基本法是宪法的附属法。该立场赋予了基本法以宪法的同等地位，主张其并不是宪法的下位法。因为由于宪法的自我限制，其中的某些条款不在特别行政区适用，而基本法中的部分条款，"并不以宪法为依据，甚至与宪法规范存在重大区别，宪法无法包容基本法所规定的某些事项，这也决定了不宜把基本法作为宪法的下位法"②。纵览基本法之全貌，其中的规范属性契合宪法人权规范与组织规范的结构，构成特别行政区的基本政制模型，其事项重要性超越"法律"所能承载的范围，且出于内容与宪法的区别性，赋予基本法宪法属性才可免于陷入不合宪的困境。但同前述第一种立场所不同的是，该主张并未以基本法替代宪法，使宪法成为基本法的"影子"，而是以基本法在单一制主权国家不可能成为一部独立的宪法为前提，推导出其只能附属于1982年的《宪法》，属于宪法"规范的组成部分"③。

第四，特别行政区基本法在性质上不是宪法，但是具有实质上的宪法属性。对于单一制国家而言，同时拥有两部宪法的结论是荒谬的。为了避免此种结论的同时强调基本法之于特别行政区的特殊作用，有学者对两者进行了妥协。如有学者主张，基本法在形式上属于全国人大基本法律，但是在特别行政区具有其特殊意义，是"宪制性"的法律，实质发挥了宪法的作用④。有学者在此基础上主张基本法属于"小宪法"，认为其同《宪法》的属性存在根本性的区别，但是它规定了中央与特别行政区之间的宪法关系，而在特别行政区内也拥有最高效力、产

---

① 李琦．特别行政区基本法之性质：宪法的特别法 [J]．厦门大学学报，2002 (5)：20－21．王振民．"一国两制"实施中若干宪法问题浅析 [J]．法商研究，2000 (4)：9．
② 朱世海．宪法与基本法关系新论：主体法与附属法 [J]．浙江社会科学，2018 (4)：38．
③ 朱世海．宪法与基本法关系新论：主体法与附属法 [J]．浙江社会科学，2018 (4)：40－42．
④ 任进．宪法与澳门基本法 [M]．南京：江苏人民出版社，2019：195－196．

第四章　特别行政区法律、基本法解释可否成为合宪性审查对象的学理分析

生了高级法权威①。在有关基本法限制的研究中，也有从实质意义上使用"宪法性法律"概念的观点，这种立场同澳门特别行政区终审法院在某些判决书中申明的立场不同，它从效力、运作方式等多种角度本质性地认定了基本法的宪法属性，改变了基本法在国家整体法制结构中的地位。

第五，特别行政区基本法在性质上属于基本法律。持此观点的学者主张，基本法同全国人大制定的基本法律相同，属于宪法的下位法，基本法中的内容性质是基于《宪法》第31条授权对宪法精神的法律化②。该立场从我国宪法的基本结构和文句表述出发，认为两部基本法是分别在两个特别行政区区域范围内适用的，具有特殊重要性的法律，是基本性的法律，其重要性通过作为其他法律的立法依据表现出来③。实务中，相较于对司法审查权更加主动、积极的香港特别行政区终审法院，澳门特别行政区终审法院更倾向于这种立场，其在澳门特别行政区重要的宪法案件28/2006号案件的判决书中如此描述《中华人民共和国澳门特别行政区基本法》（以下简称《澳门特别行政区基本法》）的性质及其同宪法的应然关系：

> 基本法形式上也不是宪法……然而，为了更好地了解问题的各个方面，首先应从中国宪法所规定的立法制度，尤其是中国宪法角度来作出分析，这具有重要和根本性的指导意义，因为一方面，《澳门特别行政区基本法》是根据中国现行宪法第31条的规定，具体地规定和落实"一国两制""澳人治澳"和高度自治的澳门特区制度的"宪制"性法律，因此，中国现行宪法是《澳门特别行政区基本法》的立法依据；另一方面，《澳门特别行政区基本法》是由制定中国宪法的同一立法机关——全国人民代表大会制定的，其在中国法律部门的划分上，属于在全国范围内适用的宪法性法律和基本法律④。

虽然澳门特别行政区终审法院在认定《澳门特别行政区基本法》属于基本法律的同时，也提出了"宪法性法律"的概念，但是纵览全篇，其明确指出特别行政区不是国家、基本法亦不可称为宪法。法院并不主张基本法条款能够明示地授权其对位阶低于基本法的其他规范"不合宪审查权"，通过对《澳门特别行政区基本法》第11条、第19条等多项规范联合解释推导出法院可以不适用违反基本法的条款。这种审慎的立场也表明，此处的"宪法性法律"只是指向某种

---

① 郑贤君. 我国宪法解释技术的发展——评全国人大常委会99《香港特别行政区基本法》释法例［J］. 中国法学，2000（4）：133. 郑贤君教授将全国人大常委会对于基本法的解释定性为"宪法解释"，进一步强调了基本法的宪法属性。
② 骆伟建. 论中央全面管制权与特区高度自治权的有机结合［J］. 港澳研究，2018（1）：14-17.
③ 杨静辉，李祥琴. 港澳基本法比较研究［M］. 北京：北京大学出版社，2017：11.
④ 澳门特别行政区终审法院裁判第28/2006号案［EB/OL］.［2020-10-28］http://www.court.gov.mo/sentence/zh-53590d01d24ea.pdf：28，37.

形式的、理论的表述，而不欲真正赋予《澳门特别行政区基本法》以宪法的性质。

二、特别行政区基本法解释可否成为合宪性审查对象的理论争议

（一）"一国两制"理论下中央与特别行政区的权力关系

有学者指出，"对港澳基本法的解释可以看作是一种宪法解释"①。在这种立场下，从直观上看，对于特别行政区基本法解释的可审查性判断似乎可以类比适用本书第三章的考察方式。但是如本书此前的分析，特别行政区基本法的性质并非宪法，其解释机制也同宪法解释存在较大差异，对其是否应当作为合宪性审查的对象，必须予以单独分析。特别行政区基本法解释作为合宪性审查对象的理论基础，同前述宪法在特别行政区的适用方式及基本法性质具有一脉相承的关系。基于对基本法运作方式的不同认知，所形成的对中央与特别行政区关系理论认识，是特别行政区基本法解释可审查性考察的理论根基。

"一国两制"理论下中央与特别行政区的权力关系问题是考察特别行政区基本法是否应当接受合宪性审查的理论基础之一，它将导向对于基本法解释权限、性质效力等多方面的不同认识，进而影响对基本法解释同宪法之间关系的评价。该问题围绕基本法性质及其同宪法之效力关系而衍生。如本书前面所述，特别行政区基本法的地位、立法程序、规范结构均具有特殊性，由此便产生了宪法在特别行政区的效力、适用方式以及基本法本身性质的争议。在香港特别行政区基本法制定过程和特别行政区政治制度发展的讨论中，有学者提出，在基本法明确规定由中央政府负责管理的事务范围以及由特别行政区自行决定的事务范围之外，还可能存在没有明确列举的其他权力，暂时无法确定属于中央管治还是特别行政区自治范围内的权力，以及立法时未能预见的、随着政治法治实践和社会发展产生的新的权力。对于这部分权力，应当认真考虑其是否能够概括地归属于特别行政区，使其能够直接行使的问题②。这种理念受到了大部分学者的反对，更为普遍的主张是这部分权力应当归属于全国人大及其常委会，在确有必要由特别行政区自主行使时，应当作出明确的特别授权。这两种观点背后的根源在于，对特别

---

① 杨敬之. 宪法解释效力初论 [J]. 黑龙江省政法管理干部学院学报，2017 (04)：7.

② 在不同的研究文献中，这种权力的名称和指代范畴存在一定差异。包括参考域外宪法的"剩余权力"，用以界定内容性质相对模糊的"灰色权力"，以及主要指向将来可能新出现的"未界定权力"等。其中剩余权力为相对主流的称呼，并且在内涵上逐渐吸纳了后两种说法。其后亦有学者以国家政治体制不同反对此种称呼，并以"本源性权力"等其他创造性概念用以指代属于这些范畴的权力。张定淮，孟东. 是"剩余权力"，还是"保留性的本源权力"？——中央与港、澳特区权力关系中一个值得关注的提法 [J]. 当代中国政治研究报告，2009 (7)：248；李太莲.《香港特区基本法》解释法制对接 [M]. 北京：清华大学出版社，2011：118.

第四章 特别行政区法律、基本法解释可否成为合宪性审查对象的学理分析

行政区的权力来源存在不同理解,这种权力争议主要是围绕香港特别行政区的政制和宪制发展而展开的。对此,存在分权与授权的理论分野①。分权理论的主要观点是,基本法对于特别行政区与中央管理事项的划分,不仅是分工,也是分权,二者的职权皆具有排他性。而从法院独立的司法权和终审权角度来看,法院可以对自治事项的范围作出解读。授权理论的主要观点则是,基本法本质属于授权法②,特别行政区的高度自治权来自于中央授权。而关于授权的性质与概念则莫衷一是,包含双重授予说、部分行使权转移说、权力整体转移说③等,但共同点在于主张特别行政区权力的源泉是全国人大及其常委会,具有派生性,而非为经过立宪程序由人民通过宪法自然授予,因此特别行政区不应就授权范围之外的所谓"剩余权力"自行决定。

而全国人大常委会则在 2016 年主动对《香港特别行政区基本法》第 104 条作出解释,肯定了自身在解释权上的主动性,是对授权理论的一种认可。但是对于职权是否是全权性的,依然存在一定争议,具体将在后文展开。

(二) 特别行政区基本法解释权的归属及权能

明确全国人大常委会与特别行政区司法机关在基本法解释权方面的归属差异及权能区分,能够廓清基本法解释的实证边界,便于考察其同宪法、基本法之间的逻辑关系。在基本法解释权的归属和权限方面,两部特别行政区基本法保持着高度同构的规范格局。依据《香港特别行政区基本法》第 153 条与《澳门特别行政区基本法》第 143 条,基本法的解释权分别归属于全国人大及特别行政区法院,在条款规范含义的解读上,则对应出现了"二元解释体制论"与"一元双重解释体制论"。二元解释体制论是将基本法的条款视作对全国人大常委会及特别行政区法院管辖事项的排他性规定,即关涉应由全国人大常委会处理的事务时,特别行政区法院不得擅自决定;而关涉特别行政区法院得以自行判断的自治事项,全国人大常委会则不得干涉。典型的例证是在实务界,有观点主张全国人

---

① 对此,程洁教授作出过详尽的梳理,详见程洁. 香港新宪制秩序的法理基础:分权还是授权 [J]. 中国法学, 2017 (4): 88-103.

② 国务院发展中心港澳研究所. 香港基本法读本 [M]. 商务印书馆, 2009: 40-42.

③ 双重授予说指基本法中有关高度自治权的概括授权是以全国人大为授权主体 以条文为载体作出的第一重授权;而基本法中的其他授权是指全国人大常委会将本属于自己的权力依法赋予其他主体作出的第二重授权。部分行使权转移说是指,针对基本法的解释权,全国人大常委会作为所有权主体,将其部分行使权转授给特别行政区法院。权力整体转移说是指,授权主体按照特定的规则将权力转移到了被授权主体处,该说法由于逻辑上存在和单一制原理的张力,受到了较多质疑。王禹. 港澳基本法中有关授权的概念辨析 [J]. 政治与法律, 2012 (9): 84; 李太莲.《香港特区基本法》解释法制对接 [M]. 北京:清华大学出版社, 2011: 98; 张定淮, 底高扬. 论一国两制下中央对香港特别行政区授权的性质 [J]. 政治与法律, 2017 (5): 3.

大常委会的解释权只能是依申请的被动解释和有限解释,这一解释在内容上必须限定于"除外条款",程序上必须只能通过司法提请,认为这也是尊重《香港特别行政区基本法》第 2 条、第 19 条中所规定的"独立"的司法和终审权的表现①。一元双重解释体制论则是大多数学者所秉持的观点,主张全国人大常委会的解释是根本的、终局性的,其效力高于特别行政区法院的解释②。这一点也在特别行政区法院的司法审判实践中被认可。如澳门特别行政区法院在审判中指明,澳门特别行政区法院对基本法的解释权不是由宪法直接赋予的,而是经过了全国人大常委会的特别授权,以维持自治权和终审权为目的③。香港特别行政区法院也在审判中对其作出说明,主张当人大常委会对基本法作出同法院相反的解释后,法院此前的判决就不能成为相关问题先例。因为依据《香港特别行政区基本法》第 158 条,"香港法院有责任在引用人大常委会所解释的《基本法》条文时,应以人大常委会的解释为准"④。但是在权限方面,有一些学者提出,全国人大常委会的解释权应当受到一定限制,这是出于对"两制"的尊重,对于特别行政区自治范围内的事项,全国人大应当避免对其进行没有必要的干预。

依据前述分析不难得出结论,二元解释体制论的本质是意图构建一种平行解释机制,其逻辑基础在于分权理念。而一元双重解释体制论则是在授权理念下形成的,在全国人大常委会和特别行政区法院之间建构起有等次格差的解释权分配格局。相较之下,本书认为后者更为可取。考察两部基本法有关解释权的规范结构,可以得出由全国人大常委会与特别行政区法院为主体构成的基本法解释机制应当具有如下规范内涵。

其一,两部基本法在解释权有关条文的第 1 款均明确了解释权"属于"全国人大常委会,是全国人大常委会依据《宪法》第 67 条第(4)项、以基本法为管道行使"解释法律"的职权,这是由宪法直接赋予的,实践中在全国人大常委会作出的 6 次基本法解释中,也均以此作为其职权依据的说明。基本法解释所有权的权属为基本法解释权的最高层次,全国人大常委会的解释权是原始的、

---

① 香港特别行政区终审法院 1999 年第 10 号和第 11 号案,刘港榕及另外 16 人对入境事务处处长,FACV10&11/1999 [EB/OL].[2020 - 11 - 08] https://www.hklii.hk/cgi-bin/sinodisp/chi/hk/cases/hkcfa/1999/5.html? stem = &synonyms = &query = HKCFAR% 20300,此为张健利律师提出的辩据.

② 邹平学.香港基本法解释机制基本特征刍议[J].法学,2009(5):119 - 123.

③ 澳门特别行政区终审法院第 28/2006 号案[EB/OL].[2020 - 11 - 8] http://www.court.gov.mo/sentence/zh-53590d01d24ea.pdf:30;第 9/2012 号案,[EB/OL].[2020 - 11 - 8] http://www.court.gov.mo/sentence/zh-53590d073a371.pdf:15.

④ 香港特别行政区终审法院 2001 年第 1 - 3 号案,冼海珠及其他人士对入境事务处处长,FACV1-3/2001 [EB/OL].[2020 - 11 - 8] https://www.hklii.hk/cgi-bin/sinodisp/chi/hk/cases/hkcfa/2002/37.html? stem = &synonyms = &query = FACV% 201% 203% 202001.

普遍的、完全的。因此在权力的行使方式上，它可以经请求被动解释，也可以自行、主动解释，并且拥有对基本法全部条款的解释权。其二，两部基本法的解释权条文第2款、第3款共同构成了全国人大常委会对特别行政区法院的解释权的特别授权与限制。一方面，特别行政区法院解释基本法的职权并非由宪法直接赋予，而是由全国人大常委会以基本法为管道授予。对此，香港特别行政区终审法院的某些判决中也有所体现，其对法院司法管辖权来自基本法以及法院的基本法解释权来自人大常委会通过香港特别行政区基本法第158条授权的申明显然同此理解一致①。另一方面，综合第2款、第3款，虽然特别行政区终审法院同样对基本法的所有条款均有解释权，但是有着严格的限制。其只能依托于具体案件的发生，"在审理案件时"作出解释，因此抽象地对基本法进行解释的权力，依然归属于全国人大常委会。并且，虽然法院在审判过程中可以对自治范围内的条款自行解释，但是对不属于自治条款范围的"其他条款"解释时，额外受到同全国人大常委会解释进行对接的义务限制。具体而言，当法院对不属于自治范围的基本法条文进行解释时，从限制条件角度，该条款对案件判决将产生影响时法院必须谨慎考察自身的解释权；从对应行为角度，法院不得自行解释，应当由特定主体向全国人大常委会提出释法申请；从程序角度，该申请必须发生在不可上诉终局判决作出之前，以防范错误先例之形成；从最终效力角度，全国人大常委会作出的解释效力高于法院的解释，并具有规范约束性和终局性。其三，全国人大常委会对基本法作出解释，同样受到法定限制，即在程序上须以征询基本法委员会意见作为必经环节。整体来说，两部基本法有关解释权的条款构成了以宪法为源泉的权属确认、附条件授权并明确效力差异、设置自我控制条件的逻辑结构。

第二节 特别行政区法律、基本法解释可否成为合宪性审查对象的应然性分析

如前文所梳理，厘清宪法在特别行政区是否有效、如何适用以及其同基本法的逻辑关系，进而明确深层次的基本法未尽权力之归属问题，是分析特别行政区法律、基本法解释可否成为合宪性审查对象争议的关键环节。

---

① 香港特别行政区终审法院1998年第14号案，入境事务处处长诉张某华，FACV14/1998［EB/OL］.［2020-11-8］https：//www.hklii.hk/cgi-bin/sinodisp/chi/hk/cases/hkcfa/1999/21.html.

一、特别行政区立法会立法可否成为合宪性审查对象的应然性分析

（一）特别行政区立法会立法作为合宪性审查对象的可行性

特别行政区立法会立法合宪性审查的特殊性在于，相较于法律、行政法规等，有"一国两制"的背景政策支撑，而某些香港学者和机构对"两制"面向的过于强调，致使合宪性审查在制度建设中面临巨大阻力和争议。学界的一种立场是特别行政区立法会立法的"合宪性审查"是以基本法为标准的，基本法似乎成为一种"小宪法"，而这一立场在实践中也为许多香港同胞所接受。从而催生了这样一种学术观点：由于宪法在特别行政区不应当适用，因此特别行政区立法会立法的审查只能够依托于基本法。传统理论视域下的"合宪性审查"，由于缺乏审查依据，在特别行政区并不具有展开的可行性。由此可见，宪法在特别行政区的效力、适用方式以及特别行政区基本法性质两个问题的厘清是分析特别行政区立法会立法合宪性审查的关键问题。

首先，针对宪法的效力与基本法的性质问题，本书的立场是，宪法在特别行政区具有效力，从特别行政区基本法的立法实践与宪法对其规定来看，特别行政区基本法确实在特别行政区具有特殊性，同一般的全国性法律产生区别，但是其在性质上依然属于法律。宪法在特别行政区具有效力，不仅在官方文件中有过多次申明①，在理论与规范上亦有坚实依据。"两制"需以"一国"为第一性的前提方可存在，在承认一国的情况下，作为中国不可分割的一个地方行政区域，香港特别行政区和澳门特别行政区不可能拥有独立意义上的宪法，"宪法只有一部，没有大宪法、小宪法之分"②。特别行政区基本法具有其特殊性，在程序上其制定与修改均不同于全国人大及其常委会的其他立法等③。因此亦不宜贸然将其性质完全等同于其他基本法律。基本法的特殊性具体体现于两个方面：一方面，两部基本法均规定了关于特别行政区的重大基本事项，在结构形式上与宪法具有相似性。另一方面，两部基本法均在第11条规定了特别行政区内的其他规范性文件不得同基本法相抵触，也即赋予了基本法超越特区内其他立法的效力位阶，在作为"法律"的基本法同特别行政区其他规范、特别是"立法会制定的法律"产生冲突时，不应适用相同位阶规范的冲突规则、而应当适用不同位阶规范的冲突规则予以处理。综上，基本法"宪"制的意义并非是赋予其民族国

---

① 详见香港基本法咨询委员会中央与特别行政区的关系专责小组《基本法与宪法的关系（最后报告）》，国务院《"一国两制"在香港特别行政区的实践》白皮书等。
② 冷铁勋.基本法与澳门"一国两制"的实践[M].上海：人民出版社，2019：7.
③ 如制定时成立了专门的基本法起草委员会，协商范围更加广泛、程度更加充分，修改权被排他地赋予全国人大，常委会无权修改基本法等。

家意义上的宪法属性，而意在强调它在特别行政区区域内相较于其他规范的优越地位。就宪法而言，其中与特别行政区关联的条款应当具有如下规范内涵：其一，《宪法》序言和第5条申明了宪法的最高效力，该效力在"全国"范围内及于一切规范，作为中国不可分割的一部分，宪法之效力自然应当及于特别行政区。其二，《宪法》第31条勾连了该制度在根本法中的宪法化和在基本法中的法律化，也是特别行政区制度的合宪性基础。其同第62条第（14）项共同构成了对全国人大的授权，也同时在宪法上明确了基本法作为"法律"的绝对属性。这一内涵同样在基本法的内容中予以折射，在香港特别行政区和澳门特别行政区基本法序言中，均有着共同的类似于"根据宪法，制定基本法"的表述①，同全国人大及其常委会制定法律中"根据宪法，制定本法"有着类同的规范表达，具有在必要条款中承接宪法精神和文本规定的基础。

其次，宪法可以在特别行政区获得整体适用，因此特别行政区立法接受合宪性审查时，并不存在所谓"依据割裂"的障碍。本书认为，《宪法》的第31条固然具有授权功能，但如果将第31条同其他条款割裂开来，主张其他条款不适用，将导致全国人大常委会在处理中央和特别行政区关系方面成为无源之水、无本之木。因此，无须采用宪法"部分不适用"的方式消解宪法关于国家根本制度的规定同特别行政区政治制度之间的张力。如前所述，正是因为存在宪法上的特别授权，特别行政区关于资本主义制度的规定才拥有了合宪性基础，这并不是对现行宪法的违反，毋宁说，"一国两制中资本主义这一制不是在社会主义国家之外，而是中国特色社会主义制度的有机组成部分"②。诸如社会主义、经济制度等条款，在特别行政区不仅有效力且同样适用。但是此处"适用"的内涵，并不狭义地指向特别行政区司法机关在裁判案件中的援引。特别行政区整体适用宪法的方式，既包括诸如公民身份、国旗等国家标志等条款的直接适用③，也包括间接适用。这种间接适用通过基本法的整体实施展开，特别行政区的公权力机关通过执行、遵守依据宪法、符合宪法制定的基本法，使国家的宪制结构成为特别行政区治理的基石。

（二）特别行政区立法会立法作为合宪性审查对象的必要性

虽然已确定了宪法在特别行政区有效、得以适用，为特别行政区立法会立法

---

① 香港特别行政区和澳门特别行政区基本法序言的最后一段："根据中华人民共和国宪法，全国人民代表大会特制定中华人民共和国香港/澳门特别行政区基本法，规定香港/澳门特别行政区实行的制度，以保障国家对香港/澳门的基本方针政策的实施。"

② 顾敏康.《宪法》与《基本法》共同构成香港特别行政区的宪制基础 [J]. 港澳研究，2018（1）：9.

③ 夏引业. 宪法在香港特别行政区的适用 [J]. 甘肃政法学院学报，2015（5）：33-34.

的合宪性审查奠定了可行性根基，但依然需要注意的是，特别行政区特殊的立法格局是"一国两制"政策的产物，而两部基本法中亦申明特别行政区"实行高度自治"。因此，在"高度自治"的背景下，宪法有无必要深入香港特别行政区、澳门特别行政区的立法权行使，是讨论特别行政区立法会立法是否有必要诉诸宪法的另一个重要前提。

  从整体性的治理框架的角度而言，中央享有特别行政区高度自治权的监督权，其中应当包含对特别行政区立法会立法的合宪性审查。在特别行政区制度实施早期，一些学者曾将主权与治权相对分离，以穷举中央权力的形式限缩了中央对特别行政区应行使的权力。随着对一国两制制度理解的深入，这种观点已日渐式微。"一国两制"并非"一国两治"，主权与治权难以截然分离。故中央应当对特别行政区展开纵向的监督。这种监督的主要内容是，考察特别行政区是否在授权的范围内、符合授权最初的目的行使高度自治权。而授权目的与范围既通过基本法条义直接展现，也需要宪法条义的辅助性表达。

  从宪法条款自身作用的角度而言，承接于前文宪法在特别行政区法治中应当适用的立场，《宪法》第 31 条作为特别行政区制度的合宪性依据，并不是宪法与特别行政区法律体系的隔膜。具体而言，《宪法》第 31 条所发挥的作用，不是作为一个"安全阀"隔开宪法其他条款与特别行政区立法；而是应当在作为基本法正当性源泉的同时作为立法会立法与宪法二者的桥梁。特别行政区立法会对于宪法条文存在尊重义务，其立法不得破坏内地的社会主义制度和其他关联性制度。在确保立法符合基本法条文、原则和精神时，不能忽视宪法精神和条文在理解基本法时的基础性作用。单一地依托基本法条款，仅能确保特别行政区立法会立法与基本法的逻辑统一，当立法会立法可能影响到内地的其他关联性制度时，特别行政区和中央对于基本法解释方法的不一致可能导致不同的结论，进而影响对立法会立法正当性的判断。如果排斥了宪法的适用，则并不足以确保宪法的最高效力和统合作用。

  从制度的实际运行角度而言，全国人大常委会拥有对特别行政区立法会立法进行审查的权力与制度平台，而特别行政区终审法院并不具备此种条件。一些学者主张特别行政区法院对于立法会是否符合基本法的判断已然构成了合宪性审查，足以达到监督立法的目的，对此本书并不赞同。如前所述，宪法在特别行政区整体有效、可以适用，特别行政区基本法是在该区域实施的一种特殊的法律。因此，特别行政区法院系统通过"司法审查"对特别行政区立法会立法的控制是有限的，从基本法的性质来看只能是一种特殊的"合法性审查"，也有学者将这种职权概括成为"违基审查权"。换言之，如果排除宪法内容，在特别行政区自身的法律框架下，立法会的立法并未实质意义上受到"合宪性审查"。如果将宪法规范纳入考量，那么依照我国宪法有关解释权的规定，特别行政区的法院无权对宪法作出解释，没有承载合宪性审查功能的必需职权。相较之下，全国人大常委会既可以对基本法作出解释，也可以对由以展开审查的依据——宪法作出解释，拥有更加直接的权力。因此，将特别行政区立法纳入合宪性审查对象，由全国人大常委会合乎逻辑地展开审查工作，方能更加全面地对其进行合宪性控制，维护"一国两制"制度。

综上，在单一制国家体制下，基本法显然无法替代宪法在特别行政区的作用，基本法意义上的审查也并非真正的合宪性审查。在主权与治权紧密关联、不可割裂的基础上，特别行政区立法会的立法依然需要宪法层面的评价，接受宪法意义上的审查。

二、特别行政区基本法解释可否成为合宪性审查对象的应然性分析

（一）中央与特别行政区权力关系的应然状态

关于"一国两制"理论视角下中央与特别行政区的权力关系，学界授权与分权理论的选择将在根基层面影响对基本法解释可审查性的评价。该两项理论的分歧将导向在合宪性审查的讨论中对如下两项问题的不同回答：其一，全国人大常委会对基本法是否具有终局性的解释权；其二，模糊性条款的确认路径。在授权理论的立场下，全国人大常委会保留了对基本法进行解释的终局性权力，而特别行政区司法机关的解释则来源于这一源泉。在分权理论的立场下，全国人大常委会和特别行政区司法机关各自排他性地享有对基本法不同事项解释权，两者仅在各自的权限范围内才构成终局性的解释。而诸如"中央人民政府管理事务""关系条款"等相对概括的权限界分条款，在分权的场合，特别行政区司法机关往往倾向于自行解释以维护自治结构的完整，实质上限制了全国人大常委会解释权的权限范围。在授权理论的立场下，全国人大常委会对基本法的一切条款均有终局性的解释权，但是其通过基本法的明文规定为自己设置行使的场合与范围，使其解释不至于过于活跃而侵夺特别行政区的自治范围。同时，授权说对于相对模糊、游离于中央管治与特区自治之间的条款解释，则更加倾向于由全国人大常委会作出对应解释。在全国人大常委会作出解释的场合，其同时还能根据宪法精神、宪法条款作出对应理解、也可以出台专门的宪法解释，作为基本法解释的依据。

对此，本书所持立场如下：一方面，"一国两制"视角下特别行政区的权力来源，应以"授权说"为宜。"一国两制"是为了在当下的时代环境、法治背景下和平解决国家统一的目的所提出，因此其宗旨应当以"和平"与"统一"为要义[①]。在此目的指导下，"一国"作为首要前提，所具有的规范内涵应当是：

---

① 邓小平文选：第3卷 [M]. 上海：人民出版社，1993：49-59.

制度建构中"两制"的区分是空间性的,并非等量齐观,须以社会主义制度下"一个中国"和单一制为基础,而排斥那些试图建构"两个主权国家"的制度理论。分权说的本质在于赋予特别行政区以"类国家"的地位,并以"特殊情况"为由,试图在特别行政区树立起包含"准主权"的宪制制度,实现内地与特别行政区的隔离。该种观点是对特别行政区基本法的绝对宪法化,也是对其规范内涵和立法基础的误读。应当在"一国两制"的理论前提下,以宪法为权力的规范来源,厘清特别行政区基本法的性质与授权的含义。另一方面,在授权说的思路下,我国作为单一制国家,不能贸然套用联邦制国家的剩余权力理论处理我国的政制规划问题。非单一制国家,往往在宪法中明确规定了其他权力的归属,例如《美国权利法案》第12条(宪法第十修正案)明确规定,"宪法没有授予给美利坚合众国,也没有禁止各邦行使的权力,分别保留地赋予各邦或者人民"①。我国的宪法中没有这方面的规定,在规范上首先就区别于其他国家。同时,就政治构造的现实格局来说,我国地方权力均非直接来自宪法的授予,而是基于人民代表大会制度形成的派生,具体表现为宪法中对全国人大最高性的概括申明,以及地方人大制定规范时不仅受到宪法的约束,也受到全国人大制定的法律、国务院制定的行政法规的约束,非有特别授权,不得擅自对法律规定作出变通。香港特别行政区、澳门特别行政区作为我国的地方行政机关,其权力同样并非直接来自于宪法,其高度自治权运作的合法性来自于全国人大的认可,而不是双重主权。因此,在没有特别授权的情形下,特别行政区不应声称自己拥有行使所谓"剩余权力"的能力。以此作为理论前提解读特别行政区基本法中有关基本法解释的条款,便可在下述的权力归属和权能范围争议中,相对明确地廓清其规范内涵。

因此,前文所梳理的当前基本法格局下的一元双重解释体制具有其理论正当性,也应当以此为基础分析当前解释权结构下基本法解释的可审查性,基本法解释权本身的权属结构并不需要依托分权理论进行重新调整。

(二)特别行政区基本法解释作为合宪性审查对象的应然性分析

综合上述理论考辨,并同对特别行政区立法会立法之审查思路的一脉相承,本书主张对于特别行政区基本法解释的解读应当建立在如下基础之上:特别行政区基本法属于特殊的法律,其不具有切割中央与特别行政区国家机关权力的功能。特别行政区的高度自治权来源于全国人大的授权,而法院对基本法的解释权则来源于全国人大常委会将自身"解释法律"的权力通过基本法的授予,因此不具有全权性和终局性。据此,本书主张,对特别行政区基本法的解释应当纳入

---

① Bill of Rights,[EB/OL].[2020-11-8] https://constitution.org/1-Constitution/billofr_.htm.

第四章 特别行政区法律、基本法解释可否成为合宪性审查对象的学理分析

我国合宪性审查对象的范畴,理由在于:

第一,全国人大常委会及特别行政区法院对基本法的解释具有一定的规范效力,对特别行政区的法治进路将产生重要影响,并且影响着对其他规范是否符合基本法的判定结论,但并不适宜以"宪法解释"作为其性质评价。通过将基本法解释纳入宪法技术的范畴从而将其排斥出合宪性审查的范围是不适当的。基本法明确规定,全国人大常委会的解释在效力上高于特别行政区法院的解释,法院在审判案件时,以全国人大常委会已经作出过的解释为准。由此可见,全国人大常委会的解释具有规范拘束力毋庸置疑。而同时,特别行政区遵循的普通法传统,使得判决书产生了作为先例的拘束力,能够约束作出判决的法院以及其下级法院今后对类似案件的判决。司法机关在审判过程中对基本法所作出的解释,自然也就成为在后的审判中应当援引适用的一类"规范"。前章已然论证了特别行政区基本法作为法律的属性,对它"宪法性"的理解仅能止步于其相较于特别行政区其他立法的效力优位,而不能赋予任何主权国家意义上的宪制之属性。以凯尔森的规范效力理论审视基本法解释之属性,宪法是基本法的"基础规范"①。因此无论是全国人大常委会还是特别行政区法院对基本法的解释,都不是一种"宪法解释",不能以分析宪法实施及审查技术的思路类比套用。

第二,基本法的规定存在模糊之处,造成特别行政区法院和全国人大常委会的基本法解释可能互相挤压,需要在宪法框架下予以调和。特别行政区法院可能根据自己认定的权限和理解对基本法作出解释,如果这种解释不符合立法本意,那据此作出的判决就是错误的判决,而即使之后全国人大常委会再次解释,也难以溯及既往改变已经作出的终审判决,错误判决直接产生的后果难以纠正。此外,虽然目前尚未有此类情况发生,但是全国人大常委会也可能出于某些政策考量,将应当授权给香港特区法院自行解释的条款进行解释,从而影响香港特别行政区的高度自治权。从理论上说,全国人大常委会可以基于其解释权对模糊条款进行进一步的解释,但是依据《宪法》第31条,特别行政区的制度按照具体情况由法律规定,其制定主体排他地属于全国人大。因此在全国人大常委会与特别行政区法院存在较大分歧的情形下,以全国人大依托宪法职权作出终局性的判定更具正当性和权威性。

第三,特别行政区法院对基本法的解释存在限制,当其超越权限时,全国人大常委会得以通过行使其解释权对其进行修正,并以将宪法的理解融入基本法解

---

① 凯尔森对于"基础规范(basic norm)"的定义是"不能从一个更高规范中得来自己效力的规范"。[奥]凯尔森.法与国家的一般理论[M].沈宗灵译.北京:商务印书馆,2017:175.虽然学界在探讨宪法的最高效力时,单一依托凯尔森的规范等级学说并不全面,但作为考察基本法与宪法关系的参考依然具有重要的理论价值。

释的形式在一定程度上对其进行合宪性控制。同样，全国人大常委会的解释也应当受到一定限制。其除了在解释时应当征询基本法委员会意见的法定程序性限制以外，学界还有一种见解，即认为出于对特别行政区制度的尊重，全国人大常委会固然拥有全面的解释权限，但亦不适宜随意而无边界地运用。如有学者主张"基本法并没有规定由香港特区法院自行解释的条款需报全国人大常委会批准，因此，在香港特区法院自行解释条款的范围内，全国人大常委会就不应再行使解释权，否则就失去了授权解释的必要和意义"①。但是，如果假设全国人大常委会不适当地动用了这种解释权，特别行政区法院无权对其权力的授权机关——全国人大常委会的解释进行"监督"。因此全国人大常委会对基本法的解释无法通过基本法所确立的特别行政区法治框架得到有效控制，而需要转向统一宪法秩序下的合宪性审查机制。总体而言，无论是全国人大常委会对基本法的解释，还是特别行政区法院对基本法的解释，都应当受到适当的限制，这些限制的正当性来源便是宪法。

第三节　特别行政区法律、基本法解释作为合宪性审查对象对合宪性审查机制的影响

从整体上看，特别行政区立法会立法、基本法解释应当作为合宪性审查的对象，接受宪法的审查，从而确保"一国"意义上的统一性。但目前，特别行政区法院司法权的过当活跃造成"违基审查"活跃而合宪性审查沉寂的格局。为了巩固立法会立法以及特别行政区基本法解释作为审查对象的地位，同时尊重"两制"格局下的特别行政区高度自治，对于该两类规范的审查路径需要进行特殊化的设计，并注重全国人大常委会审查与特别行政区高度自治之间硬性衔接机制与软性沟通交流机制的健全。

一、特别行政区立法会立法纳入合宪性审查对象的机制分析

（一）特别行政区立法会立法审查路径的学理争议

在当前的备案审查工作中，特别行政区的法律始终是全国人大常委会备案审查的对象之一。依前述观点，全国人大常委会对特别行政区立法备案审查的依据如下：

首先，全国人大常委会依据《宪法》第67条第（1）项拥有解释宪法的权

---

① 李太莲.《香港特区基本法》解释法制对接［M］. 北京：清华大学出版社，2011：145.

第四章 特别行政区法律、基本法解释可否成为合宪性审查对象的学理分析

力,同时依据《宪法》第67条第(4)项、《澳门特别行政区基本法》第143条、《香港特别行政区基本法》第158条拥有对基本法的解释权。其次,两部基本法均在第17条规定特别行政区的立法应当报送全国人大常委会备案。全国人大常委会对其审查后,如果认为特别行政区立法会的立法有不符合基本法的特定情形,可以发回并使其失效。最后,对于全国人大常委会的审查权,基本法设置了两个重要的限制条件:在程序上,全国人大常委会的审查以征询特别行政区基本法委员会的意见为必经程序;在实质内容上,全国人大常委会发回使其失效的情形限于立法违反了基本法中涉及中央和特别行政区关系条款的情形。

从当前的制度构造来看,特别行政区立法会立法的合宪性审查在机制上存在如下阻塞之处:其一,全国人大常委会的备案审查对于立法会的立法而言是一种抽象审查,审查范围为报送的整部法律,一经发回便全部、立即失去效力。依据主要国家的合宪性审查实践,某项条款的不合宪并不必然导致对应法规的整体失效,当前针对立法会立法的备案审查与合宪性审查机制的运作存在衔接不当之处。其二,审查尚不够明确、公开,使得备案审查成为一种在表象上看"形式上的权力"。该现象不为立法会立法的备案审查所独有,在其他类型的规范审查过程中亦有所体现,随着近年来备案审查工作报告的公开才有所改善。但这种瑕疵在特别行政区的学术隔膜中被放大了,产生了所谓以"捍卫香港立法权"为目的,要求全国人大常委会既不能依托宪法,也不能依托基本法展开审查的论点①。其三,勾连宪法与基本法的规范依据不够充分。如前所述,审查程序不公开,目前的审查尚无全国人大常委会将立法会立法发回的情形,在相应的工作报告中也仅仅明确其"接受备案"与"没有发回情形"的客观状况。这就造成全国人大常委会对立法会的立法审查遵循了怎样的标准、是否有宪法介入的空间不甚明确,而在基本法的规定中,也仅仅明确指出了应当由基本法中的对应条款作为依据。故严格来说,对立法会立法的合宪性审查作为一项理论构想,只能部分地、间接地从实证规范的推导中获得支撑,而缺乏直接、稳固的依据和明确的运行机制。

上述困境集中彰显出特别行政区立法会立法既有的备案审查机制由于其特殊性同我国自身的合宪性审查机制不能较好地契合这一问题。对特别行政区立法会立法的合宪性审查关涉宪法与基本法的关系、中央管制权和特别行政区自治权的关系,如何使其审查机制同我国的既有的合宪性审查机制协调,学界以主体机构为线索提出过两种主要路径。

第一,通过全国人大常委会和特别行政区司法机关合作实现合宪性审查。认

---

① 胡锦光,刘海林.论全国人大常委会对特区立法的备案审查权[J].中共中央党校(国家行政学院)学报,2019,23(3):67.

可特别行政区基本法具有类似划定区域宪法模型等超越一般基本法律作用的学者，多倾向于人大常委会与特别行政区司法机关分类合作的合宪性审查机制设计。持此立场的学者主张，在特别行政区存在两个合宪性审查的机关，是一种"双轨制"的审查模式①。但是在两者的职权界分和制度接轨方面，则存在全国人大主导与特别行政区司法机关机动决定两种立场，前一种立场占据主导地位。第二，依托单一审查机构的设计，通过职能调整，对全国人大及其常委会在合宪性审查方面缺乏经常性、技术性的不足进行改良，通过完善法规备案审查制度解决特区立法的审查问题。全国人大常委会针对特别行政区立法的备案审查，可以通过将宪法精神融入对基本法的理解，进而通过审查立法是否符合基本法，实现对立法是否符合宪法精神和一般原则的审查。即依托于全国人大常委会和香港特别行政区基本法委员会，通过间接的方式实现对特别行政区立法的审查②。

就前者而言，在特别行政区司法机关的"违基审查权"基础上，再附加宪法层面审查的意义，难以解决特别行政区司法机关不具有宪法解释权的问题，使得双轨制的构想流于形式。就后者而言，其主要是从审查基准和解释技术的视角，以一种相对间接的方式对当前相对粗糙制度规范中的审查依据展开填补。但运用宪法精神展开所谓的"间接合宪性审查"本质上仍然属于"是否符合基本法的审查"，宪法并没有在实质意义上出场。本书认为，这种方式在制度缺失的前提下，不失为一种暂时妥协和过渡的机制，但不宜作为常态性策略。

（二）特别行政区立法会立法审查路径的应然性分析

在实践中，2018—2020年，全国人大常委会审查香港特别行政区、澳门特别行政区报送备案的立法总计79件③，虽然目前没有发回使其失效的实践，但是该制度的价值不可忽视。然而，以现行的规范格局为出发点，全国人大常委会应当保持克制，不宜绕过基本法条款的管道，直接适用宪法条款对立法会立法展开审查，因而同"违反基本法"的审查存在重合之处。但二者不应全然重合，否则将造成宪法被基本法结构性的取代，以宪法在特别行政区有效适用为理论基点出发而形成的特别行政区立法会立法的合宪性审查，如果最终导向单一的、以基本法为唯一依据的审查，无疑是不合时宜的。本书主张，我国以全国人大

---

① 陈永鸿. 论香港特区法院的"违宪审查权"[J]. 法商研究, 2013, 30 (1): 54-60; 徐静琳, 李瑞. 法律的差异、融合及调适——以违宪审查权在香港的演进为视角 [J]. 外国法制史研究, 2007 (1): 592-593.

② 刘志刚. 我国宪法监督对象的拓展分析 [J]. 贵州省党校学报, 2018 (3): 119.

③ 沈春耀. 全国人民代表大会常务委员会法制工作委员会关于2020年备案审查工作情况的报告 [EB/OL]. [2021-03-07] http://www.pkulaw.cn/fulltext_form.aspx? Db = chl&Gid = b6ffebb744919a7ebdfb&keyword = %e7%89%b9%e5%88%ab%e8%a1%8c%e6%94%bf%e5%8c%ba%20%e5%a4%87%e6%a1%88&EncodingName = &Search_Mode = sen&Search_IsTitle = 0.

第四章 特别行政区法律、基本法解释可否成为合宪性审查对象的学理分析

常委会为审查主体展开的、对于特别行政区立法会立法的审查，应当以我国宪法和基本法中已经构造的初步机制模型为起点展开，并通过细化和完善促进其同"违反基本法的审查"相互协调，推动全国人大常委会同特别行政区立法会、司法机关的合作。

从维护"一国"前提的角度来看，全国人大常委会既可以在对特别行政区立法的审查过程中对宪法作出解释，也可以出台专门的宪法解释案对宪法条款的含义予以明确。虽然从表面上看，全国人大常委会对特别行政区立法会立法的审查以基本法中的特定条款为依据，但正是基于上述宪法解释职权的存在，全国人大可以在审查时将宪法条款及其解释与基本法的关联性条款比对，通过"备案审查——发回"机制，以基本法为管道明确立法是否实质上符合宪法的规定。但在此基础上，针对前文所述的问题，如果审查中发现确有必要启动合宪性审查机制的，应当在现有的备案审查基础上作出如下更动，以加强合宪性审查的专门性：一方面，采用不合宪条款的"个别失效"机制，避免对整部法律作出不合宪的宣告；另一方面，增强审查的公开性，对于经过合宪性审查程序的立法文件，无论结论合宪与否，均需对基本法委员会的意见作出说明，在必要时需要列明对应的宪法条款，同基本法相应条款展开配合，并通过《宪法》第 31 条论证宪法相关条款与基本法的关联性逻辑，凸显宪法判断的性质。

从不宜过于干预"两制"的角度来看，全国人大常委会对于特别行政区自治范围内的事项授权特别行政区法院进行解释，综合两部特别行政区基本法第 11 条对于其他规范不得与基本法相抵触的条款，特别行政区法院可以针对具体个案中当事人提出的违反基本法审查要求进行合法性审查。如果全国人大常委会作出过同案件关联条款有关的宪法解释或者基本法解释，则香港特别行政区法院应当适用，如此便起到了一定的合宪性控制引导作用。如果全国人大常委会此前并未作出过类似的解释，而此类审查又在实质上涉及中央管理事务或者中央和特别行政区关系，则通过终审法院的提请，请全国人大常委会作出解释。此时解释的思路便类同于全国人大常委会对立法会立法展开备案审查的解释思路，通过将宪法理解、宪法解释揉入基本法解释对立法进行合宪性控制，形成特别行政区特殊的合法性审查对合宪性评价的承接。

总体来说，全国人大常委会的审查同特别行政区法院的审查性质不同，又通过基本法条款进行了技术上的分工，理论上应当形成彼此协作的格局。但是实际上，全国人大常委会和特别行政区法院可能由于客观情形、司法的积极主义立场以及法院同全国人大常委会对于分工条款的理解差异而产生矛盾冲突。若意图消除此类矛盾，除了积极地促进对于前述基本理论问题的交流、重申宪法规范所申明的立场之外，还需要在制度上通过政治协商建立协调机制，促进全国人大常委会合宪性审查同特别行政区终审法院"是否符合基本法的审查"两者之间的衔接。

二、特别行政区基本法解释纳入我国合宪性审查对象的机制分析

（一）全国人大常委会与特别行政区司法机关基本法解释的审查逻辑

特别行政区基本法解释的审查与立法会立法的审查具有共同的理论基础与社会背景。为了统合"一国"与"两制"的内在逻辑关系，对于特别行政区基本法解释的审查机制，应当区别于我国既存的对行政法规、地方性法规等规范的审查机制，以及为将来稳固宪法秩序下规范体系的一致性而为法律、决定等设想的审查机制，有效运用特别行政区基本法这一管道。区别于特别行政区立法会立法的审查机制，特别行政区基本法的解释本身并不具备既有备案审查机制的框架，其在很大程度上需要在全国人大常委会解释基本法的过程之中展开，相较于立法会制定的法律而言，其纳入合宪性审查对象的机制关键更多的并非是主体、基准等要素，而是合宪性审查过程同不同主体解释基本法机制的衔接与协作。

如前所述，特别行政区基本法的解释具有明确的二重分野，即特别行政区法院对基本法的解释以及全国人大常委会对基本法的解释。全国人大常委会及特别行政区法院都有能力进行基本法解释时的自我克制，应当健全两者在行使解释权的自我控制与冲突磋商机制。在基本法解释的领域，合宪性审查机制不适宜作为一种被积极、高频次适用的机制。应当充分发挥解释主体的自律机制、协商机制的作用，推动它们同合宪性审查之间的衔接。从法院的角度来说，特别行政区法院能够通过在判决中改变此前作出的解释实现同宪法和全国人大常委会解释的对接。从全国人大常委会的角度来说，自 1997 年至今，全国人大常委会仅作出过 6 例针对基本法的解释，其中仅 2004 年和 2016 年对《香港特别行政区基本法》的解释以及 2011 年对《澳门特别行政区基本法》的解释并非由特别行政区行政长官、终审法院通过国务院或者委员长会议提出释法诉求，而是由其主动决定对基本法作出解释。解释的事项主要关联港人在内地子女的权益问题、有关港澳地区行政长官和立法会相关问题、国家豁免规则问题、对基本法的拥护问题等。在频率上并没有过于频繁地主动释法，在事项上符合中央管理事务以及中央与特别行政区关系的要求，体现出全国人大常委会在解释基本法时的自律。从"一国两制"的健康运行的应然性视角来看，相较于合宪性审查，两方的自律与协调应当成为基本法解释合宪性控制的常态性手段，合宪性审查则属于不可或缺的补充机制。

（二）特别行政区基本法解释纳入我国合宪性审查对象的机制分析

由于基本法关于解释权的规定存在模糊性，造成了实践中特别行政区法院可能的操作空间。同时，虽然两部基本法均规定了特别行政区法院在涉及"中央人民政府管理的事务或中央和香港/澳门特区关系的条款"且条款又会影响最终

第四章　特别行政区法律、基本法解释可否成为合宪性审查对象的学理分析

判案的情况下，在作出不可上诉的终局判决前，有提请全国人大常委会进行解释的前置程序，但是对于违背这一条款的法律后果却没有规定。换言之，该制度设计造成了实践中实质依靠终审法院自身的判定和法律意识来确保该前置程序实行的状况，如果法院的判定出现错误或者由于法律理念和思维方式的不同，认为某些事项不属于启动前置程序的范围，最终其也无须承担法律后果。针对该问题，应当积极建立中央与特别行政区在基本法解释方面的沟通磋商机制，同时通过法律修改等方式，明确解释权规范的责任条款，促进特别行政区法院履行基本法所规定的义务。

对于特别行政区法院的基本法解释的合宪性审查，往往同全国人大常委会对基本法的解释衔接。依据宪法授权与基本法的具体规定，全国人大常委会对特别行政区独立的司法权、终审权应当予以尊重，故而不宜直接依据宪法条款，宣布特别行政区法院的解释无效。而需要通过将对宪法条文的解读注入基本法管道，基本法条款再次作出解释，达到令特别行政区法院的解释此后不再适用的效果。而就全国人大常委会解释来说，则难以通过特别行政区基本法所形成的机制实现合宪性审查。建构人大常委会释法的合宪性审查机制，应当先行明确一个问题，即人大常委会对基本法的解释是否应当遵循《立法法》的规定。本书主张，虽然《立法法》并不是基本法附件中列举的适用于香港特别行政区的全国性法律，但是人大常委会的释法活动依然需要遵循《立法法》的相关规范。这是由于，特别行政区的立法机关组成、议事规则、规范形式、解释方式都同我国的立法体制存在较大区别，特别行政区立法会立法时不必依据《立法法》的程序展开，符合全国人大通过基本法作出的授权。但是全国人大常委会并不是经由基本法管道授权、组织形成的特别行政区国家机关，而是在宪法框架下形成的中央国家机关，其解释的对象是全国人大制定的法律，遵守《立法法》是宪法的必然要求，不需要在基本法层面作出特别规定。在此基础上，综合《立法法》与两部特别行政区基本法的规定，应当将人大常委会对基本法的解释视作与基本法具有同等效力[1]。实践中，全国人大曾就香港特别行政区和澳门特别行政区的基本法分别作出过两次决定[2]，在其中申明了两部基本法由以制定的宪法依据，并作出"符合宪法"的判断，被学界多数学者认为属于对两部基本法的一种合宪性审查。本书并不意图表明人大常委会的解释能够自然、直接地构成特别行政区基本法条

---

[1] 《立法法》（2015）第 50 条，《香港特别行政区基本法》第 158 条，《澳门特别行政区基本法》第 143 条。学理上，亦有学者单一地从特别行政区相关条款出发，得出人大释法效力等同于基本法的结论。董立坤，陈虹. 当前港澳基本法热点问题研究：论香港高等法院对"菲佣居港权"案的判决——兼论全国人大常委会释法的法律效力[J]. 政治与法律，2012（6）：15.

[2] 全国人大 1990 年《关于〈中华人民共和国香港特别行政区基本法〉的决定》与 1993 年《关于〈中华人民共和国澳门特别行政区基本法〉的决定》。

文的一部分，但是主张，因为两者具有同等效力，对于全国人大常委会的审查，可以类比于对基本法的审查，由全国人大进行。

综上所述，特别行政区基本法解释不应游离于我国的合宪性审查机制之外，而应当受到审查和检视，但是出于特别行政区制度的考量，应当采取中央与特别行政区以协调性沟通为常态手段，全国人大常委会主导的审查为最终策略的审查机制。

本章小结

特别行政区基本法的性质存在"本质属于宪法""宪法性法律""具有宪法属性"等理论解读，因此特别行政区法院围绕特别行政区立法会的立法是否符合基本法的判断也存在被视作合宪性审查的解读路径。由此造成基本法被赋予了与宪法类同的地位，而特别行政区立法会立法则借此获得类似狭义法律的地位，造成宪制结构的错位。同时，基于对基本法性质、中央与特别行政区权力格局的理解，存在把基本法的解释视作宪法解释的学理观点。本书认为，针对立法会立法，应当在肯定宪法在特别行政区效力的基础上，厘清基本法和宪法的逻辑关系，明确基本法作为法律的根本性质和效力，区分特别行政区法院对立法是否符合基本法的审查和合宪性审查，将特别行政区立法会立法合乎逻辑地纳入合宪性审查的对象范围，维护"一国两制"的制度格局。针对基本法解释，应当在坚持中央与特别行政区的授权关系前提下，剖析基本法中的解释权条款。全国人大常委会和特别行政区法院对基本法的解释在性质上均不属于宪法解释，需要分别接受宪法的最终监督。对于特别行政区法院的解释，在尊重"一国两制"的前提下通过全国人大常委会解释宪法并解释基本法的方式间接为之，并通过建立健全中央与特别行政区的磋商合作机制促进协商程序同合宪性审查程序的衔接，避免合宪性审查程序的频繁启动。对于全国人大常委会对基本法的解释，则可参考对基本法的审查方式，类比处理之。

第五章 法规、规章及司法解释可否成为合宪性审查对象的学理分析

在我国一元两级多层次的立法体制下,合宪性审查的对象与我国的立法权限配置之间存在衔接协作与冲突张力并存的辩证逻辑。该种内在关系易于造成实践中一部分规范游离于合宪性审查的范围之外,形成合宪性审查对象结构同立法结构之间衔接的脱节。其中经济特区法规、规章及规章以下的行政规范性文件、司法解释是争议的主要焦点。有关该类规范作为我国合宪性审查的对象"资格"的争议,主要源于权限配置中合宪性要求的解释空间较大以及机制供给的不健全。

第一节 合宪性审查对象与我国立法权限配置之间的逻辑关系

相较于法律、全国人大及其常委会所作决定、宪法解释与修改以及特别行政区的相关规范而言,本章所涉及的法规、规章、司法解释本身是否适宜进入合宪性审查框架同我国的立法权限配置具有强烈的结构性对应关系。该种关系也是本章所涉规范作为合宪性审查对象适格性考察的主要理论焦点。

一、合宪性审查对象与我国立法权限配置的关联性分析

(一)我国立法权限配置的历史发展沿革

我国合宪性审查对象同我国的立法体制之间存在内在的对应关系,合宪性审查对象选择的实证依据,也同规定立法权配置的法规范密切关联。本书第一章结合宪法监督职权将合宪性审查对象划分的实证法依据以1982年《宪法》颁布为分野划分为两大环节,本章中,将进一步从立法权限配置本身出发,对我国立法权限配置进行进一步的历史脉络梳理。我国立法权限配置的历史发展,大致可以划分为如下三个历史阶段。

第一阶段是1949年中华人民共和国成立之后到1978年《宪法》颁布之前,

该阶段又可进一步细分为两个环节。第一个环节是 1954 年《宪法》颁布之前，该时期中央人民政府委员会为唯一享有立法权的主体①。虽然实践中，政务院的一些委员会也颁布过部分规定②，但并没有获得制度层面的认可。因此总体来说，中华人民共和国成立初期立法权的归属是单一的，并无具体分工、进一步展开权限配置的需求。第二个环节是 1954 年《宪法》颁布之后到 1978 年《宪法》颁布之前。该时期由于正式宪法的出台，立法权权属由中央人民政府委员会转移到全国人大。宪法明确规定全国人大为"享有立法权的唯一机关"，全国人大常委会仅具有对应地制定法令的权力，而国务院只能依此发布行政措施和命令。但是，随着社会主义建设实践，全国人大作为唯一享有立法权的机关难以应对急剧上升的法治需求。因此 1955 年全国人大以 1954 年《宪法》第 31 条第（19）项为依托，授予全国人大常委会制定单行法规的权力，又于 1959 年再次以决议的形式授权常委会在人大闭会期间修改人大制定的法律的权力，这两项授权也为 1975 年《宪法》所继承③。从规范角度考察，该环节中国的立法格局依然以全国人大为绝对主导，人大常委会仅部分地享有制定"法规、法令"的权力，并且必须在遵循宪法精神和实际确有需要的条件下展开。但是从实践状况来看，在 1955 年授权后到 1978 年《宪法》颁布前，绝大多数立法是由全国人大常委会发布的，或者以国务院直接依据宪法规定、全国人大常委会批准的形式展现。第三个环节是 1978 年《宪法》颁布之后到 1982 年《宪法》颁布之前。总体来说，该时期的立法权限分配表现出如下特点：（1）是以中央单一机关为主导的集中格局；（2）由于立法权整体上的集中、垄断，立法权限严格来说并无明确界分，仅有纵向的依据性要求。

第二阶段是 1978 年《宪法》颁布之后到 2000 年《立法法》颁布之前，该阶段是我国立法格局逐渐成形的阶段，该阶段同样可以划分为两个环节。第一个环节是 1978 年《宪法》颁布之后到 1982 年《宪法》颁布之前。1978 年《宪法》总体上固守了先前的立法格局，并在此基础上赋予了民族自治地方制定单行条例的权力。同时 1979 年颁布的《地方组织法》赋予了省级人大制定地方性法规的权力④。以此为契机，长期以来相对集中的立法格局开始松动。第二个环节是 1982 年《宪法》颁布之后到 2000 年《立法法》颁布之前。1982 年《宪法》在

---

① 《中国人民政治协商会议共同纲领》（1949 年）第 13 条第 2 款；《中华人民共和国中央人民政府委员会组织法》（1949 年）第 7 条。

② 例如 1951 年 3 月 7 日政务院财政经济委员会颁布了《关于工资总额组成的规定》。

③ 1954 年《宪法》第 22 条、第 31 条第（4）项，第 49 条第（1）项；《关于授权常务委员会制定单行法规的决议》（1955 年）；《关于全国人民代表大会常务委员会工作报告决议》（1959 年）；1975 年《宪法》第 16 条、第 17 条、第 20 条。

④ 1978 年《宪法》第 12 条第（2）项、第 39 条第 2 款；《地方组织法》（1979 年）第 6 条。

第五章　法规、规章及司法解释可否成为合宪性审查对象的学理分析

总结此前法治经验的基础上，大大改变了此前宪法文本中央集中式的立法权配置思路，形成了单一制下合理分工的配置。总的发展趋势是横向立法权限从权力机关向行政机关的分散和纵向立法权限从中央向地方的适度下放①。一方面，全国人大继续拥有国家立法权，另一方面，全国人大常委会、国务院、省级人大及其常委会、民族自治地方的立法权在宪法中获得了确认。同时，1982年、1986年连续两次对《地方组织法》的修改，使得较大的市人大及其常委会、省级人民政府也获得了立法权②。另外，全国人大及其常委会通过授权决定使得经济特区人大及其常委会、政府获得了制定经济特区法规和规章的权力。总体来说，这一阶段立法主体结构性增加，除了继承有关遵守包含宪法在内的上位规范的规定，在制度规范中亦新增了有关事项的权限界分，如民族自治地方制定单行条例的条件是依托当地民族的多方面特点，而地方性法规制定也必须出于具体情况和实际需要。但是，此种界分依然相对粗糙。

第三阶段是2000年《立法法》颁布至今。2000年《立法法》整合了此前宪法、法律以及授权决定中有关立法权限的规范，进一步将立法权限的配置进行了具体化和系统化的表达，并通过2015年的修改，增加了设区的市作为立法主体。该时段立法权限的划分有了大幅细化，具体包含如下几种类型：其一，概括性的纵向规定。该权限界分继承了中华人民共和国成立以来我国立法权限配置的基础思路，通过《宪法》和《立法法》对行政法规、地方性法规、自治条例与单行条例、规章等我国立法体制下所能形成的一切规范均提出了不得同宪法以及上位规范抵触、违背的要求。其二，事项上的界分。一则《立法法》通过法律保留事项界定了全国人大及其常委会的专属立法权，形成中央国家机关之间、中央与地方国家机关之间的立法权界分；二则通过以执行法律法规为目的的事项，具体行政管理事项，具体列举城市建设、管理、环保等内容，具体列举禁止制定的规范等，为地方人大及其常委会立法、地方人民政府立法划定权限。其三，授权立法的权限限制。授权立法制度是一项为了平衡相对稳定的立法权限分配格局和小范围、短时间内的现实法治急迫需求而产生的制度，其中不可避免地包含对宪法和法律规定的立法格局的部分突破。因此，《立法法》通过对授权主体、事项、范围、期限的限制，确保授权立法不至于行使过度而造成对当前立法格局的破坏。在该三类权限设定中，主要以第一种与第三种对合宪性审查对象的影响较为明显。

---

① 朱力宇．论新中国立法体制的沿革——纪念1982年《宪法》颁布生效20周年［J］．法律适用（国家法官学院学报），2002（12）：24．

② 1982年《宪法》第58条、第89条第（1）项、第100条、第116条；《地方组织法》（1982年）第35条。

(二) 我国合宪性审查对象厘定与立法权限配置之间的关联与冲突

就我国的规范现状而言，合宪性审查对象的厘定同立法权限配置之间存在如下关联与冲突：

从关联性视角来说，基于宪法的最高效力和立法权限中有关遵守宪法的概括性规定，合宪性审查对象同立法权限配置条款之间具有结构性衔接的关系，这种衔接关系主要表现为两个方面：第一，作为立法权行使结果的诸种规范均拥有成为合宪性审查对象最基础的规范背景。立法权的赋予往往同其权限的限制是相伴而生的，意在限定立法权的行使方式和范围。宪法对自身最高效力的申明，对应于立法权限配置条文，便形成了对宪法的"不得抵触"和"不得违背""不得变通""根据宪法"的规定①。而该有关立法权限的限制性要求将传递至后续环节，成为针对立法审查、监督的标准之一。对于立法的审查包含对立法是否在权限内行使的监督，"符合宪法规定"作为权限分配的规定之一，便合乎逻辑地融入了对立法的监督之中，成为构筑合宪性审查机制的理论基础。由此便引申出前后相继的两个问题，即对宪法的抵触将影响规范的效力，而此种对效力的影响将通过对应的审查程序体现出来。基于该逻辑链条，立法权限方面对遵守宪法规定的要求构成了对应法规范是否适宜作为合宪性审查对象的"必要性"基础之一。

第二，纵向立法权限的配置能够推动合宪性审查机制同其他机制衔接，防止由合宪性审查对象资格衍生而出的合宪性审查机制泛化的潜在危机。基于立法权限的纵向配置，宪法对于位阶在其之下的一切规范均自然具有不同程度的"辐射影响"。如有学者提出，立法权限中有关符合宪法的限制性要求应当具有的规范内涵，除了包括不能违背宪法典条文以外，还包括不能违反"宪法关于法制统一与和谐的基本精神"②。在此逻辑下，如果地方性法规、规章等对上位规范产生了违反，从广义上说亦不合宪。在前述的关联性逻辑下，不免会产生如此的判断：既然一切法规范均应当同宪法规范相适应，那么一切法规范均有成为合宪性审查对象的基础条件，最终对于法规范的一切失范之处都可以由合宪性审查机制作出处理。该种推论可能会造成对合宪性审查机制覆盖范围的扩大、判断标准的扩宽，最终产生"泛宪法化"的现象。宪法判断是一项专门性、严肃性的判断，"一旦作出宪法判断，对法律秩序的安定性必然会造成较大冲击"③。而立法权限配置中的其他权限规范，就是对这种"泛宪法化"的一种防范。依据前述对于立法权限分配的梳理，"不得抵触或违背宪法"仅仅是立法主体权限的限制

---

① 《宪法》第89条第（1）项、第100条，《立法法》第72条，《地方组织法》第7条，《军事法工作条例》第7条等。

② 王春业.论地方立法的合宪性审查机制［J］.学习论坛，2011（1）：75.

③ 翟国强.宪法判断的原理与方法：基于比较法的视角［M］.北京：清华大学出版社，2019：13.

第五章 法规、规章及司法解释可否成为合宪性审查对象的学理分析

之一而非全部,除此之外立法权限规定中所包含的不违背其他上位法的要求以及在事项方面作出保留的反向排除与作出列举的正向限定,均构成了对立法权限相较于宪法而言更加具体的限制。这些限制通过机制的启动环节对特定规范是否必然需要以合宪性审查对象身份进入合宪性审查机制展开"分流",是对合宪性审查机制与合法性审查机制的必要勾连。

从冲突性视角来说,立法权限配置的后续保障同合宪性审查机制之间存在张力,而立法权限配置本身同实证立法状况也存在差距,易于造成实践中一部分规范游离于合宪性审查的范围之外,形成了合宪性审查同立法结构之间衔接的脱节。立法权限配置相对笼统、概括、弹性较大,而合宪性审查对象在理论与规范上的回应并不足够,造成合宪性审查对象需求和合宪性审查机制建构之间的不匹配,进而动摇特定规范作为合宪性审查对象的制度可能性。从规范梳理与立法实践的对比来看,每一时期的立法主体都有着超越立法权限配置立法的扩张性趋向。特别是随着立法权限分配的细化,这种趋向的表现也更加明显。但是,从我国的规范构造角度分析,一方面,合宪性要求往往同合法性要求相并列,而我国对于专门的合宪性审查程序规定不足,使得立法权限方面合宪性要求的独立性不足。另一方面,在对应保障立法权限得以被遵循的适用备案机制中,存在一些相对模糊的表述,可能稀释立法权限的合宪性维度。上述两个方面叠加造成的共同问题是,由于合宪性要求同对应的审查机制衔接性不足,对于以《立法法》为核心建构而成的规范监督体系是否必然能够容纳合宪性审查展开空间存在理解上的差异。原本担负合宪性审查"过滤"功能的合法性审查成为结构性替代、包容合宪性审查的机制。进而造成一种规范表象,即:现行的宪法与法律中对于某些法规仅规定了符合宪法的要求,但是这种规定只属于一种法治统一视角下的概括性规定,在形式上强调宪法对应的权威性。而在实际操作上,某些特定规范层级较低而难以在实质上产生直接不合宪的情形,而某些特定规范缺乏对应的不合宪处理机制,难以产生纳入合宪性审查的制度空间。这种对立法权限理论上的误解扩大了合法性审查的边界,无疑会限缩合宪性审查对象的范围。

二、法律之外的其他规范作为合宪性审查对象的问题节点

在我国现行的法规范体系中,有关全国人大及其常委会制定的法律、决议已于前文第二章进行了较为详细的分析。除此之外的其他规范中,行政法规,自治条例与单行条例,监察法规,一般省级、设区的市地方性法规作为合宪性审查对象的理论与制度路径较为通畅,学理争议较少。其主要理由在于,它们的立法权往往来自宪法和《立法法》的文本,在权限方面具备明确、专门的合宪性要求。同时在其违背或抵触宪法时,既有规范已经塑造了对其展开审查和处理的制度雏

形,即依托备案审查程序由全国人大常委会进行撤销①。而经济特区法规、规章、其他行政规范性文件以及司法解释,则由于上述要素的不完备,造成实践中对其的合宪性审查为合法性审查乃至适当性审查所吸收,实质上处于合宪性审查机制的边缘。该类规范作为合宪性审查对象、被吸纳进合宪性审查机制的主要障碍,具体通过以下问题节点表现出来。

（一）立法权限中的合宪性要求不显著

本书已于第一章对有关合宪性审查对象厘定的规范依据进行了学理探讨,如前所述,宪法序言和总纲中关于一切主体与规范不得拥有超越宪法特权的概括性规定,本身虽然具有效力,但是不能单独地作为确定合宪性审查对象的依据,而必须同其他具体的规范相结合发挥作用。否则,不加思辨而概然地将一切规范纳入合宪性审查对象范围,只不过属于"就对象而谈对象"的割裂、僵化论断,无法将合宪性审查对象融入合宪性审查机制体系之中,从而失去了考辨合宪性审查对象的理论意义。因此,对于相当一部分规范,都需要以宪法的概括性规定为基础,结合其性质、地位等具体情况进行个别性的分析。而既存的一些类型的规范中,其权限规定并无明确的合宪性要求,或者学界对合宪性要求的规范内涵提出质疑。造成的后果是对这些规范是否实际有必要进行合宪性审查存在判断上的分歧。具体表现为：

第一,司法解释应当受限于单一合法性要求抑或同样需要受到合宪性限制并不明确。立法权限配置,顾名思义即针对立法权的行使。而依据宪法和《立法法》的精神原则,司法解释权自然不能被视为一种立法权,因此规范上对司法解释的规定同立法权限的规定存在较大区别,仅仅作出了应当针对具体法律条文,符合立法目的②的规定,并无明确的"合宪"或"不抵触宪法"之要求。但是在我国的司法实务上,最高人民法院和最高人民检察院所作出的司法解释往往发挥着"准立法"的功能。这就造成实践中,存在大量发挥着重要规范功能的司法解释,但在规范上,这些司法解释的权限限制严格来说不属于立法权限分配的一环,缺乏明确的"不抵触宪法"的规定,仅能依托宪法总纲中的概括性条款进行推定,作为合宪性审查对象的基础不稳固。而针对此问题,学理上有学者虽将司法解释的存在冠以"不合宪"之名,但属于在广义层面使用"不合宪"

---

① 《立法法》第96条、第97条、第98条、第100条；《全国人民代表大会常务委员会关于国家监察委员会制定监察法规的决定》(2019年)；《法规、司法解释备案审查工作办法》(2019年)。但是关于具体的合宪性审查机制,诸如抵触宪法的判断方法、对应合宪性审查程序的启动、合宪性审查的方式与效力等,学界存在不同看法,提出了多元化的审查机制建议,但是对于这些规范作为合宪性审查对象已经具备了相对充实的理论与制度基础,这些研究普遍持赞同或默认态度。

② 《立法法》(2015年)第104条。

概念，在消解路径方面则仅提出了诸如将司法解释权写入宪法以提高司法解释权本身的正当性①、解释机关自身解释技术与方法的提升、完善解释程序与效力方面适用规范、促进司法解释同案例指导相互融合以及以"针对具体条文"的权限规定为基础展开合法性审查等非宪法层面的建议②。换言之，由于司法解释欠缺明确的合宪性要求，在理论上为司法解释提供的控制路径多不是合宪性审查意义上的，即主张无须通过宪法解决司法解释可能存在的问题。在2020年的备案审查实践中，全国人大常委会对最高人民法院的司法解释作出了宪法意义上的评价，从实践角度而言一定程度上消解了此方面的争议，但是依然不能从实证依据的意义上回应由于司法解释性质的内在变迁而造成的权限范围问题。

第二，对于部门规章、地方政府规章、规章以下的行政规范性文件"受到宪法评价的资格"的质疑。虽然以宪法、《立法法》的概括性规定为支撑，《规章制定程序条例》第3条提出了规章应当"符合宪法"的要求，但是，学界的部分解读却并未从实质性建构的角度审视"符合宪法"的规范内涵。例如，有学者主张规章和规范性文件不具有这种资格，作出如下论断。

对规范的正当性评价应根据它的直接上级规范（母规范）来作出，而不应躐等蹦极至上上级规范（祖母级规范）……只有对直接根据宪法进行的或在不抵触宪法的前提下进行的规范（包括凯尔森所说的个别规范）创设行为，才可以作出"违宪"的评价……理论上，只有法律、行政法规、地方性法规、自治条例和单行条例、经济特区法规才有"资格"违宪，其他规范性文件均不"适格"。③

该种观点实质上是将"符合宪法"作为一种形式性的宣示。由于规章、规范性文件的制定具有"依据"行政法规等其他上位规定的条件，没有上位法的依据便实质上无法制定④。在区分合宪性审查功能与合法性审查功能的视角下，部门规章、地方政府规章、规范性文件等规范的合宪性要求是"名"，合法性要求是"实"。它们的合宪性更多是通过遵守上位法依据的管道，以符合宪法框架下法制统一的形式展现。因此对这部分规范的控制，仅需要通过合法性审查程序完成即可。

---

① 在2015年《立法法》修改之前，学界亦存在将司法解释权写入《立法法》的建议，由于2015年《立法法》通过104条的规定已然回应了这一建议，此处不再罗列。
② 陈霞明. 越权司法解释刍议 [J]. 当代法学，2002（8）：103-105；徐和平. 司法解释合宪性的隐忧与消解 [J]. 学术界，2014（1）：79-87；李辰. 浅论高院司法解释"越权"之困境与出路——以权力配置和权力行使为视角 [J]. 法制与社会，2015（32）：270.
③ 苗连营，郑磊，程雪阳. 宪法实施问题研究 [M]. 苏州：苏州大学出版社，2016：84. 类似的观点还可见肖洒.《立法法》中的"根据""依据""不抵触"之辨——兼论行政法规及规章的立法权限 [J]. 嘉兴学院学报，2017，29（4）：129-132.
④ 王春业. 合宪性审查制度建构论纲 [J]. 福建行政学院学报，2018（1）：31.

（二）作为合宪性审查对象的制度空间不足

除了上述权限方面的合宪性要求不足而产生的将特定规范纳入合宪性审查对象范围的障碍外，制度空间不足也是一项颇具影响力的不利因素。依据我国宪法及关联性规范的规定，目前，我国针对以行政法规为代表的一系列其他法规、规范性文件的合宪性审查体制框架为：全国人大及其常委会作为负有监督宪法实施职权的机关，是我国的合宪性审查主体，可以通过批准权行使事前审查、对属于常委会备案范围内的规范进行合宪性审查、应五大主体的要求进行审查、研究其他主体的建议决定是否展开审查。其所涵盖的范畴包括行政法规、监察法规、地方性法规、自治条例与单行条例、司法解释。但是，其并不能完全涵盖我国既存的规范类型，造成部分规范能否合乎逻辑地进入该套运行机制存在疑虑。具体表现如下：

第一，经济特区立法没有被既定的合宪性审查机制完全吸收。虽然依据现行《立法法》和《法规、司法解释备案审查工作办法》《法规规章备案条例》，经济特区的地方性法规可以通过全国人大常委会的备案审查程序接受其主动展开的合宪性审查，但是这种审查并不完整①。一方面，对于经济特区的人大及其常委会制定的特区法规，仅能通过备案审查机制获得审查，而并未设置其他审查渠道。即经济特区立法被排斥出了《立法法》第 99 条所提供的有要求权的国家机关和其他主体的合宪性审查要求、建议程序。另一方面，经济特区人民政府制定的规章整体游离于合宪性审查机制之外。由于《立法法》2015 年的修改并没有对经济特区人民政府的规章制定权进行确认，经济特区政府规章在整体审查程序中便处于"隐形"状态。《立法法》第 98 条第（5）项、《法规规章备案条例》第 3 条第（5）项所确立的授权立法的备案，仅指向"法规"而未包含"规章"。但实践中，经济特区所在地的人民政府依然持续进行着经济特区规章的制定工作②，造成的局面是经济特区规章实际同经济特区法规割裂，并未被包容进全国人大常委会的审查体系之中，仅能在规章形成草案阶段由地方通过立法程序而非合宪性审查程序进行自律控制③。全国人大常委会法工委在 2018 年备案审查的工作报告中指出，要求经济特区发挥先行先试作用，督促梳理政府规章的备案工

---

① 《法规、司法解释备案审查工作办法》第 10 条第（4）项、第 20 条；《立法法》第 98 条第（5）项。

② 例如 2020 年发布经济特区规章 2 部、2019 年发布经济特区规章 11 部、2018 年发布经济特区规章 10 部等，数据来源 http：//www.pkulaw.cn/cluster_form.aspx? Db = lar&menu_item = law&EncodingName =。

③ 如《珠海市人民政府制定珠海经济特区规章和拟定珠海经济特区法规草案的规定》（1996 年）第 23 条第（1）项规定在规章形成草案的阶段，市法制局应当审查其是否遵循宪法的规定。

作机制，但是仍未能形成常态性的备案审查制度。

第二，有相当一部分规范不属于全国人大常委会的备案审查范围，同时也缺乏其他合宪性审查手段，客观上被排除于合宪性审查的范围之外。我国当前的备案审查格局下，属于全国人大常委会备案范围之内的规范类型仅包括行政法规，监察法规，省级、设区的市地方性法规，自治条例与单行条例以及经济特区地方性法规，司法解释。除此之外，各类规章、规章以下的行政规范性文件不属于全国人大常委会的备案范围，它们首先就难以通过备案审查制度通道进入合宪性审查程序。其次，《立法法》所规定的全国人大常委会的批准权是民族区域自治制度下的产物，不针对该类规范，故它们同样无法通过批准权进入事前的合宪性审查程序。再次，《立法法》第99条、第100条的要求、建议审查权指向的规范类型仅包括行政法规、地方性法规、自治条例与单行条例，故这些规范缺乏通过要求与建议直接面呈全国人大常委会的制度平台。最后，从监督职权的归属而言，由于宪法解释权与监督权均由全国人大及其常委会排他地享有，因此国务院等其他接受此类规范备案的国家机关缺乏作出终局性宪法判断的职能基础。《法规、司法解释备案审查工作办法》虽然于第16条规定了对此类文件提出审查建议的移送处理机制，但是全国人大及其常委会并不是接受移送的机关。综合上述推论，对于此类规范，仅存在展开合法性、适当性审查的制度供给，而缺乏展开合宪性审查的进一步空间。

综上所述，在全国人大及其常委会制定的法律、决定、特别行政区相关立法和解释之外的其他规范中，经济特区的法规由于制度空间的狭小，接受合宪性审查的渠道并不完备，进而面临对其审查是否仅属于形式审查的质疑；司法解释基于性质的模糊，在权力的行使方面同立法权限的规定存在差异，其接受合宪性审查的基础并不稳固；规章和规章以下的行政规范性文件由于立法权限存在"依据性限制"，同时难以通过既存的三类合宪性审查路径进入审查机制，在是否应当纳入合宪性审查对象范围的问题上依然存在较大争议①。

第二节 其他法规、规章、司法解释可否成为合宪性审查对象的应然性分析

在我国当前的立法格局下，行政法规、地方性法规、自治条例与单行条例等规范已经具备相对完善的审查依据、程序的框架结构，而经济特区立法、其他规

---

① 党内法规与党内规范性文件作为合宪性审查对象的争议节点除此之外，更多关联到其性质以及党的领导与依法治国之间的有机结合问题，将不在本部分展开，而在后章展开详述。

章、规章以下的行政规范性文件与司法解释等可否接受宪法的审查，依然存在一定的探讨空间。

一、其他法规、规章可否成为合宪性审查对象的应然性分析

（一）规章及其他行政规范性文件作为合宪性审查对象的应然性分析

本书主张，规章应当作为我国合宪性审查的对象，但规章以下的行政规范性文件不适宜作为我国合宪性审查的对象。理由如下：

第一，规章及其他行政规范性文件的立法权限中对依据上位法的限制并不能单独作为"隔离"此类规范与宪法关系的理由。针对规章与其他行政规范性文件制定时的权限限制问题，有学者指出由于规章和规章之下的行政规范性文件，必须在上位法存在的前提下方可展开，因而只存在合法性问题，不可能存在合宪性问题。本书对此并不完全赞同。因为不符合上位法与不合宪的样态并不总是同一的，这是由于一方面，上位法本身可能存在合宪性问题，如果规章及规范性文件所依据的上位法本身就不合宪，那么即使规章及规范性文件不存在合法性问题，但依然存在合宪性问题。或者，规章及规范性文件违背了存在合宪性问题的上位法，但从结果上说其反而符合了宪法的要求。另一方面，对"根据上位法"的不同理解，可能造成规章和规范性文件被对应的审查机关作出了"符合上位法"的判断，但是实践中出现了对其合宪性的直接质疑①。因此，并不能从规章和行政规范性文件的权限规定中直接推断出其"不具备不合宪的资格"或者"没有不合宪的可能"，应当进一步根据宪法、法律中的规定和既有的规范框架，从必要性和可行性角度展开具体分析。

第二，现行规范为规章的合宪性审查提供了制度依据和扩展空间，能够与规章潜在的风险控制需求相匹配，但对规范性文件则未提供这种空间。在《立法法》中，规章具体存在三种表现形式：部门规章、军事规章、地方政府规章。《立法法》第87条首先对这三类规章作出了概括性规定，即"不得与宪法相抵触"。这一规定区别于宪法序言、总纲中的概括性规定，置于"适用与备案审查"章节之首，是用以指导规范审查和适用的实体性原则和依据。在这一总原则下，国务院2017年《规章制定程序条例》第3条对于规章"符合上位法"的权限要求中将宪法包含其中，同时在第19条将其作为审查标准之一，发展了其2002年《法规规章备案条例》第10条中"违反上位法"的规范内涵。并且在附则中，通过对人民政府提出清理"不符合上位法"规章的要求，在结构上将地

---

① 如（2017）最高法行申8932号裁定书中，再审申请人主张卫生部颁布的部门规章违反宪法第5条、第33条、第37条。虽然被以不符合复议范围与再审范围驳回，但其中反映出规章可能经受合宪性质疑的问题是客观存在的。

第五章 法规、规章及司法解释可否成为合宪性审查对象的学理分析

方政府规章也囊括进该范畴。中央军委 2017 年《军事立法工作条例》第 4 条指出《宪法》应当作为军事立法工作的依据，在第 29 条的草案审查环节同样将"抵触上位法"作为审查标准之一。从立法的实践空间角度来看，相较于部门规章，地方政府规章和军事规章在立法权限方面的规定在结构上较为相似。除了执行上位规范需要制定规章的事项外，还可以对职权范围内必要事项制定规章。就地方政府规章而言，这些事项是"具体行政管理事项"，就军事规章而言，这些事项是依战区、兵种而定的"职权范围内的事项"①。即是说，两者均具有一定的创制性空间。这些事项的范围具有较大弹性，在立法实践中可能存在着宽严不同的理解路径②。虽然设置了对公民、法人、其他组织减损权利、增加义务必须以上位规定为依据展开的限制，但是弹性条款内的创制性立法客观上确实存在不合宪的风险。此外，地方政府规章还有权就本应制定地方性法规的事项先行作出规定，即在地方性法规制定条件不成熟而客观情形存在迫切需求时，可以就本应由地方性法规的事项制定规章。此时规章的制定便脱离了其本身的权限限制，实际上进入了地方性法规的事权范围。在中央与地方立法、地方性法规与地方政府规章立法权限划分不明、界限模糊的情况下，规章，尤其是地方政府规章的创制性空间易于逸出其应有框架，冲击宪法框定的国家机关权限界分格局以及对基本权利保护的规定。总体上，对于三类形式的规章，现行规范已经提供了基本"形式和实质合宪的明确法律原则和要求"，已经不再是一个"理论上能否成立的问题"③。但是，行政规范性文件并没有类似规章的法律规定。《宪法》中虽然存在有关决定与命令的规范，但是仅在国务院层次明确了其应当"根据宪法"，在同宪法违背时应由全国人大常委会撤销，而对于其他层级较低的规范性文件则仅仅规定了在不适当时由并非全国人大常委会的、不具有合宪性审查职权的主体予以撤销。在其他规范中，《立法法》也并未将其作为我国"法"一类规范形式予以体现并作出规制，在第五章设定的审查结构中，没有将规范性文件包含于其中、提出合宪的直接要求。仅有国务院办公厅在《关于全面推行行政规范性文件合法性审核机制的指导意见》中指出应当将"内容是否符合宪法"作为行政规范性文件的审核标准，但其本身也只是属于有关机关工作综合规定的一份规范性文件，层级较低。综合而言，对于规范性文件，现行规范提出的实质合宪性要求不足，也未提供对应的审查依据和原则，相较于规章而言，规范性文件的"合宪性"规定更贴近于一种形式上的宣示。

---

① 《立法法》(2015 年) 第 82 条，《军事立法工作条例》(2017 年) 第 10 条。
② 陈书笋，王天品. 新形势下地方政府规章立法权限的困境和出路 [J]. 江西社会科学，2018，38 (1)：186.
③ 莫纪宏. 论规章的合宪性审查机制 [J]. 江汉大学学报（社会科学版），2018 (3)：7-8.

第三，从变革性视角来看，通过修法等方式将规章以下的行政规范性文件纳入合宪性审查的范围不具有必要性和可行性。如前所述，对于规章以下的行政规范性文件，现有的制度存在一种不倾向于将其纳入合宪性审查范围的立场，同时，本书亦不赞同通过变革既定规范的方式强行将规范性文件作为合宪性审查的对象，这是由于行政规范性文件的审查必要性与可行性并不充分。行政规范性文件的制定不是立法权行使的表现形式，其制定主体的职权并非来自宪法、法律的相关立法权的授权，而是由行政主体自身的行政管理职权衍生，具有强烈的从属性，相比于其他法规和规章而言，行政规范性文件可予规范的内容范围相当狭小。在司法审判的实践上，也认定其"不具有法律规范意义上的约束力""不是正式的法律渊源"①。行政规范性文件数量多、种类繁杂，抽象地对其逐一展开备案审查在可行性方面存在显著不足，同时，由于关涉最为具体的行政管理事项，如果由全国人大及其常委会动辄对规范性文件展开"合宪性审查"，容易造成对行政管理职能的过当干涉，影响行政效能。对规范性文件的控制应当以既有的对草案的合法性、适当性审查，行政部门的事后清理以及司法中的附带性审查为主，而避免将合宪性审查对象的范围过度扩大。

（二）经济特区立法作为合宪性审查对象的应然性分析

本书主张，经济特区立法，即经济特区人大及其常委会制定的法规及其人民政府制定的规章，均应作为合宪性审查的对象。前文已然说明了有关一般规章的合宪性审查何以可能的问题，本部分将以经济特区立法的授权限制与变通权这一特区的独有问题为基点展开，对于就经济特区立法展开合宪性审查的应然性，可以从如下几个角度进行分析：

第一，经济特区的立法的权力来源是全国人大的授权决定，《立法法》对其权限控制有限。首先，《立法法》第 74 条、第 90 条规定，经济特区的地方人大及其常委会制定法规的根据是全国人大的授权决定，其法规对法律、行政法规均可以进行变通。故而经济特区的立法权限难以通过《立法法》对地方性立法的一般性权限规定予以有效限制。其次，《立法法》在 2015 年的修改中，于第 10—13 条对授权立法作出了一定限制，就其内容来看，在事项、时间限制等方面均同经济特区的既存的立法权限存在较大出入。但是，该规范主要应当指向全国人大及其常委会对国务院的单项授权。从结构上看，其处于法律保留事项以及针对法律保留事项尚未制定法律时对国务院的授权条款；从内容上看，其对应了前述授权立法条件，明确规定在立法条件成熟时应当由全国人大及其常委会通过法律对授权事项加以规制，而经济特区立法具有地方性，尽管其中的部分经验最终以

---

① 最高人民法院《关于审理行政案件适用法律规范问题的座谈会纪要》（2004 年）。

全国立法的形式进行了推广,但在大部分情形下其并不必然需要限定在特定期限内上升到全国性法律的层次。总体上《立法法》在立法权限章节对授权立法规定同对国务院的单项授权决定条款具有逻辑上的承接性,该限制不宜适用于经济特区立法。综合来看,《立法法》仅在形式、程序上确定了经济特区立法的备案、适用规定,而实质上的权限限制需要从具体的授权决定中寻找依据。

第二,具体到授权决定的表述来看,经济特区立法的规定有其特殊性,可以对现行的法律、行政法规在较大的空间内展开变通,为经济特区立法设定边界相对而言较为困难。但是这种变通亦不是毫无限制的,因为经济特区的立法对于宪法没有任何变通的空间。根据全国人大及其常委会1981—1996年所作出的数次授权决定中的表述,经济特区的立法的限度具有明显的宽泛性特征。以"具体情况和实际需要"作为立法条件,实践中决定是否有该类需求的主体也是经济特区的人大及其常委会。而对其立法权行使的具体要求则包括两点,一是遵循宪法;二是遵循法律以及行政法规的基本原则。在宪法以下的其他规范层面,经济特区立法仅仅受到贯通整部规范、具有内在引领作用的基本原则限制;从授权基础上来看,它还额外受到上位法中有关经济特区制度的专门性规则的限制,如果经济特区立法打破了经济特区制度本身的专有规则,就会否定其立法的正当性基础①。在规范上,这种限制较为笼统、原则,并没有特定事项、范围、期限的规制,造成经济特区立法对法律、行政法规的变通幅度较大。实践中,经济特区的立法既以最普遍的变通个别具体条文形式对上位法展开过变通,也曾经变通过上位法中非基本的其他原则,还在没有上位法规定的前提下展开过创制性的立法。可以说以地方立法权的形式"实际分享部分只有全国人大及其常委会与国务院才享有的中央立法权"②。但是,"遵循宪法"的要求则并未留下变通的空间,经济特区立法不仅需要遵循宪法的原则、精神,还需要符合宪法典的具体文本规定。在法律、行政法规均难以为经济特区立法权的行使提供有力规制的前提下,宪法是防范经济特区立法越轨的"最后一道防线"。

第三,实践中,经济特区立法一度出现过不合宪之情形,目前也依然需要从宪法层面作出回应的问题。经济特区立法本身在立法权限的合宪性基础层面亟待回应。全国人大及其常委会对经济特区的授权立法是否有合宪性依据是一个存有争议的话题,尽管《立法法》以法律的形式对经济特区的授权立法进行了事后确认,但是依然不能覆盖经济特区授权立法之全部。在司法审判中,也存在要求

---

① 宋方青. 拓展立法空间:经济特区授权立法若干关系思考[J]. 当代法学,2004(6):56.
② 何家华,高颉. 经济特区立法变通权的变通之道——以深圳市变通类立法为样本的分析[J]. 河南师范大学学报(哲学社会科学版),2019,46(2):60-64;黄金荣. 大湾区建设背景下经济特区立法变通权的行使[J]. 法律适用,2019(21):67.

确认经济特区法规超越权限的主张。对此类规范的合宪性判定，存在概括越权说、良性变通说以及宪法变迁视角下的实质合宪说的学理争议。这一问题有效解决最终还需要认可经济特区立法作为合宪性审查对象的地位，充分发挥全国人大及其常委会的审查职能，并运用宪法解释技术，对争议较大的经济特区立法作出对应的宪法判断，并结合授权决定自身的完善，推进经济特区立法的整体合宪性。

总体而言，改革仍然在持续，经济特区模式作为不同于针对国务院授权，将在很长一段历史时期内持续存在。有学者主张，"针对国务院的应该是具体的单项授权；而作为特区法规依据的授权决定宜做概括性授权对待，对授权事项、范围不宜进一步限缩……只要以点带面的实验性制度创新仍然需要，对授权期限进行限制也显得没有必要"①。在对经济特区立法授权合宪性基础并不稳固、内容事项弹性大的情况下，由宪法对经济特区立法进行检视是有必要的。

二、司法解释可否成为合宪性审查对象的应然性分析

(一) 我国司法解释合宪性问题的实证考察

现行宪法并未就司法解释的权力作出授权与规定，从《立法法》的规定来看，司法解释的作出主体被限定为最高人民法院与最高人民检察院。而最高人民法院与最高人民检察院作出司法解释的事项范围，从有关司法解释权权限规范的历史发展来看，始终限定于审判或者检察工作中的"具体应用"问题②。从司法解释的权限规定角度分析，司法解释应当就已经存在的法律具体条文展开解释，对其限制也就对应指向了具体的法律规范，考察其立法目的和条文原意。从直观上看，此种限制似乎并未上升至宪法层面，因此对应于《中华人民共和国监察法》（以下简称《监察法》）中对司法解释的审查，也仅提出了"同法律规定相抵触"的判断标准③。但在实践中，司法解释面临诸多合宪性问题，主要是权限方面的质疑与实体内容方面的质疑，本书对此概括梳理如下：

从权限角度分析，司法解释存在颁布主体与职权规定错位的现象，具体表现为三个维度：其一，未经过宪法及《立法法》确认其解释权的主体实际作出了

---

① 林彦. 经济特区立法再审视 [J]. 中国法律评论, 2019 (5)：183.
② 1955年全国人大常委会发布《关于解释法律问题的决议》，授权最高院审判委员会对"审判过程中如何具体应用法律、法令的问题"进行解释，其后于1979年《中华人民共和国人民法院组织法》（以下简称《人民法院组织法》）第33条确认，并被1983年、1986年、2006年《人民法院组织法》所承接。1981年全国人大常委会发布《关于加强法律解释工作的决议》，将解释主体扩大到最高人民检察院，但在事项上依然保留了在工作过程中与具体应用性解释两个方面的限制。最终，2015年《立法法》第104条将此方面的决定以法律的形式再次确认。
③ 《监督法》（2006年）第32条、第33条。

司法解释，使得司法解释规范在源头上缺乏宪法上的正当性。在现行有效的司法解释文件中，除最高人民法院和最高人民检察院发布的正式司法解释之外，还不乏其他解释权限相对不明确的机构作为联合发布的主体实际参与到司法解释活动之中，形成司法解释性质的文件。最为常见的即为国务院各个机构，虽然全国人大常委会通过1981年的决议赋予了国务院及其主管部门对审判、检察工作范围之外的具体应用问题作出解释的权力，但是2015年《立法法》并未对此进行确认，造成学理上对国务院及其主管部门的解释权是否依然有效存在疑虑。

其二，全国人大常委会的决定和《人民法院组织法》《立法法》中的相关条文对于事项的概括限制整体较为抽象。何为"审判、检察工作中"，是指向抽象的审判、检察，还是指向某一个案的具体工作环节？"具体应用"的边界又应当如何界定？此类问题均缺乏规范上的回应，造成司法解释的扩张现象。

其三，司法解释主体参考了其他规范以明确法律条文的内涵和适用方式。但是其参考的规范属于我国签订的国际条约、公约，再加之司法解释在司法审判实践中的实质性规范效果，使得本应以宪法上的权限为标准、由全国人大常委会以特定程序转化为国内法的国际条约将司法解释作为管道实际进入了我国的规范系统，便不能与宪法上国家机关的职权完全对应。

从内容角度分析，司法解释在内容方面同宪法的具体规定不相适应，造成公民提出合宪性质疑的宪法事件亦屡屡发生。目前对于司法解释内容上合宪性的质疑主要通过两种路径表现：一种是由主体资格与事项权限方面的合宪性疑问衍生，主张由于司法解释主体越权解释而造成了侵害宪法上对公民基本权利保护条款的后果。另一种则是并不直接指向事项、权限方面的合宪性问题，而是直接主张司法解释的内容违反宪法文本的内容。

2019年新出台的《法规、司法解释工作办法》对此前审查标准排除宪法的规范缺漏进行了一定程度的补正，为司法解释的合宪性审查进行了初步的铺垫。

（二）司法解释作为合宪性审查对象的应然性分析

如前所述，实践中司法解释的数量较多，并且已经成为我国司法裁判中的重要依据之一，而同时却也面临大量合宪性质疑。基于此，本书主张，我国的司法解释应当纳入合宪性审查的对象。在理论上，其纳入合宪性审查对象范畴还具备如下理论支撑。

第一，尽管从规范角度评析，并不完全符合现行《宪法》和《立法法》中有关解释权的规定，但司法解释在客观上已经发挥着"准立法"的规范功能。最高人民检察院与最高人民法院分别制定了《最高人民检察院司法解释工作规定》和《最高人民法院司法解释工作规定》，规定过司法解释的几种具体形式，其中包含对于工作中需要制定的规范和意见的、具有明显创制性的解释，它们多以"规定"的形式呈现①，同时，此类解释大多采用了同正式法规相似的编排体例。而从其制定流程来看，则需要通过调研、立项、起草、论证等日益规范化、并以民主化为主要目的的一系列程序②。相较于《立法法》框定的聚焦具体立法条文、更加注重立法原意和目的的技术性应用解释，解释主体自身也已意识到司法解释文件所发挥的实质功能，并且意图针对此种功能对司法解释展开规制。在对法律文本进行解读时，已经扩展性地转向科学、民主、合理等立法时需考量的实质正义标准。最终在审判环节，司法解释也已成为法院对案件所涉法律关系作出评价与裁判的依据③，故有学者指出其属于"有事实效力的裁判规则"，并且主张，为了对司法解释适用的规范化，应当跨越模糊效力论的藩篱，将司法解释的效力同被解释条文的效力实质性关联起来，从而正式纳入我国的规范体系④。有学者对其性质与效力进一步表述为：既是法律在司法领域实施的一种具体表现形式，也同样具有内在的立法性质，因此具备双重属性⑤；最为激进的观点指出，司法解释实质已经蜕变为立法，其本身就应当被视作一种立法权的行使⑥。

第二，该类司法解释并不只是带来负面效应，而是确有存在必要，以合宪性审查配合合法性审查对其进行控制是较为妥善的解决路径。我国当前司法解释模式的产生，具有历史、制度、现实需求等多方面的成因。一方面，法官群体素质与法律思维能力的提升、更新是一个依然需要长期培育的过程；另一方面，我国没有判例法传统，也不适宜实施判例制度，立法的内容不宜由司法活动补充。虽然目前，以指导性案例为轴心展开司法治理革新的进程正在推进，但是从我国的权力构造、司法习惯、案例本身的效力、性质与质量角度，其并不足以结构性地满足司法审判实务中对司法解释的需求⑦。从上层规范角度分析，作为司法解释主要参考对象的法律⑧，在社会主义现代化建设初期秉持的是不宜过于细致的粗疏道路。在当时的历史环境下，该种立法策略综合考察了我国大量立法的制度需求以及社会变化较为急剧的现实状况，具有时代必要性。该种立法策略对司法端

---

① 《最高人民法院关于司法解释工作的规定》（2007年）第6条；《最高人民检察院关于司法解释工作的规定》（2019年）第6条。

② 《最高人民法院关于完善统一法律适用标准工作机制的意见》（2020年）。

③ 最高人民法院《关于裁判文书引用法律、法规等规范性法律文件的规定》（2009年），司法解释属于应当引用作为裁判依据的规范性法律文件之一。

④ 王成. 最高院司法解释效力研究 [J]. 中外法学，2016 (1)：263-279.

⑤ 张志铭. 法律解释操作分析 [M]. 北京：中国政法大学出版社，1998：22.

⑥ 聂友伦. 论司法解释的立法性质 [J]. 华东政法大学学报，2020 (3)：138-148；陈林林，许杨勇. 司法解释立法化问题三论 [J]. 浙江社会科学，2010 (6)：35.

⑦ 陈兴良. 司法解释功过之议 [J]. 法学，2003 (08)：51-54；彭宁. 最高人民法院司法治理模式之反思 [J]. 法商研究，2019，36 (1)：63-64.

⑧ 此处主要指全国人大及其常委会制定的狭义的法律。

第五章 法规、规章及司法解释可否成为合宪性审查对象的学理分析

口的影响是，在具体适用相对抽象的法律时，法院与检察院势必需要对其进行扩展乃至创造性的解读，而出于裁判统一化、防范同案不同判的要求，以最高国家审判、检察机关形成相对统一的规则、为其提供专业性的背书便也成为必然之举。在依法治国有了相对长足发展，倡导立法及时、系统、有效而应具针对性的当下，虽然"宜粗不宜细"已经不是立法中的指导性策略，但是遗留下的立法惯性、新的改革需求产生使得司法解释在补充立法、回应政策方面依然能够发挥一定的积极效应。因此，无论是直接取消司法解释还是寄希望于由全国人大常委会对《立法法》的解释条件作出抽象性的详细说明均不具有可操作性。对于司法解释是否超越权限、内容是否侵害宪法所保护的基本权利，应当依托于宪法和司法解释所对应的法律，对具体的司法解释进行分析，由全国人大常委会在合宪性与合法性分流的基础上针对司法解释可能面临的问题作出回应。

第三，对司法解释进行合宪性审查并不会造成损害人民法院、检察院独立行使审判权和检察权的后果。我国现行法治框架下，司法解释权并不是司法权、检察权的自然衍生，而是来自于全国人大常委会的特别授权。对司法解释进行合宪性审查，既是人民代表大会制度下全国人大基于其授权展开监督的正当职权，也因为其并不直接关联具体案件权利义务的判断与裁决，并不会侵损最高人民法院、检察院由宪法授予的职权。综上所述，司法解释客观上发挥着重要规制功能、而实践中也确实存在亟待回应的合宪性问题。我国将司法解释纳入备案审查的范围就已经是一个良好的信号，对其审查应不止从合法性角度，更应该从合宪性角度展开。

第三节 其他法规、规章、司法解释作为合宪性审查对象对合宪性审查机制的影响

与前章所涉及的其他规范不同，本章中所涉规范，大多已经具备初步融入我国既有合宪性审查机制的条件，但是由于规范衔接、实务操作中的诸多问题，使其呈现出似乎应当接受合宪性审查、又似乎游离于合宪性审查之外的面向。为了使经济特区立法、规章、司法解释的合宪性审查工作更加稳固地推进，对现有的机制模式进行考辨与完善属于题中应有之义。

一、其他法规、规章、司法解释合宪性审查机制的主要问题

（一）合宪性权限要求同合宪性审查对应机制的冲突

首先，在规范的制定要求中提出了合宪性要求，但是在审查标准中又淡化乃

至取消了宪法，或者在不同规范中设置不同的审查标准，易于造成对合宪性要求究竟属于形式性宣示抑或是实质性要求的困惑。以规章为典型例证，尽管《立法法》第 87 条与现行《规章制定程序条例》第 3 条均规定了规章制定必须符合宪法的规定，在《规章制定程序条例》第 19 条同样将其作为草案审查的一项标准，但是在《立法法》第 95 条对应的监督程序中，其撤销主体是不具有解释宪法和监督宪法实施职权的国务院，撤销条件仅仅采用了"不适当"的表述，该表述是否能够包含对宪法违反之含义，在理论上是存在争议的①。并且，在第 99 条设置的、明确包含宪法标准的要求、建议机制中，并未将规章作为可以审查的对象。由此造成的结果是，规章的合宪性控制要求实质上是由行政法规确立起来的，本身即存在审查主体职权不足的问题，《立法法》仅从法律的层面提供了部分的支撑，与之并不对应，其自身条文之间亦存有不能互相适应之处。宪法作为应当出场的审查依据在后续程序中被淡化了。

其次，宪法作为合宪性审查标准的公开性、明确性依然相对不足，使得相应规范是否真正涉及合宪性问题缺乏合理的回应。通过备案审查工作的健全和工作报告的公布，全国人大常委会在备案审查方面的公开性有了一定提升，但是对于通过备案审查机制展开的合宪性审查工作而言，依然存在较为明显的空白。目前，虽然尚且缺乏明确对经济特区立法、规章、司法解释展开实质意义上合宪性审查的实例，但是可以参考对照对于其他种类规范的合宪性审查处理类比之。全国人大常委会法制工作委员会在 2019 年的审查工作报告中对部分规范的审查指出了宪法依据，而对部分规范则未能指出，却同时又以类似"合宪性审查"的外观展现。致使其作出的判断是否属于宪法判断性质以及适用宪法的规则均不甚明确。如在对调查交通事故查阅、复制通信记录的相关地方性法规进行审查时，全国人大常委会指出其"不符合保护公民通信自由和通信秘密的原则和精神"，是对宪法条文的直接引用。对于全国政协委员提出的有关收容教育制度的议案研究，也冠以"合宪性审查"之名。但具体分析其内容，在法制工作委员会的工作报告中，对废止收容教育制度建议提出议案的理由是情况发生较大变化、相关制度被运用的频率急剧下降、废止条件成熟。在法制工作委员会的建议中，也作出了有关收容教育决定在制定当时符合宪法规定的判断②。国务院相关议案的说

---

① 例如，有学者主张"不适当"仅仅是一种比例原则上的合理性要求，有学者则主张"不适当"包含不符合合理性要求与不符合狭义的合法性要求，即不包括不符合合宪性要求的情形等。刘连泰. 中国合宪性审查的宪法文本实现 [J]. 中国社会科学, 2019 (5): 108 - 113; 刘权. 适当性原则的适用困境与出路 [J]. 政治与法律, 2016 (7): 98 - 105; 王锴. 合宪性、合法性、适当性审查的区别与联系 [J]. 中国法学, 2019 (1): 9.

② 沈春耀. 关于 2018 年备案审查工作情况的报告——2018 年 12 月 24 日在第十三届全国人民代表大会常务委员会第七次会议上 [J]. 中国人大, 2019 (3): 8 - 12.

明中，废止收容教育的理由在此基础上增加了《中华人民共和国治安管理处罚法》（以下简称《治安管理处罚法》）、《娱乐场所管理条例》中治安处罚和行政处罚的规定①；在全国人大常委会《关于废止有关收容教育法律规定和制度的决定》中，也仅仅说明了废止决定与废止后相关制度执行的处理。学界普遍将其认定为一种对收容教育制度相关规范所展开的合宪性审查，盖因全国政协委员联名提案时采用了"合宪性审查"表述，加之涉及此规范的争议同现行宪法中有关人身自由的基本权利条款具有高度关联性。而对此，审查中不仅未提及宪法的具体条款，还对相关决定在前一历史阶段"符合宪法"进行了表达，而回避了在当前宪法环境下相关制度究竟是否符合宪法、与宪法相关条款的兼容性论证。有学者将这种表述称为"不适应基准"，即通过说明制定之初的情形、整合相应规范的目的与历史功能、分析当下情势以及阐明其滞后性、最终论证废止必要性四个逻辑步骤，将"合宪性标准"融入了"不适应"的判断中②。对此，本书认为是值得商榷的。一方面，这种"不适应基准"逻辑的论证思路仅能适用于社会关注度较高的历史遗留问题，对于不存在明显时间滞后、社会环境变化对比并不显著的规范而言并不具有普遍适用性；另一方面，在提议进入正式的审核环节后，宪法即陷入了隐没的状态，对相关论证的提供的支持显著不足。这种基准的隐蔽性同经济特区立法、规章、司法解释本身既存的制度规范回应不足相结合，将进一步加剧此类规范融入合宪性审查的难度和障碍。

2020年的备案审查工作报告中，收录了针对最高人民法院的审查实例，为司法解释进入合宪性审查对象的范畴创造了初步条件。应在形式制度化、标准明确化、处理即时化的基础上，进一步夯实其审查机制。

（二）合宪性审查机制同合法性审查机制的重叠

当前经济特区法规、规章、一般规章，司法解释作为合宪性审查对象而纳入机制运行存在的另一重困境就是，合宪性审查机制专门性有待加强，造成合宪机制同合法性审查机制，尤其是备案审查机制的混同，使得理论界与实务界对此类规范受到的审查究竟是专门合宪性审查还是一般性合法性审查的判断发生分歧。

从理论角度考察，不同于前文全国人大常委会制定的法律、决议，亦不同于运行于特殊制度环境下的特别行政区相关立法、解释，经济特区立法、一般规章

---

① 王小洪. 关于提请废止收容教育制度议案的说明——2019年12月23日在第十三届全国人民代表大会常务委员会第十五次会议上[J]. 中华人民共和国全国人民代表大会常务委员会公报，2020(1)：109-110.

② 郑磊，赵计义. 备案审查年报事例覆盖对象类型研究——再评2019年备案审查年度报告[J]. 法治现代化研究，2020(5)：64-84.

除宪法外还受到其他上位法的限制，司法解释虽然在效力上存在一定争议，但其必须以法律为基准、至少应当符合法律的原则和规范已是相对主流的通说。换言之，由于存在一层乃至数层需要遵循的上位规定，加之《立法法》对此类规范的创制空间作出了一定规制，对它们展开合宪性审查在操作上易于为合法性审查所取代。有学者认为，只有法律的合宪性审查才不会面临以法律判断代替宪法判断的滥用风险。对于其他层级更低的规范，在我国的立法体制下，不仅是本章所主要研讨的经济特区立法、其他规章以及司法解释，还包括作为合宪性审查对象没有应然性角度争议的行政法规、地方性法规、自治条例和单行条例等，在将法律的体系解释、合宪性解释极端地扩大化后，几乎可以通过合法性审查解决一切合宪性质疑。

从实证层面考察，规范上，在《立法法》《监督法》等主要法律中，"宪法"常常同"法律"并列出现，对于规范的要求也往往以不抵触或者不违背"宪法、法律"的形式呈现。实践中，备案审查的工作报告对于相应规范是否符合宪法与法律的判断经常进行"一揽子"表达，如在2018年、2019年的备案审查工作报告中，对于法规、司法解释的评价大多以"实际符合需要，符合宪法法律"作为结论。

如前所述，对于本章所讨论的相关应纳入合宪性审查对象范围的规范，本身即存在机制需要完善、对应制度规范需要跟进、修正的瑕疵，而合宪性审查的基准又处于相对模糊的状态，审查实践总体呈现回避宪法判断的立场却缺乏技术化的回避规则，大量备案机关不具备宪法监督职权。在合法性审查机制同合宪性审查机制混同的情形下，可能产生的后果是：无关乎接受备案的主体解释宪法与监督宪法实施的职权，它们仅需要将自身对宪法的理解融入对法律、行政法规或者其他上位法的解释中，并对相应的规范作出合法或违法的判断，就可以以此回避对这些规范的合宪性判断。

二、其他法规、规章、司法解释作为合宪性审查对象的关联性机制

（一）健全合宪性审查专门性机制

之所以产生部分规范游离于合宪性审查之外的制度现状，是因为我国的合宪性审查机制的专门性尚存健全空间，致使宪法在实际审查中易于消隐，合宪性审查为合法性审查所"溶解"。健全合宪性审查专门性机制，消解经济特区立法、规章以及司法解释接受合宪性审查的障碍，应当从如下角度展开：

第一，整合有关合宪性审查机制的相应规范，并以法律的形式集中归拢。目前我国与围绕特定规范是否符合宪法展开审查相关的规则散见于不同类型、不同层级的规范中，以宪法为基础，主要包括《立法法》、《监督法》、相关组织法，

以及国务院制定的有关行政法规、其他工作文件等。对这些文件的综合参照是当前推进合宪性审查工作的权宜之计，但从长远的建构性视角考察，制定专门的法律对其进行清理与统一化是确有必要的。一方面，这些规范对于合宪性审查机制的设置往往同合法性审查杂糅，欠缺目的性；另一方面，这些规则的位阶不同，个别文件还存在本身性质认定不清的疑问。而通过规范的整合，既能够以法律的形式具体化宪法中对全国人大及其常委会监督职权的规定，在主体层次上区分合法性审查与合宪性审查，防止其他主体越权作出宪法判断；也能够对合宪性审查相关标准、程序、各类专门委员会与工作机构的职责等进行梳理，并填补当前移送机制不足的弊端。

　　第二，健全相关规范进入合宪性审查的路径，扩张要求权和建议权的覆盖范围。目前，上述几类规范并不属于要求启动与建议启动合宪性审查机制的范围。经济特区法规与司法解释尚可以通过《法规、司法解释备案审查工作办法》，以依托备案审查程序的形式进入合宪性审查对象的领域①，但是，经济特区规章与一般规章既不能通过备案审查程序进入全国人大常委会的审查范畴，也缺乏对应的移送机制与回应措施，实效性不足②。对应此问题，应当基于《立法法》第87条的规定，一方面对经济特区的立法的权限约束从向人大授权决定的导引转为直接在条文中对其提出合宪性要求；另一方面将规章及司法解释对应纳入"五大主体"合宪性审查要求与其他主体合宪性审查建议提出机制的范畴。该路径的展开逻辑是：首先，宪法赋予了全国人大及其常委会监督宪法实施的职权，其中包含对规范展开合宪性审查的权力。因此，虽然上述规范暂时不具备以《立法法》或相关备案、审查程序规则为轴线向既有合宪性审查靠拢的条件，但并不意味着全国人大常委会对其没有审查的权力，现行宪法已经为合宪性审查对象的制度性扩充留下了足够的空间。其次，备案审查机制与合宪性审查机制是存在交叠的不同范畴。在备案审查程序中，对于相关规范可以展开合法性审查，亦可以展开合宪性审查；在合宪性审查机制中，对于相关规范的合宪性判断可以经由备案展开，也可以通过有权主体要求、其他主体建议等路径展开③。从备案情况来

---

① 依据《立法法》第99条第3款规定，对报送备案的相关规范可以主动进行审查，从结构角度分析，由于前两款审查的内容为"是否同宪法或者法律相抵触"，该款中的主动审查范围亦应当维持统一指向。

② 依据《法规、司法解释备案审查工作办法》，司法部接收对部门规章以及地方政府规章审查建议的移送；省级人大常委会接收对地方政府规章审查建议的移送；中央军委接收对军事规章审查建议的移送。

③ 虽然目前为止，全国人大常委会法工委的三次备案审查工作报告中，统合编录了对审查要求与建议的回应，但是从其报告的结构与行文表述来看，其不仅是针对狭义的"备案审查程序"中依职权审查进行报告，也包含了依据申请展开审查这一独立于备案程序环节，将"备案"与"审查"作出了相对区分。

看，自第十二届全国人大以来，已经备案经济特区法规 393 件、司法解释 751 件，在推动探索规章的备案审查试点工作中，仅直辖市与经济特区现行有效的规章已达一千余件①。现有的审查能力在客观上难以同数量急剧上升的法规、规章、司法解释相匹配，由全国人大常委会逐一对其展开抽象审查显然不具有现实性，可能造成概念化、公式化的审查，或者单一依托备案审查机制可能出现审查标准的僵化、审查结论偏差等②。故"五大主体"的要求权以及其他主体建议权能够对数量甚巨的法规、规章及司法解释作出具有针对性的补充。

(二) 促进其他关联性审查机制与合宪性审查机制的衔接

首先，经济特区立法、一般规章、司法解释可以通过合法性审查、补充授权等机制作为先期对合宪性审查的"过滤"。较为合理的方式应当是通过全国人大的补充授权以及《立法法》的修改对经济特区立法在授权方面的合宪性进行整体性的确认，而非针对此类规范频繁启动合宪性审查程序。除此而外，经济特区立法、一般规章、司法解释在《立法法》上都具有明确的立法权限限制，同时其实质内容又均在一定程度上受到上位规范的限制，故而可以从该两个角度，对此类规范先进行合法性审查，而在合法性审查不足以完全回应规范的内在问题时，方可转向合宪性审查机制。

其次，进一步明确合宪性审查机制中的标准、依据等技术性问题。以合法性审查作为合宪性审查的先期过滤机制的前提是，合宪性审查机制与合法性审查机制能够在相对独立的基础上各自展开。因此对于以合法性审查"限制"合宪性审查，需要"限制的限制"，防止走向另一层次的极端化。有学者指出，可以依照重要性、对宪法文本的侵损程度和危害性、可能的社会影响以及所关联的基本权利之属性展开综合判断③。例如，对于一般地方政府规章的审查，应当首先考察其是否符合《立法法》规定的权限，以及上位的法律、行政法规、地方性法规的具体规定。如果既超越权限，又在内容方面涉及对宪法所保护的公民基本权利的直接侵害，需要通过解释上位法的概括性条文作出法律判断时，便需要审慎考量是否应当通过对应程序由全国人大常委会启动合宪性审查。具体于我国的现有机制下，一方面需要依托规范的制定明确合宪性审查启动的一般抽象规则；另一方需要全国人大常委会通过实际展开合宪性审查并针对具体的规范公开宪法判

---

① 相关数据参见全国人大法工委 2018 年、2019 年备案审查工作报告中的备案数据统计部分。

② 梁鹰. 备案审查工作的现状、挑战与展望——以贯彻执行《法规、司法解释备案审查工作办法》为中心 [J]. 地方立法研究，2020，5 (6)：13.

③ 该标准的具体展开见 [日] 芦部信喜. 根据法律判断回避宪法判断的方法 [M]. 宪法判例百选，转引自翟国强. 宪法判断的原理与方法：基于比较法的视角 [M]. 北京：清华大学出版社，2019：24 - 25.

断的论证及具体的宪法条款依据，逐渐在实践中塑造、细化对应的技术标准。

最后，应当充分发挥有权主体要求启动合宪性审查的功能，对公民建议请求合宪性审查进行必要规制，推动执法、司法机制同合宪性审查的衔接。全国人大法工委在2017—2019年几起典型的审查例证中，大多数是依据公民的审查建议展开审查，自主进行合法性审查与合宪性审查的区分，并且我国公民提出合宪性、合法性审查建议的范围也早已超出了《立法法》第99条所限定的规范种类。从实践角度来看，公民建议审查已成为全国人大常委会依申请展开审查的主要动能。然而，对于公民提出合宪性审查要求主体资格限制与回应机制的双重缺失，造成其常态性不足，成为一个宽泛但不规范的启动路径，全国人大常委会反而难以对真正的合宪性问题作出有效回应①。从理论与制度构造角度，实际上最有可能运用经济特区法规、规章与司法解释，并且对法律关系争议作出实际判断的应当是法院，依层级对应于提出合宪性审查要求的主体应当是最高人民法院。由于经济特区立法在经济特区范围内具有优先适用性，规章与司法解释则由于相较于法律、行政法规而言更加具体，在司法审判中都极易成为判断当事人法律争议的依据和参考。可以比照国外的合宪性审查经验，将诸如案件性原则、当事人原则等引入合宪性审查建议主体的资格限制，推动合宪性审查的视角聚焦于有权主体的要求与宪法权利可能真正受到侵害的公民的建议中，而防止公民的合宪性审查建议过度膨胀。

综上所述，合宪性审查的目的并不是机械地对规范作出宪法判断，不是"为了审查而审查"，而是为了确保宪法能够实现对各类规范的辐射、控制效应，保证相关规范对法律关系的设置符合宪法的精神和原则、其所确立的基本权力结构、对公民的基本权利保护以及其他基本事项，以确保规范的形式与实质正当性。使实际适用、参考该类规范对现实法律关系问题作出处理时，不至于溢出宪法框定的边界。由于我国合宪性审查机制长期以来面临着理论争议多、制度不完备的困局，在扩大合宪性审查对象的包容范围、防止合宪性审查机制被结构性取代时，也应防止激活合宪性审查的急迫感情导向对机制的矫枉过正。应当在互动型的视野下，推动合法性审查为代表的其他一系列机制同合宪性审查机制的衔接，发挥其针对合宪性审查流量控制的正当机能。

---

① 有学者曾就合宪性审查状态不公开而导致实效性欠缺的原因是，目前公民针对法规提出审查建议的情形已然较为繁多，如果公开了依据公民申请而启动的合宪性审查，形成了典型例证的示范效应，极有可能产生公民提起合宪性审查建议的高潮，而对全国人大及常委会施以过大的压力。胡锦光．论合宪性审查的"过滤"机制 [J]．中国法律评论，2018（1）：66－67．

本章小结

我国现行的制度结构为行政法规、地方性法规等位阶低于法律的规范提供了基础的合宪性审查框架,但是从立法权限分配的历史发展逻辑来看,其覆盖面同我国的规范体系之间存在裂隙,造成对经济特区立法、一般规章及规章以下的规范性文件、司法解释能否作为合宪性审查对象的争议。从应然性角度考察,现行规范为规章的合宪性审查提供了制度依据和扩展空间,能够与规章潜在的违宪风险控制需求相匹配,但对规范性文件则未提供这种空间,通过修法等方式将规章以下的行政规范性文件纳入合宪性审查的范围亦不具有必要性和可行性。经济特区立法则由于授权决定、表述模糊、授权概括的缘由,其变通权的实际行使空间相对宽广,应当对其进行合宪性控制。司法解释客观上发挥着"准立法"的规范功能,实践中也面临权限与实体内容等诸多合宪性质疑,对其展开合宪性审查具有充分必要性,并且并不侵损司法权、检察权的独立行使。对于此三类应当纳入合宪性审查范围的规范,应当基于制度文本中合宪性权限要求、对应机制不完备,合法性审查与合宪性审查混同等现实问题,有针对性地对合宪性机制专门性塑造以及其同其他关联性机制的衔接,削减其进入合宪性审查对象范围的障碍。

结　语

　　我国合宪性审查的推进具有坚实的政策背景、持续的实践需求与深刻的理论基础。在政策上，随着中共十八届三中全会、四中全会相继通过《关于全面深化改革若干重大问题的决定》《关于全面推进依法治国若干重大问题的决定》，强调维护宪法权威、健全宪法监督机制，以及中共十九大报告明确提出"推进合宪性审查工作"要求，我国的合宪性审查机制建设正呈现由宏观到微观、由粗放到精细的递进态势。在实践中，针对法律、决定、司法解释等未在《立法法》中明确规定为审查对象规范的合宪性质疑日益增多。在学理上，宪法序言、总纲中对各类规范必须符合宪法的概括性要求与宪法文本中合宪性审查主体的职权配置、法律的具体展开之间的关系存在争议。大量法律规范既在宪法的概括性规定下，负有遵循宪法的义务，又在实践中产生了合宪性审查的现实需求，但是面临直接进入合宪性审查对象范围的实证依据不足、理论分歧较大等问题。本书主张，在我国的现行的宪法框架下与合宪性审查的基本制度构造的背景中，应当首先明确我国当前既存的诸种规范作为合宪性审查对象的应然性问题，才能为将来讨论国家机关行为、社会公权力行为的合宪性审查提供外扩空间，故以争议较大的几类规范是否应当纳入合宪性审查对象范畴为研究主题。

　　从合宪性审查对象的整体厘定依据上来看，相关条文散见于《宪法》《立法法》《全国人民代表大会组织法》等法律以及备案审查工作程序等规范中，面临依据层级较低不具权威性、不同规范要求不甚一致、宪法统合作用被稀释等问题。哪些规范能够作为厘定合宪性审查对象的依据，学界仍无相对一致的见解。本书主张，从宪法以及合宪性审查的功能角度考察，合宪性审查对象的确定实际上是一个需要适度平衡正当性与可行性的过程，应当以《宪法》规定为核心，以《立法法》以及其他层级较低的规范为辅助，展开综合、具体的学理论证。

　　当前规范体系中，存有是否属于合宪性审查对象争议的规范种类主要包括：全国人大及其常委会制定的法律、决定，宪法修改，宪法解释，特别行政区立法会立法，特别行政区基本法解释，经济特区授权立法，规章及规章以下的行政规范性文件，司法解释。围绕上述规范的争议也存在不同的理论成因。就全国人大及其常委会制定的法律、决定而言，依据人民主权原则、民主集中制到人民代表大会制度的发展逻辑，以及宪法文本的职权性规定，全国人大及其常委会在性质上属于最高国家权力机关及其常设机关，其权力的行使以宪法为限制。作为层级较高的规范，其在违反宪法时结构性破坏法治格局的风险亦较高。在改革与法治关系存在张力的转轨时期，实质性贯彻"重大改革于法有据"的理念，将法律与决定纳入合宪性审查的轨道是适宜的。同时应关注法律合宪性审查同立法程序的差异性、多元类型决定的区别性、同国际条约之间的衔接性等，确保法律、决议纳入合宪性审查对象范围后具备相应的机制平台。就宪法修改而言，从我国宪法发展的历史逻辑分析，全国人大并不是常在的制宪机关，我国历次的宪法修改均属修宪权之行使，与制宪权存在性质上的差异，应当受到宪法的限制。但基于我国宪法修正案的特殊形式，其颁布生效后便成为宪法的有机组成部分，此时不宜将其作为合宪性审查对象，对宪法修正案的合宪性控制可以以事前的审查机制为核心。就宪法解释而言，相较于宪法修改，其对于宪法文本和合宪性审查程序具有更高程度的附着性，作为一种宪法运行技术，宪法解释是审查的媒介，不适宜作为合宪性审查的对象，而应当着重考察同合宪性审查机制本身的融合与衔接问题，并从宪法文本的规范结构出发，明确解释权主体，防止解释权不当外扩造成宪法解释文件识别的混乱化，影响其可审查性评价。就特别行政区立法会立法而言，应当在澄清宪法在特别行政区具有效力、能够整体适用的基础上，明确特别行政区基本法之法律属性，区别"是否符合基本法的审查"与合宪性审查，将特别行政区立法会立法合乎逻辑地纳入合宪性审查的对象范围。就特别行政区基本法解释而言，学理上存在将其识别为一类宪法解释从而排斥宪法规制的观点，对此应在明确中央与特别行政区的权力关系的前提下解读基本法解释权的分配条款，澄清基本法解释的性质。全国人大常委会和特别行政区法院对基本法的解释在性质上均不属于宪法解释，需要分别接受宪法不同形式的审查。就经济特区授权立法、规章及规范性文件、司法解释而言，它们均因为合宪性审查机制与立法权限分配逻辑互动中存在的衔接不畅问题而未能真正被纳入合宪性审查对象的范围。现行规范对于规章以下的规范性文件并未提供纳入合宪性审查范围的制度依据与扩展空间，同时通过修法等方式将规章以下的行政规范性文件纳入合宪性审查的范围亦不具有必要性和可行性，依托附带合法性、适当性审查机制，足以完成其合宪控制的目标。而对于经济特区授权立法、规章与司法解释，则具备对应的扩展空间与审查必要，应聚焦合宪性权限要求与对应机制不完备，合法性审查与合宪性审查混同等现实问题，有针对性地对合宪性审查机制进行专门性塑造、关注其同关联性机制的衔接，消减此类规范进入合宪性审查对象范围的障碍。

总体上，在我国当前的法治建设工作中，健全和完善宪法监督制度是极为关键的理论节点，也是不可回避的实践问题。合宪性审查作为宪法监督的核心环节，其体制、机制的具体设计与程序展开与合宪性审查对象密切相关。对合宪审查对象的厘清既能够从内部性视角推进合宪性审查的机制、体制的完善，还能够从外部性视角明确合宪性审查程序同其他关联性程序的衔接。本书意图通过上述研究，对是否应当接受合宪性审查尚存学理争议的规范展开体系性的分析，为贯彻落实推进合宪性审查工作提供基于对象规范化的若干展开思路，试图实现宪法的统合、监督范围与中国特色社会主义法治体系的对接。

参考文献

一、中文著作类

[1] 陈云生. 主宪政新潮——宪法监督的理论与实践 [M]. 上海: 人民出版社, 1988.

[2] 全国人大常委会办公厅研究室. 论人大及其常委会的监督权 [M]. 北京: 法律出版社, 1988.

[3] 蒋碧昆. 宪法学 [M]. 北京: 中国政法大学出版社, 1997.

[4] 胡锦光. 中国宪法问题研究 [M]. 上海: 新华出版社, 1998.

[5] 胡锦光. 中国宪法监督制度 [M]. 上海: 新华出版社, 1998.

[6] 肖蔚云. 一国两制与香港基本法律制度 [M]. 北京: 北京大学出版社, 1990.

[7] 蔡定剑. 国家监督制度 [M]. 北京: 中国法制出版社, 1991.

[8] 沈宗灵. 现代西方法理学 [M]. 北京: 北京大学出版社, 1992.

[9] 邓小平文选: 第3卷 [M]. 上海: 人民出版社, 1993.

[10] 王世杰, 钱瑞升. 比较宪法 [M]. 北京: 商务印书馆, 1999.

[11] 李忠. 宪法监督论 [M]. 北京: 社会科学文献出版社, 1999.

[12] 周叶中. 宪法 [M]. 上海: 高等教育出版社, 2000.

[13] 董和平, 韩大元. 宪法学 [M]. 北京: 法律出版社, 2000.

[14] 刘嗣元. 宪政秩序的维护: 宪法监督的理论与实践 [M]. 武汉: 武汉出版社, 2001.

[15] 陈新民. 德国公法学基础理论（上）（下）[M]. 济南: 山东人民出版社, 2001.

[16] 沈宗灵. 法理学 [M]. 北京: 北京大学出版社, 2001.

[17] 徐秀义, 韩大元. 现代宪法学基本原理 [M]. 北京: 中国人民公安大学出版社, 2001.

[18] 王广辉. 通向宪政之路——宪法监督的理论和实践研究 [M]. 北京: 法律出版社, 2002.

[19] 邓世豹. 授权立法的法理思考 [M]. 北京: 中国人民公安大学出版社, 2002.

［20］秦前红. 宪法变迁论［M］. 武汉：武汉大学出版社，2002.
［21］肖蔚云. 论香港基本法［M］. 北京：北京大学出版社，2003.
［22］王振明. 中国违宪审查制度［M］. 北京：中国政法大学出版社，2004.
［23］林广华. 违宪审查制度比较研究［M］. 北京：社会科学文献出版社，2004.
［24］许崇德. 中华人民共和国宪法史：上卷［M］. 福州：福建人民出版社，2005.
［25］许崇德. 中华人民共和国宪法史：下卷［M］. 福州：福建人民出版社，2005.
［26］姚国建. 违宪责任论［M］. 北京：知识产权出版社，2006.
［27］莫纪宏. 违宪审查的理论与实践［M］. 北京：法律出版社，2006.
［28］胡锦光. 违宪审查比较研究［M］. 北京：中国人民大学出版社，2006.
［29］欧爱民. 宪法实践的技术路径研究：以违宪审查为中心［M］. 北京：法律出版社，2007.
［30］韩大元. 宪法学基础理论［M］. 北京：中国政法大学出版社，2008.
［31］赵立新. 日本违宪审查制度［M］. 北京：中国法制出版社，2008.
［32］杜强强. 论宪法修改程序［M］. 北京：中国人民大学出版社，2008.
［33］豆星星. 修宪制度研究［M］. 成都：西南交通大学出版社，2009.
［34］乔晓阳. 中华人民共和国立法法讲话［M］. 北京：中国民主法制出版社，2008.
［35］林来梵. 宪法审查的原理与技术［M］. 北京：法律出版社，2009.
［36］刘志刚. 立宪主义语境下宪法与民法的关系［M］. 上海：复旦大学出版社，2009.
［37］盛鹏. 宪法的妥协性研究［M］. 合肥：安徽人民出版社，2009.
［38］陈云生. 违宪审查的原理与体制［M］. 北京：北京师范大学出版社，2010.
［39］方建中. 超越主权理论的宪法审查［M］. 北京：法律出版社，2010.
［40］陈端洪. 制宪权与根本法［M］. 北京：中国法制出版社，2010.
［41］黄建水. 中国宪法结构研究［M］. 北京：法律出版社，2010.
［42］王书成. 合宪性推定论：一种宪法方法［M］. 北京：清华大学出版社，2011.
［43］陈云生. 宪法监督的理论与违宪审查制度的建构［M］. 北京：方志出版社，2011.

［44］童建华. 英国违宪审查［M］. 北京：中国政法大学出版社，2011.

［45］范进学. 美国司法审查制度［M］. 北京：中国政法大学出版社，2011.

［46］李太莲.《香港特区基本法》解释法制对接［M］. 北京：清华大学出版社，2011.

［47］全国人大常委会法制工作委员会法规备案审查室. 规范性文件备案审查制度的理论与实务［M］. 北京：中国民主法制出版社，2011.

［48］翟桔红. 违宪审查与民主制的平衡——一项比较研究［M］. 北京：中国社会科学出版社，2012.

［49］李步云. 论宪法［M］. 北京：社会科学文献出版社，2013.

［50］朱福惠. 世界各国宪法文本汇编：欧洲卷［M］. 厦门：厦门大学出版社，2013.

［51］胡锦光. 宪法学关键问题［M］. 北京：中国人民大学出版社，2014.

［52］董立坤. 中央管制权与香港特区高度自治权的关系［M］. 北京：法律出版社，2014.

［53］宋永华. 韩国宪法法院制度研究［M］. 上海：上海三联书店，2015.

［54］张庆福. 宪法学基本理论：上［M］. 北京：社会科学文献出版社，2015.

［55］宋功德. 党规之治［M］. 北京：法律出版社，2015.

［56］俞德鹏等. 宪法学［M］. 北京：法律出版社，2015.

［57］刘松山. 宪法监督与司法改革［M］. 北京：知识产权出版社，2015.

［58］喻中. 宪法社会学［M］. 北京：中国人民大学出版社，2016.

［59］苗连营，郑磊，程雪阳. 宪法实施问题研究［M］. 苏州：苏州大学出版社，2016.

［60］林来梵. 从宪法规范到规范宪法［M］. 北京：商务印书馆，2017.

［61］杨静辉，李祥琴. 港澳基本法比较研究［M］. 北京：北京大学出版社，2017.

［62］欧爱民. 党内法规与国家法律关系论［M］. 北京：社会科学文献出版社，2018.

［63］王建. 法国式合宪性审查的历史变迁［M］. 北京：法律出版社，2018.

［64］胡锦光. 合宪性审查［M］. 南京：江苏人民出版社，2018.

［65］徐靖. 中国社会公权力行为的宪法审查研究［M］. 北京：法律出版社，2018.

［66］［法］费迪南德·梅兰-苏克拉马尼昂，韩大元. 中国与法国的合宪性审查［M］. 北京：知识产权出版社，2018.

［67］林来梵. 宪法学讲义［M］. 北京：清华大学出版社，2018.

［68］李忠夏. 宪法变迁与宪法教义学［M］. 北京：法律出版社，2018.

［69］翟国强. 宪法判断的原理与方法：基于比较法的视角［M］. 北京：清华大学出版社，2019.

［70］蒋清华. 中国共产党党的领导法规制度基础理论研究［M］. 上海：人民出版社，2019.

［71］许安标. 宪法及宪法相关法解读［M］. 北京：中国法制出版社，2019.

［72］任进. 宪法与澳门基本法［M］. 南京：江苏人民出版社，2019.

［73］刘松山. 健全宪法实施和监督制度若干重大问题研究［M］. 北京：中国人民大学出版社，2019.

［74］冷铁勋. 基本法与澳门"一国两制"的实践［M］. 上海：人民出版社，2019.

［75］全国人大常委会法制工作委员会法规备案审查室.《法规、司法解释备案审查工作办法》导读［M］. 北京：中国民主法制出版社，2020.

［76］全国人大常委会法制工作委员会法规备案审查室. 规范性文件备案审查案例选编［M］. 北京：中国民主法制出版社，2020.

［77］全国人大常委会法制工作委员会法规备案审查室. 规范性文件备案审查理论与实务［M］. 北京：中国民主法制出版社，2020.

［78］［法］西耶斯. 论特权 第三等级是什么？［M］. 冯棠译. 北京：商务印书馆，1991.

［79］［德］卡尔·拉伦茨. 法学方法论［M］. 陈爱娥译. 北京：商务印书馆，2003.

［80］［日］芦部信喜. 制宪权［M］. 王贵松译. 北京：中国政法大学出版社，2012.

［81］［加］大卫·戴岑豪斯. 合法性与正当性：魏玛时代的施米特、凯尔森与海勒［M］. 刘毅译. 北京：商务印书馆，2013.

［82］［英］J.S.密尔. 代议制政府［M］. 汪瑄译. 北京：商务印书馆，2016.

［83］［法］卢梭. 社会契约论［M］. 何兆武译. 北京：商务印书馆，2016.

［84］［德］卡尔·施密特. 宪法学说［M］. 刘锋译. 上海：上海人民出版社，2016.

［85］［奥］凯尔森. 法与国家的一般理论［M］. 沈宗灵译. 北京：商务印书馆，2017.

［86］［美］汉密尔顿，杰伊，麦迪逊. 联邦党人文集［M］. 程逢如等译. 北京：商务印书馆，1980.

［87］［英］洛克. 政府论（下篇）［M］. 叶启芳等译. 北京：商务印书馆，2017.

二、中文论文类

（一）连续出版物类

［1］柳岚生. 略论宪法监督［J］. 社会科学，1981（3）.

［2］杨海坤. 要重视宪法监督［J］. 社会科学，1982（11）.

［3］胡锦光. 我国违宪审查的对象、方式及处理初探［J］. 学习与探索，1987（6）.

［4］曾恒，钟明. 论人大常委会对党组织的宪法监督［J］. 现代法学，1987（1）.

［5］陈云生. 改善和加强我国宪法监督制度的几点设想［J］. 当代法学，1988（2）.

［6］董璠舆. 宪法保障的理论［J］. 法学杂志，1991（3）.

［7］李龙. 宪法新论三则［J］. 法学研究，1994（3）.

［8］许崇德，胡锦光. 关于地方人大是否有宪法监督权问题［J］. 人大工作通讯，1996（2）.

［9］杨合理. 关于建立宪法诉讼制度若干问题的思考［J］. 政治与法律，1997（6）.

［10］韩大元，刘志刚. 试论宪法诉讼的概念及其基本特征［J］. 法学评论，1998（3）.

［11］包万超. 设立宪法委员会和最高法院违宪审查庭并行的复合审查制——完善我国违宪审查制度的另一种思路［J］. 法学，1998（4）.

［12］乔晓阳. 完善我国立法体制，维护国家法制统一［J］. 人大工作通讯，1998（21）.

［13］周阿求. 我国《立法法》良性违宪嫌疑现象浅析［J］. 人大研究，2000（10）.

［14］胡锦光，王丛虎. 论我国宪法解释的实践［J］. 法商研究，2000（2）.

［15］肖北庚. 违宪责任刍议［J］. 甘肃政法成人教育学院学报，2000（4）.

[16] 王振明. "一国两制"实施中若干宪法问题浅析 [J]. 法商研究, 2000 (4).

[17] 秦琴, 赵杰. 人民主权论与中国的违宪审查制度 [J]. 甘肃政法学院学报, 2001 (9).

[18] 杨海坤, 上官丕亮. 宪法法部门初探 [J]. 江苏社会科学, 2001 (1).

[19] 季卫东. 合宪性审查与司法权的强化 [J]. 中国社会科学, 2002 (2).

[20] 韩大元. 试论宪法修改权的性质与界限 [J]. 法学家, 2003 (5).

[21] 强世功. 中国的二元违宪审查体制 [J]. 中国法律, 2003 (10).

[22] 高轩. 宪法解释权和适用权是实现宪法监督的关键——英美法系司法审查权的启示 [J]. 政法学刊, 2003 (3).

[23] 李树忠. 论宪法监督的司法化 [J]. 政法论坛, 2003 (2).

[24] 李琦. 特别行政区基本法之性质：宪法的特别法 [J]. 厦门大学学报, 2002 (5).

[25] 谢维雁. 论宪法序言 [J]. 社会科学研究, 2004 (5).

[26] 贺日开. 司法解释权能的复位与宪法的实施 [J]. 中国法学, 2004 (3).

[27] 王秀玲. 论宪法诉讼势在必行 [J]. 政治与法律, 2005 (2).

[28] 黎亮. 从法规备案审查室的成立看我国宪法监督体制的走向 [J]. 中共贵州省委党校学报, 2005 (3).

[29] 马岭. "违宪审查"相关概念之分析 [J]. 法学杂志, 2006 (3).

[30] 陈道英, 秦前红. 对宪法权利规范对第三人效力的再认识——以对宪法性质的分析为视角 [J]. 河南省政法管理干部学院学报, 2006 (2).

[31] 胡锦光, 秦奥蕾. 宪法实践中的违宪形态研究 [J]. 河北学刊, 2006 (5).

[32] 周永坤. 试论人民代表大会制度下的违宪审查 [J]. 江苏社会科学, 2006 (3).

[33] 王贵松. 违宪审查标准的体系化 [J]. 南阳师范学院学报, 2007 (7).

[34] 莫纪宏. 论违宪审查的基准及其学术价值 [J]. 南阳师范学院学报, 2007 (11).

[35] 欧爱民. 法律明确性原则宪法适用的技术方案 [J]. 法制与社会发展, 2008 (1).

[36] 叶海波. 违宪审查的逻辑结构 [J]. 南京工业大学学报, 2008 (1).

[37] 莫纪宏等. "基本法律"制度背后宪法价值的困境——规范性文件合宪性、合法性审查的"技术瓶颈" [J]. 中国宪法年刊, 2009.

[38] 童建华. 1998年《人权法案》与英国违宪审查 [J]. 社会科学论坛, 2009 (12).

[39] 林来梵. 中国的"违宪审查": 特色及生成实态——从三个有关用语的变化策略来看 [J]. 浙江社会科学, 2010 (5).

[40] 刘练军. 司法的冒险: 美国宪法审查中的司法能动 [J]. 浙江社会科学, 2010 (4).

[41] 秦强. 宪法监督二元体制论 [J]. 金陵法律评论, 2010 (2).

[42] 殷啸虎. 论宪法在特别行政区的适用 [J]. 法学, 2010 (1).

[43] 谢维雁. 论宪法进入诉讼的方式——兼论宪法诉讼的概念 [J]. 政治与法律, 2010 (5).

[44] 王书成. 合宪性推定与"合宪性审查"的概念认知——从方法论的视角 [J]. 浙江社会科学, 2011 (1).

[45] 刘松山. 彭真与宪法监督 [J]. 华东政法大学学报, 2011 (5).

[46] 王书成. 宪法审查"忧虑"及方法寻求——合宪性推定之运用 [J]. 浙江学刊, 2011 (1).

[47] 王春业. 论地方立法的合宪性审查机制 [J]. 学习论坛, 2011 (1).

[48] 吴延溢. 概念、规范与事实——在争鸣和探索中前行的中国宪法监督 [J]. 河北法学, 2013 (7).

[49] 李蕊佚. 议会主权下的英国弱型违宪审查 [J]. 法学家, 2013 (2).

[50] 陈永艳. 违宪审查与周边概念界分 [J]. 法制博览, 2013 (2).

[51] 陈永鸿. 论香港特区法院的"违宪审查权" [J]. 法商研究, 2013 (1).

[52] 叶海波. "根据宪法, 制定本法"的规范内涵 [J]. 法学家, 2013 (5).

[53] 谢维雁. 论宪法适用的几种情形 [J]. 浙江学刊, 2014 (6).

[54] 刘志刚. 香港特别行政区的宪制基础 [J]. 北方法学, 2014 (6).

[55] 王广辉. 关于全国人大应否被纳入宪法监督范围的思考 [J]. 河南工业大学学报（社会科学版）, 2014 (2).

[56] 饶龙飞. 违宪审查依据: 一种概念的分析 [J]. 西安电子科技大学学报（社会科学版）, 2014 (3).

[57] 傅蔚冈, 蒋红珍. 上海自贸区设立与变法模式思考 [J]. 东方法学, 2014 (1).

[58] 李忠夏. 从制宪权角度透视新中国宪法的发展 [J]. 中外法学, 2014 (3).

[59] 黄明涛. 两种"宪法解释"的概念分野与合宪性解释的可能性 [J]. 中国法学, 2014 (6).

[60] 孙首灿. 授权立法决定的合宪性探析 [J]. 行政与法, 2015 (9).

[61] 夏引业. 宪法在香港特别行政区的适用 [J]. 甘肃政法学院学报, 2015 (5).

[62] 刘国. 宪法解释之于宪法实施的作用及其发挥——兼论我国释宪机制的完善 [J]. 政治与法律, 2015 (11).

[63] 饶龙飞. 论违宪审查依据的范围——以宪法渊源为参照 [J]. 贵州警官职业学院学报, 2015 (1).

[64] 夏引业. 一国两制下香港终审法院的角色与立场——以"吴嘉玲案"终审判决为中心的分析. 法制与社会发展, 2015 (4).

[65] 时延安. 刑法规范的合宪性解释 [J]. 国家检察官学院学报, 2015 (1).

[66] 刘茂林, 陈明辉. 宪法监督的逻辑与制度构想 [J]. 当代法学, 2015 (1).

[67] 田飞龙. 宪法序言:中国宪法的"高级法背景" [J]. 江汉学术, 2015 (4).

[68] 范进学. 完善我国宪法监督制度之问题辨析 [J]. 学习与探索, 2015 (8).

[69] 李少文. 地方立法权扩张的合宪性与宪法发展 [J]. 华东政法大学学报, 2016 (2).

[70] 郝铁川. 中国宪法在香港特区的实施问题刍议 [J]. 江汉大学学报, 2016 (5).

[71] 夏引业. 我国应设立虚实结合的宪法监督体制 [J]. 政治与法律, 2016 (2).

[72] 强世功. 违宪审查的第三条道路——中国宪制的建构与完善 [J]. 文化纵横, 2016 (1).

[73] 饶龙飞, 叶国平. 论法律明确性原则:依据、标准和地位——基于违宪审查角度的解读 [J]. 贵州警官职业学院学报, 2016 (5).

[74] 秦前红, 苏绍龙. 党内法规与国家法律衔接和协调的基准与路径——兼论备案审查衔接联动机制 [J]. 法律科学(西北政法大学学报), 2016 (5).

[75] 陈鹏. 全国人大常委会"抽象法命题决定"的性质与适用 [J]. 现代法学, 2016 (1).

[76] 刘振宇. 论党内法规和国家法律的衔接路径 [J]. 宁夏大学学报（人文社会科学版），2016（4）.

[77] 邹学平，曾祥义. 构建我国宪法监督制度的理论思考——以完善实效性违宪审查制度为视角 [J]. 哈尔滨工业大学学报（社会科学版），2016（6）.

[78] 杜强强. 合宪性解释在我国法院的实践 [J]. 法学研究，2016（6）.

[79] 王春业. 论将党内法规纳入国家法律体系 [J]. 天津师范大学学报，2016（3）.

[80] 夏正林. "合宪性解释"理论辨析及其可能前景 [J]. 中国法学，2017（1）.

[81] 韩大元. 论国家监察体制改革中的若干宪法问题 [J]. 法学评论，2017（3）.

[82] 谭万霞. 论作为宪法原则的人民主权的内涵 [J]. 政法学刊，2017（5）.

[83] 柴华. 为什么成文宪法排斥常在的制宪机关？——兼论全国人大不是我国常在的制宪机关 [J]. 法制与社会发展，2017（3）.

[84] 陈鹏. 立法机关解释宪法的普遍性与中国语境 [J]. 交大法学，2017（3）.

[85] 邹平学. 1982年《宪法》第31条辨析——兼论现行《宪法》在特别行政区的适用 [J]. 当代港澳研究，2017（5）.

[86] 韩大元. 论《宪法》在《香港特别行政区基本法》制定过程中的作用 [J]. 现代法学，2017（5）.

[87] 任喜荣. 国家机构改革的宪法界限 [J]. 当代法学，2017（4）.

[88] 骆伟建. 论中央全面管制权与特区高度自治权的有机结合 [J]. 港澳研究，2018（1）.

[89] 杨登峰. 行政改革试验授权制度的法理分析 [J]. 中国社会科学，2018（9）.

[90] 柯华庆. 论党的全面领导与依宪治国 [J]. 学术界，2018（11）.

[91] 张剑平，陈剑清. 论我国宪法解释制度的体系化构造 [J]. 长春师范大学学报，2018（7）.

[92] 秦前红. 人大如何在多元备案审查体系中保持主导性 [J]. 政法论丛，2018（3）.

[93] 苗连营. 合宪性审查的制度雏形及其展开 [J]. 法学评论，2018（6）.

[94] 张婷. 行政诉讼附带审查的宪法命题及其展开 [J]. 法学论坛，2018（3）.

[95] 江国华, 梅杨, 曹榕. 授权立法决定的性质及其合宪性审查基准 [J]. 学习与实践, 2018 (5).

[96] 于文豪. 宪法和法律委员会合宪性审查职责的展开 [J]. 中国法学, 2018 (06).

[97] 谭清值. 全国人大概括职权样态的实证考察 [J]. 北京社会科学, 2018 (7).

[98] 范进学. 论中国合宪性审查制度的特色与风格 [J]. 政法论丛, 2018 (3).

[99] 莫纪宏. 论法律的合宪性审查机制 [J]. 法学评论, 2018 (6).

[100] 刘松山. 备案审查、合宪性审查和宪法监督需要研究解决的若干重要问题 [J]. 中国法律评论, 2018 (4).

[101] 饶龙飞. 对我国违宪主体范围的再认识 [J]. 西部法学评论, 2018 (5).

[102] 郑贤君. 作为政治审查的合宪性审查 [J]. 武汉科技大学学报（社会科学版）, 2018 (5).

[103] 朱世海. 宪法与基本法关系新论：主体法与附属法 [J]. 浙江社会科学, 2018 (4).

[104] 刘志刚. 我国宪法监督对象的拓展分析 [J]. 贵州省党校学报, 2018 (3).

[105] 刘志刚. 我国宪法监督体制的回顾与前瞻 [J]. 法治现代化研究, 2018 (3).

[106] 胡锦光. 论合宪性审查的"过滤"机制 [J]. 中国法律评论, 2018 (1).

[107] 莫纪宏. 论规章的合宪性审查机制 [J]. 江汉大学学报（社会科学版）, 2018 (3).

[108] 饶龙飞. 论推进合宪性审查的理论和制度难题——透过"概念"看问题 [J]. 中州大学学报, 2018 (4).

[109] 曹舒. 人大授权暂停法律实施的合宪性检讨与控制 [J]. 苏州大学学报, 2018 (1).

[110] 黄宇骁. 论宪法基本权利对第三人无效力 [J]. 清华法学, 2018 (3).

[111] 王锴, 刘犇昊. 宪法总纲条款的性质与效力 [J]. 法学论坛, 2018 (3).

[112] 刘松山. 备案审查、合宪性审查和宪法监督需要研究解决的若干重要问题 [J]. 中国法律评论, 2018 (4).

[113] 王春业. 合宪性审查制度建构论纲 [J]. 福建行政学院学报, 2018 (1).

[114] 莫纪宏. 论加强合宪性审查工作的机制制度建设 [J]. 广东社会科学, 2018 (2).

[115] 宁凯惠. 我国宪法序言的价值构造：特质与趋向 [J]. 政治与法律, 2019 (6).

[116] 胡锦光. 健全我国合宪性审查机制的若干问题 [J]. 人民论坛, 2019 (31).

[117] 范进学. "运用宪法" 的逻辑及其方法论 [J]. 政法论丛, 2019 (4).

[118] 黄明涛. "最高国家权力机关" 的权力边界 [J]. 中国法学, 2019 (1).

[119] 范进学. 论我国合宪性审查制度的两大基本原则 [J]. 上海政法学院学报, 2019 (6).

[120] 刘志刚. 论我国合宪性审查机构与合宪性审查对象的衔接 [J]. 苏州大学学报（哲学社会科学版）, 2019 (3).

[121] 王锴. 合宪性、合法性、适当性审查的区别与联系 [J]. 中国法学, 2019 (1).

[122] 刘连泰. 中国合宪性审查的宪法文本实现 [J]. 中国社会科学, 2019 (5).

[123] 李忠. 党内法规制度合宪性审查初探 [J]. 西北大学学报, 2019 (1).

[124] 廖卓. 论作为宪法判断方法的合宪性解释 [J]. 岭南学刊, 2020 (1).

[125] 聂友伦. 论司法解释的立法性质 [J]. 华东政法大学学报, 2020 (3).

[126] 乔晓阳. 论宪法与基本法的关系 [J]. 中外法学, 2020 (1).

[127] 郑贤君. 我国合宪性审查的宪法属性 [J]. 财经法学, 2020 (5).

[128] 郑贤君. 论宪法和法律委员会双重合宪秩序维护之责——兼议法律案审查与法规备案审查之差异 [J]. 辽宁师范大学学报（社会科学版）, 2020 (4).

[129] 魏健馨. 合宪性审查从制度到机制：合目的性、范围及主体 [J]. 政法论坛, 2020 (2).

[130] 徐信贵. 党政联合发文的备案审查问题 [J]. 理论与改革, 2020 (3).

［131］周红伟. 宪法合宪性审查机制研究［J］. 法制与社会，2020（3）.

［132］郑磊，赵计义. 备案审查年报事例覆盖对象类型研究——再评2019年备案审查年度报告［J］. 法治现代化研究，2020（5）.

（二）学位论文类

［1］龙滔. 违宪审查基准的原理与技术研究——以美国、德国为考察对象［D］. 武汉：武汉大学博士学位论文，2013.

［2］邢斌文. 论法律草案审议过程中的合宪性控制［D］. 长春：吉林大学博士学位论文，2017.

三、英文参考文献

［1］Tom Ginsburg, Judicial Review in New Democracies Constitutional Courts in Asian Cases［M］. Cambridge University Press, 2003.

［2］Mark C. Murphy, Natural Law in Jurisprudence and Politics［M］. Cambridge University Press, 2006.

［3］Luc J. Wintgens, Belgium A. Daniel Oliver-Lalana, Rational Lawmaking under Review［J］. Springer International Publishing Switzerland, 2016.

［4］Weede, Erich, Human Rights, Limited Government, and Capitalism［J］. Cato Journal, 2008, 28（1）.

［5］Douglas, Joshua A., The Significance of the Shift toward As-Applied Challenges in Election Law［J］. Hofstra Law Review, 2009, 37（3）.

［6］French, Robert, The Rule of Law and the Australian Constitution: Human Rights and Judicial Review in Australia and Canada Book Reviews［J］. Federal Law Review, 2017, 45.

［7］Kartono, Politik Hukum Judical Review di Indonesia［J］. Journal of Dinamika Hukum, 2011, 11（sp）.

［8］Mario Alberto Cajas-Sarria, Judicial review of constitutional amendments in Colombia: a political and historical perspective, 1955 - 2016［J］. Theory & Practice of Legislation, 2017, 5（3）.

［9］Douglas, Joshua A., (Mis) Trusting States to Run Election［J］. Washington University Law Review, 2015, 92（3）.

［10］Alshdaifat, Shadi Adnan, Review of Human Rights under the Jordanian Constitution［J］. Journal of Law, Policy and Globalization, 2014, 29.

［11］Dickson, Brice, Ireland's Human Rights Commission［J］. Irish Jurist, 2001, 36.

[12] Oran Doyle, Populist Constitutionalism and constituent [J]. German Law Journal, 2019, 20 (2).

四、参考案例

[1] 香港特别行政区终审法院第 2005 年第 4 号案. FACC 4/2005 [DB/OL]. http://www.hklii.hk/chi/hk/cases/hkcfa/2006/84.html, 2006.

[2] 香港特别行政区终审法院 1998 年第 14 号案. FACV14/1998 [DB/OL]. https://www.hklii.hk/cgi-bin/sinodisp/chi/hk/cases/hkcfa/1999/21.html, 1999.

[3] 香港特别行政区终审法院 1999 年第 10\11 案. FACV10&11/1999 [DB/OL]. http://www.hklii.hk/chi/hk/cases/hkcfa/1999/5.html, 1999

[4] 香港特别行政区终审法院 2001 年第 1-3 号案. FACV1-3/2001 [DB/OL]. http://www.hklii.hk/chi/hk/cases/hkcfa/2002/37.html, 2002.

[5] 香港特别行政区终审法院 2000 年第 26 号案. FACV26/2000 [DB/OL]. https://www.hklii.hk/cgi-bin/sinodisp/chi/hk/cases/hkcfa/, 2000.

[6] 澳门特别行政区终审法院第 28/2006 号案 [DB/OL]. http://www.court.gov.mo/sentence/zh-53590d01d24ea.pdf, 2006.

[7] 澳门特别行政区终审法院第 9/2012 号案 [DB/OL]. http://www.court.gov.mo/sentence/zh-53590d073a371.pdf, 2012.

[8] 澳门特别行政区终审法院裁判第 28/2006 号案 [DB/OL]. http://www.court.gov.mo/sentence/zh-53590d01d24ea.pdf, 2006

[9] (2004) 沪二中民三 (商) 终字第 326 号案 [DB/OL]. http://www.pkulaw.cn/CLI.C.49510, 2004.

[10] (2001) 民二终字第 182 号案 [DB/OL]. http://www.pkulaw.cn/CLI.C.4753, 2001.

[11] (2017) 最高法行申 8932 号案 [DB/OL]. http://www.pkulaw.cn/CLI.C.11271238, 2017.

[12] (2017) 粤 0404 行初 204 号案 [DB/OL]. http://www.pkulaw.cn/CLI.C.64640450, 2017.

[13] (2018) 赣 10 行初 147 号案 [DB/OL]. http://www.pkulaw.cn/CLI.C.111245967, 2018.

[14] (2020) 苏 12 行终 61 号案 [DB/OL]. http://www.pkulaw.cn/CLI.C.106563525, 2020.

[15] (2020) 闽 01 行终 349 号案 [DB/OL]. http://www.pkulaw.cn/CLI.C.110030560, 2020.

[16] (2020) 浙 02 行终 231 号案 [DB/OL]. http://www.pkulaw.cn/

CLI. C. 112471696，2020.

五、主要官方文件

［1］中华人民共和国宪法［DB/OL］. http：//www. pkulaw. cn/ CLI. 1. 311950，2018.

［2］中华人民共和国立法法［DB/OL］. http：//www. pkulaw. cn/ CLI. 1. 245693，2015.

［3］中华人民共和国全国人民代表大会组织法［DB/OL］. http：// www. pkulaw. cn/ CLI. 1. 353571，2021.

［4］中华人民共和国人民法院组织法［DB/OL］. http：//www. pkulaw. cn/ CLI. 1. 324530，2018.

［5］中华人民共和国各级人民代表大会常务委员会监督法［DB/OL］. http：//www. pkulaw. cn/ CLI. 1. 78894，2007.

［6］行政法规、地方性法规、自治条例和单行条例、经济特区法规备案审查工作程序［DB/OL］. http：//www. pkulaw. cn/ CLI. 1. 252923，2000.

［7］法规、司法解释备案审查工作办法［DB/OL］. http：// www. pkulaw. cn/ CLI. 1. 345251，2019.

［8］全国人民代表大会常务委员会关于全国人民代表大会宪法和法律委员会职责问题的决定［DB/OL］. http：//www. pkulaw. cn/ CLI. 1. 316154，2018.

［9］最高人民法院关于审理行政案件适用法律规范问题的座谈会纪要［DB/OL］. http：//www. pkulaw. cn/ CLI. 3. 53301，2004.

［10］最高人民法院关于司法解释工作的规定［DB/OL］. http：// www. pkulaw. cn/CLI. 3. 89508，2007.

［11］最高人民检察院司法解释工作规定［DB/OL］. http：// www. pkulaw. cn/ CLI. 3. 331990，2019.

［12］最高人民法院关于裁判文书引用法律、法规等规范性法律文件的规定［DB/OL］. http：//www. pkulaw. cn/CLI. 3. 122772，2009

［13］最高人民法院关于完善统一法律适用标准工作机制的意见［DB/OL］. http：//www. pkulaw. cn/CLI. 3. 346252，2020.

［14］中国共产党党内法规和规范性文件备案审查规定［DB/OL］. http：// www. pkulaw. cn/CLI. 16. 335797，2019

［15］中国共产党党内法规制定条例［DB/OL］. http：//www. pkulaw. cn/ CLI. 16. 335796，2019.

［16］全国人民代表大会常务委员会法制工作委员会关于十二届全国人大以来暨2017年备案审查工作情况的报告［DB/OL］. http：//www. pkulaw. cn/

CLI.1.307431,2017.

[17] 全国人民代表大会常务委员会法制工作委员会关于2018年备案审查工作情况的报告[DB/OL].http：//www.pkulaw.cn/CLI.1.328157,2018.

[18] 全国人民代表大会常务委员会法制工作委员会关于2019年备案审查工作情况的报告[DB/OL].http：//www.pkulaw.cn/CLI.1.338424,2019.

[19] 全国人民代表大会常务委员会法制工作委员会关于2020年备案审查工作情况的报告[DB/OL].http：//www.pkulaw.cn/CLI.1.351683,2021.

[20] 中共中央关于深化党和国家机构改革的决定[M].北京：人民出版社,2018.

[21] 中共中央关于全面深化改革若干重大问题的决定[M].北京：人民出版社,2013.

[22] 中共中央关于全面推进依法治国若干重大问题的决定[M].北京：人民出版社,2014.

后 记

　　自 2017 年开始攻读博士学位以来，我一直对宪法实施与监督的话题颇感兴趣，长期关注相关理论问题，围绕相关主题展开学术研究。最终的博士毕业论文也选择了同宪法实施与监督密切相关的一个子话题——合宪性审查。

　　选题之初，我选择了范围更为宽广的"合宪性审查机制完善"主题，在资料的收集中，我发现我国的合宪性审查制度现状与研究态势具有如下特征：其一，有关合宪性审查的宏观制度构造以及整体的体制模式已经形成了基本共识，对于我国合宪性审查机制的框架建构具有重要意义。其二，在合宪性审查诸要素中，合宪性审查对象属于一项"接口"式的要素。具体而言，从应然性角度来说，合宪性审查制度同我国的立法体制应当彼此契合、相互对接，以形成宪法对整个规范体系的监督与整合作用，巩固、彰显宪法根本法的地位。合宪性审查对象相较于主体、程序、标准等其他要素而言，同当前的立法体制具有更加密切的关联性，且处于一种更加易于变迁的流动环境之中。随着立法权分配格局的迅速演变，对应的合宪性审查对象也面临着许多新兴问题。而对合宪性审查对象的厘定，将进一步影响合宪性审查主体职权、程序推进以及判断基准，进而潜移默化地推动对合宪性审查机制的形塑进程。因此，我在开始撰写论文时，将研究视角定位于合宪性审查对象的厘定，并最终以这样的形式，为自己交出了一份阶段性的答卷。

　　感谢我的导师刘志刚教授，本科行政法课程时严肃认真的学术态度给予了我深刻的影响，并在那时起就为我的学习方法打下了基础。硕士研究生时期有幸在刘教授的指导下继续学业，并逐步燃起了对宪法学的研究热情。从硕士研究生时起在文献整理、综述写作方面的反复练习，到博士研究生时阶段性论文与长篇研究的反复练手，感谢您循序渐进、细致清晰的指导。感谢朱淑娣教授，从学术逻辑、法律逻辑的角度为论文提供了宝贵的指导意见。常言道"千里之堤，溃于蚁穴"，朱教授在细节、概念的角度提出的建议使我受益良多。感谢潘伟杰教授，在您的课程上，您通过深入、全面的讲解使我广泛地了解了宪法学经典著作，在您的引导下我对结合历史环境、从不同角度解读先人理论的学习方法有了更深刻的体悟。感谢侯健教授从法理学角度提供的悉心指点，让本书在问题聚焦、选题思路、论述逻辑方面都更进了一步。感谢我的师兄师姐以及学友们，在写作期间同我认真研讨、交流，为本书的写作、修改提供了灵感的火花。最后，感谢我的母亲，在我低谷和感到巨大压力的时期持续支持、鼓励着我，给我继续前行的动力。

  这份书稿依然不尽完美，但的确是我自身相当感兴趣并尽力完成的一份研究。我国合宪性审查机制研究的领域宽广而庞大，关于其对象的研究不过是一个小小的起点。今后我依然希望在学术的道路上继续钻研，在该领域展开进一步的深入与挖掘。学海无涯，唯有勤勉。书中不妥之处，敬请各位学术同人不吝指正。

万千慧

2021 年 7 月 20 日